EL DIAMANTE
Y
SU CREADOR

LOS OCHO PASOS DE DIOS PARA TU CORTE BILLANTE

Edward V. Gonzalez

R.O.C.K. MINISTRIES PUBLICACIONES

R.O.C.K. MINISTRIES
Por el Pastor Edward V. Gonzalez

Master.divine@yahoo.com

El Diamante Y Su Creador:
Los Ocho Pasos de Dios Para Tu Corte Brillante

ISBN-13: 978-1-963663-00-6

© 2024 por el Pastor Edward V. Gonzalez
1825 N. 77 Sunshine Strip
Harlingen, TX. 78550
Reservados todos los derechos

A menos que se indique lo contrario, todas las citas de las Escrituras son de la Nueva Versión Internacional, RVR95, y otras versiones.

Traducido/Editado por el Programa y Revisado por Minerva Gonzalez

Diseno de portada por Aaron Cantu

Publicado en los EE. UU.

Este libro o partes del mismo libro no pueden reproducirse de ninguna forma, almacenarse en un sistema de recuperación ni transmitirse de ninguna forma por ningún medio (electrónico, mecánico, fotocopia, grabación o de otro tipo) sin el permiso previo por escrito del editor o autor, excepto en los casos previstos por la ley de derechos de autor de los Estado Unidos de América (master.divine@yahoo.com).

CONTENIDO

Sobre el Autor...VII
Sobre del Libro..IX
Culet-Introducción..XI

Pabellón Faceta Uno. Formación de un Diamante 13
    Tercera Faceta. Muy por Debajo de la Tierra 15
    Cuarta Faceta. En Proceso..17
    Quinta Faceta. Detalle Triangular de la Divinidad.................19
    Sexta Faceta. Cultivar la Firmeza...23
    Séptima Faceta. ¡Ir o no ir a la Iglesia! 25
    Octava Faceta. Haciendo Discípulos—¿De quién es el Trabajo?.......29

Pabellón Faceta Dos. Sobre Calentamiento y Baja Presión 39
    Décima Faceta. Sobre Calentamiento 41
    Undécima Faceta. Baja Presión 47
    Duodécima Faceta. Getsemaní: La Prensa de Aceite 51
    Decimotercera Faceta. La Prueba 55
    Decimocuarta Faceta. Humildad: La Señal de Calor y
    Presión Intensos 59

Pabellón Faceta Tres. El Defecto 63
    Decimosexta Faceta. El Mito 65
    Decimoséptima Faceta. Mitos en la Iglesia 67
    Decimoctava Faceta. Las Inclusiones 73
    Decimonovena Faceta. Ejemplos de Inclusiones del
    Antiguo Testamento 81
    Vigésima Faceta. El Zarandeo 87

Pabellón Faceta Cuatro. Los Diamantes Se Llaman Estrellas 93
   Vigésima Segunda Faceta. Las Estrellas del Cielo 97
   Vigésima Tercera Faceta. Brillando como una Estrella 103
   Vigésima Cuatro Faceta. Estrella de la Mañana.........................107
   Vigésima Quinta Faceta. Estrellas Falsas................................109
   Vigésima Sexta Faceta. Astrología...115
   Vigésima Séptima Faceta. Una Estrella de Jacob........................119

Pabellón Faceta Cinco. ¡Córtame si Puedes!.................................123
   Vigésima Novena Faceta. Dios como el Diseñador Principal
   y el Marcador...131
   Trigésima Faceta. Satanás como el Cortador Transversal...............141
   Trigésima Primera Faceta. El Espíritu Santo como el Pulidor
   De Diamantes..153
   Trigésima Segunda Faceta. El Siervo de Dios como Brutero...........159

Pabellón Faceta Seis. ¿Son los Diamantes para Siempre?.................169
   Trigésima Cuarta Faceta. Las Desventajas de Tibieza..................173
   Trigésima Quinta Faceta. Lávelo 179
   Trigésima Sexta Faceta. Eres tan Frío como el Hielo...................181
   Trigésima Séptima Faceta. Como la Tribu de Judá.....................189
   Trigésima Octava Faceta. Judá en la Línea del Frente..................193

Pabellón Faceta Siete. Un Destello de Fuego 199
   Cuadragésima Faceta. Las Cuatro Cs.....................................203
   Cuadragésima Primera Faceta. La Piedra Principal.....................207
   Cuadragésima Segunda Faceta. Los Veintitrés...........................219
   Cuadragésima Tercera Faceta. El Sello Distintivo de
   una Iglesia...227
   Cuadragésima Cuarta Faceta. Proporción que Afecta
   al Fuego 235
   Cuadragésima Quinta Faceta. Sin Fuego 239
   Cuadragésima Sexta Faceta. Centelleo 245
   Cuadragésima Séptima Faceta. El Amor es Fuego 251

Pabellón Faceta Ocho. ¿Dónde Puedo Ser Útil, Señor? 257
    Cuadragésima Novena Faceta. Soy Asombrosamente
y Maravillosamente Hecho 259
    Quincuagésima Faceta. Los Artesanos Altamente
Capacitados 265
    Quincuagésima Primera Faceta. El Toque Final 273
    Quincuagésima Segunda Faceta. Doblada Más
la Luz 275

Sobre La Mesa. Visualización desde Arriba 283
    Quincuagésima Cuarta Faceta. El Clasificador (ES)
Determina Calidad 285
    Quincuagésima Quinta Faceta. La Colocación de
lo Exquisito Buenas Mercancías 301
    Quincuagésima Sexta Faceta. De la Sustancia
al Lingote 317
    Quincuagésimo Séptima Faceta. La Fórmula para
la Valoración de Una Piedra 335
    Quincuagésima Octava Faceta. La Conclusión 339

Glosario de Diamantes 340

Bibliografía 345

SOBRE EL AUTOR

El pastor Edward V. González es el fundador de R.O.C.K. ministerios y R.O.C.K. Iglesia. Un ministerio comprometido a brindar cristianos con sólidas enseñanzas bíblicas aplicables a nuestro día y cambiando el mundo a través de libros, DVD, CD y avanzados materiales de educación cristiana. El pastor Edward es simple y directo, enseñando sobre temas como familia, decisiones morales y éticas, carácter, adoración, salvación y un fuerte fundamento cristiano forma la base de R.O.C.K. ministerios. R.O.C.K. es un anagrama de Reaching Out in Christ Kare (Alcanzando con el Cuidado en Cristo).

Edward y su esposa, Minerva, residen en Harlingen, Texas, donde es pastor principal de R.O.C.K. Church. Edward y Minerva tienen tres hijos y tres nietos.

En 1980, Edward comenzó a ministrar en ministerios fuera de la iglesia. El Señor le dio a Edward un nombre para ser identificado con su ministerio, que se convirtió en R.O.C.K. ministerios. Esto se convirtió en la base para extender su ayuda a las almas sufrientes y perdidas a lo largo de los años. Ha ministrado en prisiones, cárceles, misiones y ha hecho avivamientos. Hoy, es el pastor principal de R.O.C.K. Church, que fundó en 1995. Empezó en su casa con su esposa y dos hijos. La iglesia incluye un programa de radio, una iglesia en México, programas de capacitación, N.A.S.A. (Nuevo y Avanzado Estudios para Adultos-Alcanzando las estrellas, Filipenses 2:15), publicación de libros y consejería.

EDWARD V GONZALEZ

SOBRE EL LIBRO

Un día, sentado en mi oficina, le pedí al Señor que me diera un mensaje único diferente a todo el resto que había hecho. Él Señor me dijo, "Diamante." Sabía algo sobre diamantes, pero todavía fui e hice mi investigación. Mientras leo libros sobre diamantes, el Señor me diría que escribiera esto y aquello al respecto. Escribí muchas notas y llené un cuaderno universitario con ellas. Dejé toda esa información encima de mi escritorio durante varias semanas. Un día un pastor amigo mío me llamo para traer un mensaje para una reunión de iglesias en México. El Señor me dijo: "Haz el Diamante." Tuve un mes para escribir el sermón. Mientras me sentaba en mi oficina comencé a escribir el sermón, todo salió bien. Había más en el sermón de lo que podrías haber imaginado. Fui a México y prediqué por dos horas, y la gente no se quejó ni se fue. Les gusto mucho el mensaje.

La siguiente semana me senté en mi oficina preguntándome sobre el sermón. El Señor me habló y me dijo que lo pusiera en un libro. En el pasado, había escrito muchos estudios en forma de libros; en consecuencia, la escritura me dio conocimiento en como escribir un libro. Cuando comencé a colocar mis dedos en el teclado, el Espíritu de Dios me reveló todos los pabellones o capítulos del libro. Hice el primer borrador. Luego volví y comencé a escribir el primer pabellón, y salieron las palabras un capítulo tras otro. Después de haber terminado el libro, noté capítulos desequilibrados en el número de páginas. El primer pabellón tenía menos de treinta páginas, y el último pabellón tenía más de setenta y cinco. Le pregunté al Señor sobre esto, y Él respondió que, al comenzar nuestra vida, tenemos muy pocas páginas de nuestro libro. A medida que vivamos más años y trabajemos igual muchos años para Él, añadimos más páginas a nuestro libro (vida).

Terminé el libro en cuatro años. Luego lo hice editar, y lo dejé en el estante, no literalmente hablando. Después, estando en mi computadora terminó fallando. A continuación, terminé haciendo demasiadas copias y colocándolas en diferentes lugares. Algunas copias se mezclaron con los originales. A gran lío que llevó a la confusión por no terminar el libro. El último problema tenía que ver en envolverme más con otra iglesia que tomó más tiempo para completar el libro. Finalmente, me concentre en terminar el libro a finales de 2018, casi quince años después.

El libro trata sobre la similitud entre un diamante natural y un creyente nacido de nuevo. Un diamante de talla brillante tiene cincuenta y ocho facetas, por lo que el libro se divide en ocho pabellones y cincuenta y dos facetas = cincuenta y ocho. Es técnica pero también espiritual. Yo espero que te hable.

CULET-INTRODUCTION

El nombre "diamante" se deriva de la antigua palabra francesa diamante, derivado del latín y del griego adamas, que significa "invencible". Hay dos palabras hebreas para diamante. Yahalom significa "algo que es muy duro"; la raíz principal de la palabra es halam, que habla de golpear, latido, rompiendo y venciendo. La segunda palabra hebrea Shamir, que literalmente significa "un aguijón," se refiere a algo punción. Cuando se usa para referirse a una gema, se usa la palabra Shamir por su afición ser rayado. Esta palabra es la que los israelitas solían usar para describir un diamante. Estas dos palabras hablando sobre la idea de superación y rascarse se exponen en el N. T. por Pablo cuando describe quién es el santo en Cristo. El apóstol Pablo nos pinta un cuadro abrumador en esta último parte de Romanos 8 que un santo que camina en el Espíritu es un individuo quien no puede ser derrotado y es considerado más que un conquistador (Romanos 8:37).

Al igual que un diamante que su sustancia está hecha de durabilidad, dureza y resistencia a la deformación se puede decir de un santo siendo moldeado en Cristo. Esta es la razón por la que un santo puede resistir y superar tan grandes adversidades contra la vida, los malos espíritus, problemas en la vida, dudas sobre la incertidumbre del resultado de la vida y las crisis diarias a las que se enfrenta. Pero para que el Señor pueda moldearlo hasta el punto de convertirse en un vencedor a través de todas estas situaciones y más, tiene que pasar por algunas cosas dramáticas y cambios transformadores.

Había una vez una historia en una tierra lejana acerca de un hombre que había dejado todo lo que tenía para codiciar un cristal brillante. Él vivía cerca de una montaña, y un río corría por su humilde vivienda. Era un hombre humilde y pobre. Un día un sacerdote vino a visitarlo. En su conversación, el sacerdote le habló de una gema particular llamada diamante. Este humilde hombre nunca había escuchado o mucho menos visto un diamante. El hombre le preguntó al sacerdote que era un diamante y donde podía encontrar esta preciada piedra. El cura le dijo al pobre hombre que este diamante brillaba como mil soles y solo se podía encontrar en las montañas por donde corren los ríos. El sacerdote también dijo que el diamante le traería suerte, felicidad y riquezas. Encontró diamantes interesantes, por lo que abandonó a su familia y su hogar en búsqueda de la verdadera felicidad y riquezas. Viajó por todo el mundo; buscó y buscó su invaluable gema sufriendo hambre, desesperación, agonías y soledad. El tiempo se había desvanecido; minutos se transformaron en horas; los días se convirtieron en semanas; los meses se hicieron en años. Lo había perdido todo: su casa, su familia, y todas las monedas que había juntado. Estaba demasiado lejos de casa para regresar. Desesperado, se arrojó desde un acantilado hasta el fondo del océano y murió.

Nota: evidencia externa muestra la imposibilidad de que los israelitas supieran acerca de diamantes durante el exilio egipcio. Algunas evidencias fechan el descubrimiento de diamantes entre 600 y 800 aC en la India. Aún, Dios le había dado a Moisés el pectoral de sumo sacerdote donde el diamante se menciona por primera vez en la Biblia c. 1500 a.C. si no fuera posible, entonces, ¿dónde encaja la sabiduría de Dios como Creador de este mundo y la creación de la gemología?

PABELLÓN FACETA UNO:

FORMACIÓN DE UN DIAMANTE

EDWARD V GONZALEZ

EL DIAMANTE Y SU CREADOR

• TERCERA FACETA •

Muy Profundo Debajo de la Tierra

Hace mucho tiempo, los diamantes llegaron a la superficie de nuestra tierra a través de respiraderos o, como algunos geólogos pueden llamarlos, "tuberías". Una simple comprensión de estos conductos es lo que hoy llamamos volcanes. Estos diamantes provienen de las profundidades de la tierra, donde se forman en roca fundida a unas 75 a 120 millas bajo la superficie de la Tierra. Es en este nivel de astenosfera (**vea figura 1**) que nuestras gemas preciosas tienen su formación.

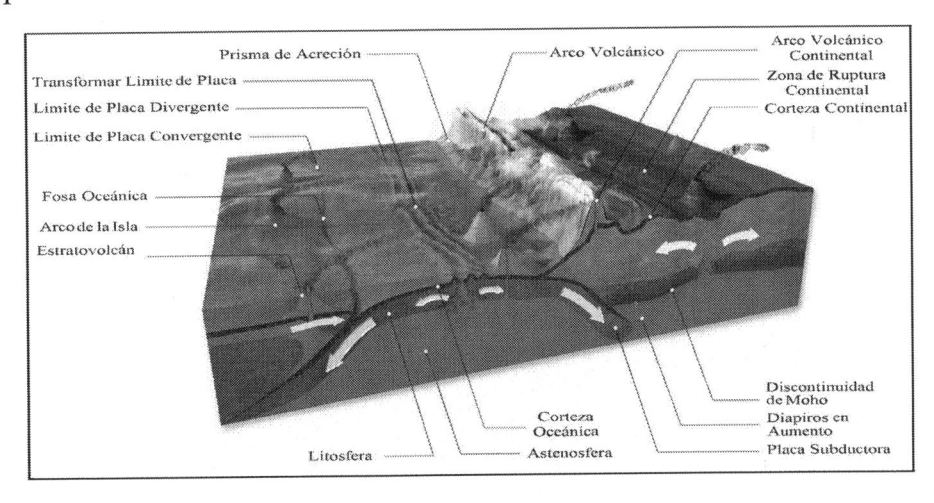

Figura 1

Los diamantes tienen su nacimiento único en el lodo fundido, donde se cristalizan. En un momento señalado, estas gemas se encontrarán siendo expulsados a borbotones por las erupciones volcánicas. Si la convección corriente arremolina los diamantes más profundamente en el magma, se convertirán en a átomos de carbono libres. Si hay contacto con el oxígeno mientras están en su etapa de formación encendido, los diamantes se vaporizarán en dióxido de carbono. Los diamantes tienen que enfriarse lentamente mientras están siendo descargados al manto superior de la superficie de la tierra si deben subsistir como diamantes.

Los diamantes son de una sola forma de cristal llamado carbono. La mina que se encuentra en los lápices se forma a partir de un lubricante negro llamado grafito. En cierto sentido, tanto el grafito como los diamantes son carbono. Sin embargo, sólo hay una diferencia astronómica entre los dos: uno es común y barato, el otro entre los materiales más valiosos de la tierra.

Para convertir el carbono en diamantes naturales, se requiere al menos dos componentes: calor y presión. La presión debe exceder 580,000 libras por pulgada cuadrada, y las temperaturas deben aumentar muy por encima de 1.832 grados Fahrenheit para que el carbono pueda cristalizar en diamante. Estas condiciones sólo pueden existir muy profundas debajo de la tierra. La presión se puede comparar en dos maneras: el peso de la Torre Eiffel (700 toneladas métricas) descansando sobre una plataforma de una placa de cinco pulgadas o 10 meteoritos Anighito (10 x 20 toneladas métricas) descansando en un centavo.[1]

• CUARTA FACETA •

En Proceso

Los santos tienen un nacimiento precario similar. Nosotros también venimos de la tierra, sólo que no tan profundamente. Nuestro origen espiritual es de Dios, pero la materia física se atribuye al polvo de la tierra (Génesis 2:7). El nombre hebreo Adán significa "terrenal, rojo, o sonrojarse con rojez." Su raíz proviene del nombre Adame que significa "tierra, fondo, o suelo" (enrojecimiento general). Nuestro primer padre, es decir, Adán, vino de la tierra. A la mejor no vino de la profundidad de la tierra como el diamante, pero, sin embargo, vino de la tierra. Su origen empezó de la tierra (1 Corintios 5:44–49), y terminado con un cambio de imagen cosmético espiritual. Cuando una persona viene a Cristo, necesita un cambio. Este cambio es solo posible aceptando a Cristo como su Señor y Salvador. No es así deténgase aquí; hay un trabajo que se está llevando para (realización) su salvación (Filipenses 2:12) como lo define Pablo tan claramente. No estás solo en tu búsqueda espiritualidad; cada bruto (un nombre dado antes de que se corte un diamante) diamante visto bajo un microscopio "revela un detalle triangular de su crecimiento cristalino" (Mateo 28:19–20; 2 Corintios 13:14; Génesis 1:26). Vea la foto a continuación.

EDWARD V GONZALEZ

• QUINTA FACETA •

Detalle Triangular de la Divinidad

Este detalle triangular es la Deidad (el Padre, el Hijo, y el Espíritu Santo). Incluso en la naturaleza, la Deidad tenía su huella dactilar en esta magnífica joya. Podemos ver que el Padre, el Hijo, y el Espíritu Santo intervinieron en la formación de su creación sin disputa. *"Lo invisible de él, su eterno poder y su deidad, se hace claramente visible desde la creación del mundo y se puede discernir por medio de las cosas hechas. Por tanto, no tienen excusa"* (Romanos 1:20; RVR95). Dios te creó, pero el pecado te separó de Él. Envió a su Hijo Jesús a morir en la cruz. El Espíritu Santo vino para convencerte del pecado y ayudarte a convertirte en hijo o hija de Dios. En un capítulo posterior, he definido la obra del Espíritu Santo en la vida de un santo. Sólo los incrédulos y los insensatos no pueden ver a estas Personas en la creación o en sus propias vidas.

Los diamantes no solo tienen forma triangular, sino que también se elevan en niveles (**vea figura 2**). Estos niveles se denominan elevados trígonos que apuntan en la misma dirección que la cara del cristal. Están hechos por su diseño y disolución como parte de su crecimiento cristalino. El hecho de que un diamante tenga trígonos elevados no significa que esté terminado y listo para exhibirse. Este tiene que ser transportado por medio de las tuberías volcánicas y luego ser descubierto. Finalmente, debe soportar muchos procesos diferentes para poder crear una gema brillante de una piedra en bruto.

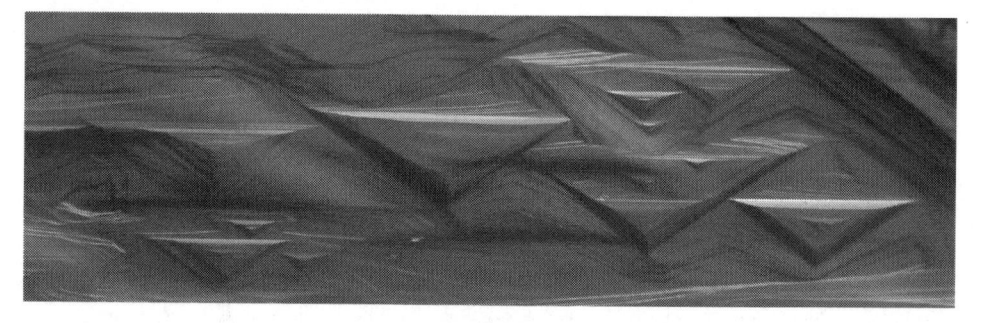

Figura 2

Los santos son como diamantes que pasarán por diferentes etapas en la vida. Son elevados de nivel a nivel. *"Pero nosotros todos, con el rostro descubierto, contemplando como en un espejo la gloria del Señor, estamos siendo transformados en la misma imagen de gloria en gloria, como por el Señor, el Espíritu"* (2 Corintios 3:18; LBLA). Aunque eres elevado a diferentes niveles, todavía tienen que ser llevados a través de muchos procesos diferentes antes de ser convertido en una piedra de fuego.

Si puedo teorizar, en las Cartas Paulinas había muchas personas que Dios había formado de piedras preciosas en bruto en diamantes brillantes. Algunos incluso fueron elevados a los más altos niveles. En sus cartas, Pablo hizo mención de muchas maravillosas personas que lo ayudaron en el ministerio. Dio títulos de servicio a muchos de sus compañeros que lo asistieron. Sin embargo, un título particular que nos describe a todos en el mismo nivel son las palabras "hermanos y hermanas," un término fundamental básico que se encuentra en la familia de Dios. Sin embargo, otros en un nivel superior se convirtieron en sus compañeros de trabajo. Unos cuantos de ellos se convirtieron en compañeros de prisión, un precio pagado al dar la vida y la comodidad de uno para hacer la obra del Señor. Cuando uno da su vida y no le importa si tiene o no tiene, pero sólo quiere hacer la voluntad de "Dios," habrá llegado a uno de los más altos niveles en el Señor. Dolorosamente, viene con mucha humillación de las obras de su carne. Estos diferentes niveles, nombrando sólo unos pocos, son la parte espiritual del crecimiento cristalino. ¿Qué es el propósito de los diferentes niveles de crecimiento espiritual? Ser como Cristo.

Cuando el Señor te creó, te creó con dos propósitos: primero, ser hechos a su imagen para que caminéis, habléis, y actuar como Él en este mundo. La segunda es que tengas una relación con Él y alabarlo por lo que Él es. Tú, como un cristiano, tienes una enorme responsabilidad y poder. "Cristiano" significa que usted es como Cristo. Este nombre fue dado por los incrédulos en Antioquía a la iglesia; desde entonces los santos de la iglesia fueron llamados cristianos (Hechos 11:26).

La palabra Cristo significa "ungido," y en el Antiguo Testamento, la unción rompería el yugo de la esclavitud: ***"Y el yugo se empodrecerá por causa de la unción"*** (Isaías 10:27; RVES). Esto significa que, si vas a ser como Cristo, debes romper el yugo de la esclavitud en la vida de las personas. Los santos no deben estar en el yugo de servidumbre, sino para romper el yugo. Este es una de las razones por las que el Señor te ha salvado (Isaías 61:1–4). Si eres el único que eres salvo en tu familia o grupo de amigos, se paciente. Tú serás aquel a quien Dios usará para liberar tu familia de la esclavitud (servidumbre). Sus oraciones, testimonio, vida santa, el ayuno o la fe en Cristo será lo que salvará a tu hermana de sus drogas, padres divorciados, amigos que quieren cometer suicidio, o alguien que está en el punto de destrucción financiera. ¡Manténgase firme! Dios quiere hacer una diferencia en tu vida primero antes de que Él pueda hacer un milagro en la vida de otra persona a través de ti. Él tiene que hacer tu vida fuerte y resistente a cualquier cosa que te pueda quebrantar, romper, desanimar o simplemente volverse piedra de tropiezo para los demás, incluyendo su familia. Dios quiere un diamante que resista los golpes más duros y la peor de los cambios ambientales. Cuando te pares en el horno de fuego, el Señor estará allí contigo (Daniel 3:8–30). El mundo se dará cuenta y verá algo diferente en tu vida. Puede que seas un diamante en bruto que podría no ser demasiado impresionante ahora mismo ante los ojos de la gente. Pero, Dios no ha terminado de hacerte. Al principio, cuando fuiste salvo, no parecías ser creíble en la vida de las personas. A medida que envejeces y maduras en el Señor, te convertirás en ese diamante de calidad que Dios quiere producir. Una excepción a esta regla es esta: un diamante de calidad no sale de todos los diamantes en bruto, pero hay potencial para que cada diamante en bruto se convierta en un diamante de calidad. Yo explicaré esto con más detalle en un capítulo posterior. Si Dios va a producir este diamante de calidad en usted, hay algunas cosas que deben entenderse. Por ejemplo, un santo necesita estar estable en Cristo y estar en el proceso de hacerse discípulo de alguien más.

• SEXTA FACETA •

Cultivar la Firmeza

La estabilidad en Cristo es imprescindible si quieres que el Señor te forme en un diamante talla brillante. De todas las formas de diamantes, el brillante redondeado es el más buscado (ver figura 3). Es tan deseado porque crea un mejor brillo que cualquier otro diamante. La forma en que está formado, cortado y los muchos minúsculos ventanas llamadas facetas le permiten encender un fuego que muchos admiran. Muchos desean este diamante brillante en forma, pero no están dispuestos a pagar el precio o no pueden pagar el precio porque podría estar más allá de sus recursos financieros. Los santos quieren que el Señor los use, pero muchos no están dispuestos a pagar el precio para convertirse estables. Tienen que dar el primer paso creyendo que necesitan mantenerse firmes en Cristo y en una iglesia. Una hermana en el Señor me dijo una vez: "Si el Señor no me libera de la iglesia para moverme a otra iglesia, no me moveré en desobediencia."

Figura 3

De todos los diamantes que se extraen en el mundo cada año, menos del 50 por ciento son de calidad gema; los que no son de calidad gema se utilizan para fines industriales, como talador de dentista o equipo de movimiento de tierra.[2] ¿Cuál de estos prefieres ser: calidad de gema o para trabajo de baja categoría? ¿Es importante la iglesia en tu vida como santo? Probablemente dirías que sí, pero importantes preguntas surgirían de repente. ¿Con qué frecuencia debo asistir? ¿Tengo que asistir a cada servicio y actividad? ¿Es crucial que asista? ¿Cómo es que podemos trabajar cuarenta horas o más a la semana y no tener la misma mentalidad cuestionable? ¿O cómo podemos mirar de dos a seis películas a la vez (aparte de ver la televisión) y no cuestionarlo como la gente lo hace acerca de la iglesia? Es seguro decir que por lo menos el 85 por ciento del Nuevo Testamento habla de Cristo, la iglesia y los santos. Tal vez la iglesia a la que hacistes no te impresiona espiritualmente ni satisface tus necesidades espirituales. Muchas iglesias por ahí sólo encajan en un modo religioso. Lo que estoy hablando es de una iglesia que obedece al Señor y Su Palabra. Eso es una iglesia que lucha por hacer Su voluntad y se mantiene santa. Mientras a medida que la iglesia se esfuerza por obedecer al Señor y hacer Su voluntad, usted debe ser constante. Busque una iglesia que quiera hacer la voluntad del Señor y desafía a su pueblo a vivir una vida justa delante de Él.

La mayoría de las Cartas Paulinas están dirigidas a las iglesias y sus relaciones entre sí y hacia aquellos fuera del ambiente de la iglesia. Si el Señor pensara que estando reunidos juntos como un cuerpo (1 Corintios 12:12–27; hebreos 10:24–25) no es tan importante, no habría escrito tanto sobre este tema.

• SÉPTIMA FACETA •

Ir o No Ir a La Iglesia

Un espíritu de confusión que se está extendiendo entre nuestras iglesias y santos es que una persona no tiene que ir a la iglesia porque puede orar y leer la Biblia en casa. Aunque tomando tiempo con el Señor es importante y debe practicarse en cada hogar cristiano, no es todo lo que el Señor pretendía para los creyentes. Algunos pastores amigos míos no creen en tener iglesia los domingos por la noche porque dicen que es mejor venir al Señor de todo corazón que venir a medias y cansado. ¿Seis a ocho horas a la semana es agotador? Mi esposa tarda más que esto por semana para lavar la ropa. Ocupamos más horas comiendo por semana que escuchar la Palabra del Señor. Gastamos en cualquier lugar de dos a más de tres horas al día comiendo. Si el cuerpo necesita esta cantidad de ingesta para funcionar correctamente durante el día, ¿cuánto cantidad de alimento espiritu crees que necesitaría el espíritu en el hombre para funcionar correctamente al día? ¿Cómo vamos a formarnos como el lustroso diamante de talla brillante?

La mayoría de las iglesias en Estados Unidos crecen por transferencia de crecimiento. Esto significa que las personas dejan una iglesia para ir a otra iglesia simplemente porque no tienen lo que quieren. Las iglesias no son centros comerciales a los que pueda ir y darse un cambio de ropa que le quede mejor. Puede que no te guste un vestido o un traje en J.C. Penney's, entonces decides que puedes ir a Macy's para ver si tienen lo que quieres. Un santo necesita quedarse donde el Señor quiere que lleve a cabo su trabajo. Centrarse en lo que el Señor quiere para su vida y en qué iglesia hacer esto es permitir que el Señor corte una faceta de su diamante. Un diamante brillante tiene cincuenta y ocho facetas ¿Cuánto tiempo va a tardar en cortar todas estas facetas (facetas del pabellón y de la corona) aparte de la mesa y la faja? Se puede llevar toda una vida, a diferencia de un diamante que requiere en cualquier lugar de varias horas a varios meses para terminarse. Mientras esto está en proceso, un diamante perderá, en promedio, la mitad de su peso original. ¡Manténgase enfocado! Cuanto más te concentres en firmeza, menos se corta el peso de su diamante. Cuestiones, hábitos, obras de la carne y cualquier otra cosa que se oponga a las Escrituras pueden ser consideradas peso, pero convirtiendo estas cosas en algo bueno y positivo ante el Señor se pueda mantener una joya más grande. Por ejemplo, un problema entre usted y un hermano en la iglesia puede hacer que se vaya en oración para interceder por él; también, se puede utilizar para una experiencia de humildad y amor. En lugar de que el Señor le quite esa parte del diamante, Él permite que se quede y puede simplemente pulirlo para brillar.

En el Antiguo Testamento, Dios había determinado dónde se reunirían los israelitas para el servicio y la adoración, no solo en el desierto sino también cuando entraron en la Tierra Prometida. En el desierto, tenían el tabernáculo como un lugar donde Dios se reunía con ellos. Habló por medio de Moisés y los sacerdotes, y en cambio, estos hombres entregarían el mensaje a la gente. Cuando Salomón finalmente construyó el templo para el Señor, fue en Jerusalén que el pueblo tenía que venir y adorar y sacrificar. Esta práctica se perdió durante el reinado de Roboam, hijo de Salomón.

El reino acabó siendo dividido, y Jeroboam, el capataz de Salomón, tomó las diez tribus del norte. Estableció dos lugares para sacrificar para el Señor. Uno estaba en el sur y el otro en el norte. Formó sus propios sacerdotes y profetas. Todos fueron hechos por el hombre y establecidos por el hombre, Jeroboam. Esta no era la voluntad de Dios sino la voluntad del hombre. En los siglos por venir, esta nación llamada Israel se volvió muy idólatra. A causa de su pecado, fueron llevados cautivos y esparcidos por diferentes naciones.

En el Nuevo Testamento, el Señor dijo que seríamos capaces para adorarlo en cualquier lugar en Espíritu y Verdad. El Señor estableció una iglesia universal pero también local donde los santos se reunirían en Su nombre. Pablo continuó con esa enseñanza en casi todas las ciudades al establecer una iglesia local que adoraría y enseñaría la palabra del Señor. Se convirtió en una congregación o iglesia con siervos (Pablo, Santiago, pastores, maestros y otros) que servían a los santos. Los creyentes trajeron a otros al Señor para ser salvos y servir en las áreas que Dios determinaría. Es importante que un santo sea fiel a una iglesia local, o la iglesia puede tener dificultades para hacer la voluntad del Señor. Por ejemplo, hay formas que un santo puede matar a una iglesia local. Algunas de las formas son no estar asistiendo a la iglesia, llegar tarde, no asumir un cargo, no dar de sus talentos o finanzas, asistir a otras iglesias más de la mitad del tiempo solo para hacerle saber a su pastor que no está de acuerdo con él, no reconocer a su pastor o líderes por hacer un buen trabajo, y no invitar a nadie a la iglesia. ¿Debemos a asistir a la iglesia? ¿Qué falta en igle__ __a?

EDWARD V GONZALEZ

• OCTAVA FACETA •

Haciendo Discíplos—¿De Quién es el Trabajo?

En la minería de diamantes, hay dos formas en que las gemas han sido descubiertas. Una es a través de la minería en tubería, y la otra es aluvial. La minería de tuberías es donde se han extraído diamantes de volcanes con "tubos" en forma de zanahoria llenos de roca volcánica. El volcán que lleva diamantes a la superficie de la tierra se origina en profundas grietas y fisuras llamadas diques. La forma de cono se desarrolla cerca de la superficie. Estos conductos son el recorrido por donde el magma, utilizado como ascensor, hace subir los diamantes a la superficie de la tierra. En la mayoría de los países, un tubo de diamante está compuesto de kimberlita o tierra azul. Se llama kimberlita por la ciudad de Kimberley, Sudáfrica, donde se descubrieron las pipas por primera vez en la década de 1870. A través de estos conductos, se dice que se tiene que remover un estimado de 250 toneladas de tierra por cada diamante pulido con calidad de gema de un quilate. Esto puede ser comparado con una montaña de tierra. Es tanta tierra que es casi increíble.

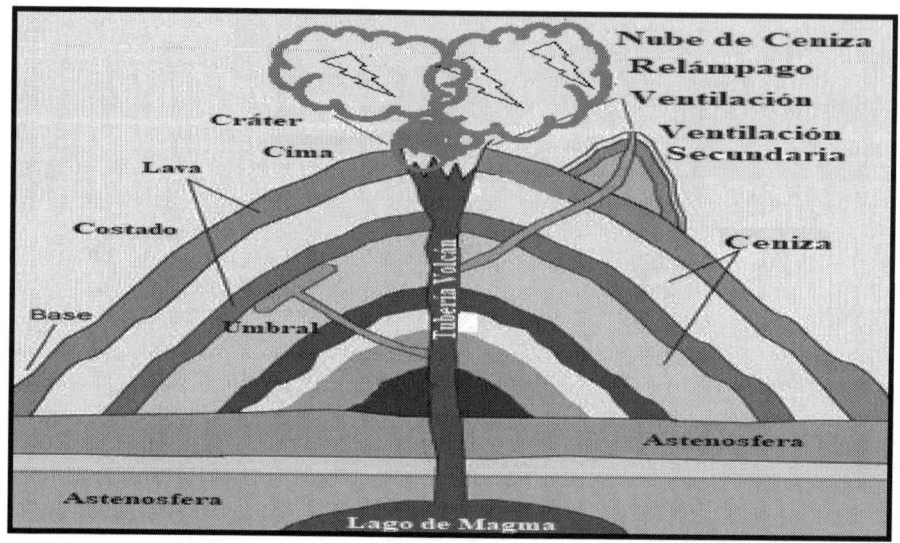

Figure 4

Viéndolo de otra manera, hay una gran obra delante del Señor y aquellos siervos bajo los cuales estás. Está el trabajo de eliminar la suciedad de tu vida mientras vives en Cristo. Los obreros y el Señor tendrán que quitar mucha inmundicia, enseñanzas erróneas, carácter inapropiado, y muchas otras cosas que encubren un diamante en bruto que necesita ser descubierto. Es un proceso largo y, a veces, fatigoso para los siervos del Señor. En haciendo discípulos, no es solamente la mano del Señor sobre ti, sino otros diamantes (siervos) que Dios ya ha preparado y ha tallado hasta relucir, para que ellos, a su vez, trabajen en tu bruñido, pulido, y mucho más. Pero estos siervos y el Señor tienen que trabajar meticulosamente y con paciencia para no destruir el diamante en ti. El Señor sabe cuánto puedes soportar, *"Ustedes no han sufrido ninguna tentación que no sea común al género humano. Pero Dios es fiel y no permitirá que ustedes sean tentados más allá de lo que puedan aguantar. Mas bien, cuando llegue la tentación, él les dará también una salida a fin de que puedan resistir"* (1

Corintios 10:13; NVI). A veces, es posible que un obrero no podrá conocer todas las debilidades que tienes y, en lugar de que un obrero te construya, en realidad puede lastimarte o arañarte (un término usado cuando un diamante se frota contra otro, causando daño). Conocí a un hermano que sufrió una herida espiritual. El pastor lo había maltratado severamente porque el hermano tenía un ministerio fuera de la iglesia. Todos los fondos por los que trabajaba, los invertía en el ministerio exterior. El pastor no quería ese procedimiento y llamó a los diáconos a una reunión para disciplinar al hermano. Él era ingenuo e inmaduro, pero estaba tan herido por el resultado que su vida espiritual se arruinó. Dejó de orar, leer la Biblia, ir a la iglesia e incluso afectó su matrimonio. Por un par de años, no estuvo involucrado en el ministerio. El Señor en su amor y misericordia levantó al hermano de su angustia y curó la herida abierta que sentía en el pecho. Hoy, él está trabajando muy duro en la obra, y le va muy bien en la iglesia.

Los diamantes son uno de los materiales más duros del mundo. De acuerdo con la escala de Mohs, una escala de dureza desarrollada en 1822 por el austriaco Friedrich Mohs, desarrolló un criterio para identificación de minerales para ayudarnos a comprender la dureza de un diamante. Esta escala clasifica diez minerales; esos minerales más duros con un número más alto pueden rayar aquellos con un número más bajo (**vea figura 5**).

Moh's	Escala de	Dureza
Minerales	Grado	Metodos de Prueba
Talco	1	Mineral conocida más suave. Fácilmente se hojita cuando se raye con la uña.
Yeso	2	Una uña fácilmente puede rasparlo.
Calcita	3	Una uña no puede rasparlo pero un centavo de cobre si.
Fluorita	4	Una navaja de acero facil puede rasparlo.
Apatita	5	Una navaja de acero puede rasparlo.
Feldespato	6	
Cuarzo	7	Puede raspar el acero y vidrio duro fácilmente.
Topacio	8	Puede raspar el Cuarzo.
Corindón	9	Puede raspar el Topacio
Diamante	10	Material más duro conocido. Diamante puede raspar lo resto de substancia.

Figura 5

Sin embargo, hay algunos conceptos erróneos sobre ellos. Simplemente porque los diamantes son una de las sustancias más duras del mundo, deben ser indestructibles, pero no es así. Estas gemas pueden romperse debido a los planos de clivaje (**vea figura 6**). Lamentablemente, solo el golpe correcto en un punto sensible puede astillar o incluso romper un diamante. Algunos dueños de diamantes han golpeado sus diamantes en encimeras, automóviles y paredes, causando que se rompan en pedazos. Otro concepto erróneo es que no se pueden rayar. No pueden ser rayados por otra gema, pero frotando dos diamantes juntos pueden ser rayados.

La Biblia dice que los creyentes son más que vencedores (Romanos 8:37). Desafortunadamente, algunos santos nunca han alcanzado este nivel de madurez de ser conquistadores. A la señal de problemas en cualquiera de estas crisis que Pablo menciona en el capítulo ocho, versículos 35–39 (tribulación, espada, hambre, problemas [de la vida], cosas presentes, cualquier otra cosa creada [problemas con la gente]), puede ser tan extenuante para un santo que puede compararse con un golpe en el ángulo preciso del diamante que hace que se rompa. Existen maneras de evitar esta situación.

Nota: aunque los diamantes pueden considerarse un mineral duro, tienen la posibilidad de romperse; todas las sustancias, incluido el diamante, puede fracturarse o romperse. Debido a su estructura cristalina inusual, el diamante tiene ciertos planos de fragilidad a lo largo que se puede dividir. Tiene hendidura perfecta en cuatro direcciones, en el sentido de que se dividirá perfectamente a lo largo de estas líneas en lugar de un borde irregular. La razón es que el cristal de diamante tiene menos enlace químico a lo largo del plano de su cara octaédrica que en otras direcciones. Los cortadores de diamantes aprovechan la hendidura para moldearla proficientemente.

Hay por lo menos dos cosas que un santo necesita tener para que pueda mantenerse en el Señor. Una necesidad es sostener su fe en el Señor sin importar las circunstancias que pudiera soportar. Solo porque no puedes explicar por qué algo está sucediendo a ti o no se te da la respuesta, no asumas perder esperanza y confianza. Puede que la respuesta nunca esté ahí, pero nuestra confianza necesita estar allí. Considere la vida de Job en la que pensó que

Dios era el problema debido a lo que estaba experimentando. Al final de su libro, Dios le da varias preguntas sobre la naturaleza, y no puede responderlas. El punto de Dios es que, si él no puede responder a estas preguntas de la vida cotidiana, ¿cómo podría entender los complejos divinos? Así que decide confiar en el Señor porque Él sabe lo que hace. Job nunca supo la conversación entre Dios y Satanás y la razón de sus desgracias. Lo segundo que es importante es que un santo necesita estar activo en la iglesia o en un ministerio externo que ayuda a la iglesia. La razón por la que la mayoría de los santos dejan de servir al Señor es porque han perdido la razón por la que han sido salvos. La idea es ser como Cristo, crecer, servir, y decirles a otros sobre la salvación de Cristo.

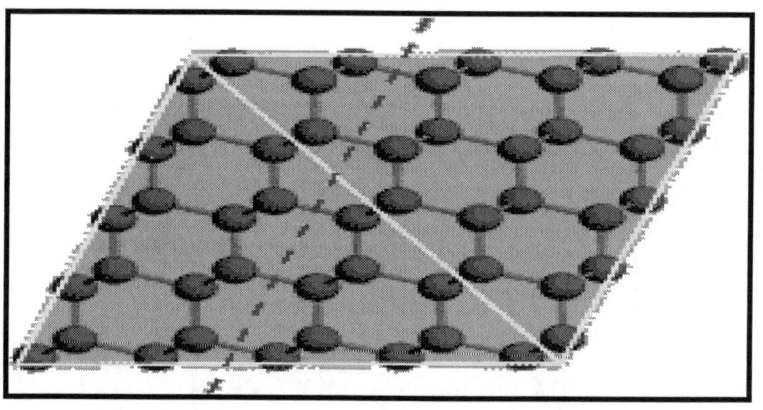

Figura 6

Cuando Dios sacó a los israelitas de la esclavitud de Egipto, la última plaga jugó un papel importante. Dios le dijo a Moisés y a su pueblo que sacrificaran un cordero y pusieran la sangre sobre las jambas y los dinteles de las casas. Esta sangre salvaría sus primogénitos del destructor (Hebreos 11:28; NVI). Es por eso que se llama la Pascua (Passover) porque el destructor pasó por encima de toda casa que tuviera un primogénito. La sangre los liberó, a los primogenitos, del juicio de Dios. Todo primogénito, sea varón o animal, que pertenecía a Dios. Les salvó la vida. Cuando los israelitas viajaron en el desierto, Dios ordenó a Moisés que construyera un Tabernáculo. Aarón y sus hijos serían los sumos sacerdotes de Dios. Necesitaban ayuda para llevar a cabo sus deberes y funciones. El plan divino de Dios era que una de las tribus ayudara en esta obra. Escogió a los levitas, pero antes de que pudieran ser entregados al sacerdocio, alguien tenía que comprarlos de Dios, entonces las familias israelitas pagaban a Dios de la plata que habían recibido de los egipcios. El número de primogénitos en comparación con los de los levitas era una diferencia de 273. Por lo tanto, los israelitas le debían al Señor 273 primogénitos. Tuvieron que pagar cinco siclos de plata por cada primogénito rescatado (Levítico 27:6; Números 3; 8:14).

Tú también has sido comprado por la sangre de Jesús cuando Judas tomó la plata, treinta piezas, en pago por entregar a Jesús a los líderes religiosos. Judas no entendió lo que había hecho. Para que sirvieras a Jesús en el ministerio, alguien tenía que cómprate. Jesús pagó la plata: *"Fueron comprados por un precio. Por tanto, glorifiquen con su cuerpo a Dios"* (Mateo 26:14–15; 27:9; 1 Corintios 6:19-20; NVI).

Pablo, en varios de sus escritos, se llama a sí mismo y, de hecho, a todos los que están en Jesús, esclavos. La palabra griega doulos traducido al inglés significa esclavo y se usa indistintamente con la palabra siervo. Los esclavos no tienen derechos ni privilegios por sí mismos. Si tienen algún derecho, está en Cristo Jesús. Son propiedad de un Señor: Jesús. Usted es un esclavo de Jesús; Él te posee. Es por eso que un esclavo/siervo que se llama a sí mismo santo no puede hacer lo que quiera. Tantos santos no quieren someterse bajo la tutela. Por eso, después de tantos años de estar en Cristo, no han madurado. Este es un error que muchos santos hacen:

Sobre este tema tenemos mucho que decir, aunque es difícil explicarlo, porque ustedes se han vuelto apáticos y no escuchan. En realidad, a estas alturas ya deberían ser maestros; sin embargo, necesitan que alguien vuelva a enseñarles los principios más elementales de la palabra de Dios. Dicho de otro modo, necesitan leche en vez de alimento sólido. El que solo se alimenta de leche es inexperto en el mensaje de justicia; es como un niño de pecho. En cambio, el alimento sólido es para los adultos, pues han ejercitado la capacidad de distinguir entre el bien y el mal.

Hebreos 5:11–14 (NVI)

Uno de los cuatro estándares (los otros tres se mencionarán en un capítulo posterior) que se utiliza en el precio de un diamante tiene que ver con su claridad. La claridad varía desde impecable (sin inclusiones) a inclusiones visibles. Las inclusiones son marcas, de pequeñas a graves, que hacen que el precio del diamante no sea alto. Muchos santos que mantienen la enseñanza herética de que no necesitan sentarse bajo la tutela, pero saltar de la iglesia o no asistir a la iglesia puede considerarse que tiene inclusiones. Estas inclusiones deben abordarse. Muchas veces, es un pecado que puede estar iniciando la actitud. Pecados como la ira contra alguien, la falta de perdón, el orgullo, las cuestiones no resueltas o el amor al dinero tienen prioridad sobre escuchar la Palabra de Dios. Algunas personas tienen miedo de pedirles a sus jefes que estén libres los días de los servicios religiosos por temor a no tener trabajo. Dios es bueno todo el tiempo. Si defiendes tus creencias, Él te ayudará a conseguir un trabajo para tener tiempo para Su Palabra. Pero hasta que pastores tomen la iniciativa de abordar la necesidad de corregir a estos santos y eliminar las inclusiones, nunca se volverán todo lo que Dios quiere que sean. Una de las razones por las que estos pecados no se abordan es porque muchos pastores no quieren agitar las aguas y perder miembros y dinero.

El pecado no es tema popular en nuestro día. Predica y enseña todo lo demás; solo no lo hagas mencionar el pecado es el motivo fundamental. Es una gran injusticia para los diamantes que tienen inclusiones. Santos e iglesias, incluyendo pastores, perderán gemas potenciales para ayudarlos en su servicio a Dios. Hermanos y hermanas no lo tomen como un insulto cuando un siervo los corrija sino tómenlo con humildad porque Dios está obrando en tu brillantez (vida).

EDWARD V GONZALEZ

PABELLÓN FACETA DOS:

SOBRECALENTAMIENTO Y BAJO PRESIÓN

EDWARD V GONZALEZ

• DÉCIMA FACETA •

Sobrecalentamiento

Los diamantes no están hechos de un tipo de material caro; están hechos de carbono económico. Este tipo de elemento y su intensidad proporcionan la combinación adecuada para crear un diamante. Para transferir carbono a diamante, se requieren dos cosas: calor y mucha presión. Las presiones deben exceder un exceso de 580.000 libras por pulgada cuadrada, y las temperaturas deben superar los 1000 °C para que el carbono se cristalice en diamante. (Para ver una ilustración de la comparación de peso, véase el último párrafo del primer capítulo de la tercera faceta.)

En el libro de Daniel, en el tercer capítulo, los tres amigos hebreos, Ananías llamado Sadrac, Misael-Mesac y Azarías-Abednego (Daniel 3:13), fueron puestos a prueba. El rey de Babilonia creía que su reino se había expandido por su propia sabiduría y poder. Hizo construir una imagen para que todos la adoraran, incluyendo a los judíos. Cuando sonó la música, todo el personal y una multitud de judíos se arrodillaron para adorar con excepción de los tres jóvenes. Considera esto: el rey pudo haber matado a todos los judíos porque estos tres jóvenes se negaron a inclinarse. Solo puedo imaginar a la multitud abrasada de ira y amenazando a los tres hebreos por no inclinarse. La multitud puede haber estado poniendo dudas y miedo a los que quedaron de pie. Puedes imaginarte escuchándolos diciendo: "¡Te vamos a atrapar por poner en peligro nuestras vidas!" Los tres amigos hebreos estaban poniendo en peligro la existencia del pueblo judío. Aunque el calor llegó al punto de ebullición o hervir, todavía no se inclinaron ante una imagen falsa porque el Decálogo (Diez Mandamientos) estaba en sus corazones. *"No tengas otros dioses además de mí. No te hagas ninguna imagen, ni nada que guarde semejanza con lo que hay arriba en el cielo, ni con lo que hay abajo en la tierra. Ni con lo que hay en las aguas debajo de la tierra. No te postres delante de ellos ni los adores. Yo, el Señor tu Dios, soy un Dios celoso"* (Éxodo 20:3–5; NVI). ¿Por qué todo el resto de los judíos se inclinó, pero no estos tres? Desde temprana edad, Ananías, Misael y Azarías se les debe haber enseñado a resistir el calor y la presión de la vida. Tomaron una posición por lo que creían. No estaban dispuestos a violar el primer y segundo mandamiento. Mientras los tres hebreos se negaban a inclinarse, el rey ordenaba que el horno se calentara siete veces más. Los tres amigos hebreos no solo se negaron a inclinarse, sino también se negaron a dejarse intimidar por la amenaza. Si tuvieran que pagar el precio, estaban dispuestos a dar la vida y no insultar a su Dios. Estaban confiando en Él para proporcionar *"la vía de escape"* (1 Corintios 10:13, LBLA). El Señor no solo proporcionó una vía de escape, sino que también estuvo en el horno con ellos, una teofanía en los círculos teológicos. Dios honra a los que le honran a Él. Dios defenderá a aquellos que defiendan quién es Él. La carta a los hebreos dice que Dios recompensará a los que vengan a Él y venid con fe (hebreos 11:6). La acción piadosa de los tres jóvenes pudo haberles costado la vida y no salvarse, pero prefirieron vivir de acuerdo con sus creencias porque sabían que no había dios como su Dios, y no querían quebrantar su Ley. Recuerda que tus creencias y fe en

Dios siempre serán probadas. ¿Te consumirá el fuego? ¿O te inclinarás para adorar a la imagen de este mundo?

El fuego no es destrucción cuando el Señor lo usa para formar Sus instrumentos. El fuego, en extrema proporción, puede purificar casi cualquier elemento o destruirlo. En el libro de Números, capítulo 31:19–24, Moisés ordenó a todos los soldados que tenían que purificarse después de esa espantosa batalla contra los madianitas. La Ley requería que *"El oro, la plata, el bronce, el hierro, el estaño, el plomo y cualquier otra cosa que resista el fuego debe pasar por el fuego, y entonces quedará limpio. . .Y todo lo que no resista el fuego debe ser puesto a través del agua."* El fuego en tu vida puede purificarte o quitar cualquier cosa que esté impidiendo que tu confianza crezca y dé fruto en Él. Si llega al punto de calor extremo y siente que no puede soportarlo, ponga su fe en la Palabra de Dios cómo los tres amigos, y Dios te ayudará. El Salmo dieciocho, versículo treinta, dice: *"Tus enseñanzas son perfectas, tu palabra no tiene defectos. Tú proteges como un escudo a los que buscan refugio en ti"* (TLA). La Palabra de Dios es un diamante impecable de talla brillante que nunca te abandonará ni te dejará avergonzado. Cuando nosotros tengamos la Palabra perfecta en nosotros y la practiquemos, llegaremos a ser como un diamante de talla brillante impecable. Podemos depender de la Palabra para el consuelo, la fuerza y el gozo. Pero para conocer la Palabra, tienes que leerla. He llegado a la conclusión de que la mayoría de la gente en nuestro país ya no quiere leer. Nos hemos convertido en una sociedad de sensualismo. Cualquier cosa que haga que nuestros sentidos se sientan bien, nos atiborramos o nos llenamos de ella. He visto demasiadas librerías cristianas con estantes llenos de novedades y joyas y casi ningún libro para leer, especialmente libros de estudio teológico o bíblico. La mayoría de los creyentes tienen más videos y CDs que libros o biblias. En orden para solucionar este problema, uno tiene que determinar qué es más valioso y beneficioso para la persona, espiritualidad o carnalidad, vida o muerte, cielo o infierno, santidad o inmundicia, paz o la batalla interior.

En referencia a la purificación por agua, Pablo escribiendo a los Efesios acerca de la Palabra de Dios y la iglesia, dijo ***"Para hacerla santa. Él la purificó, lavándola con agua mediante la palabra, para presentársela a sí mismo como una iglesia radiante, sin mancha ni arruga ni ninguna otra imperfección, sino santa e intachable"*** (Efesios 5:26–27; NVI). Porque está dicho: ***"Aunque todo el mundo miente, Dios siempre dice la verdad"*** (Rom. 3:4; TLA). Puedes contar con la confianza del Señor, e incluso si Él no te ayuda, Dios todavía está contigo, garantizado. ***"...Y les asguro que estaré con ustedes siempre, hasta el fin del mundo"*** (Mateo 28:20, NVI).

El calentamiento es un elemento importante en su vida cristiana. Es la forma de probar la resistencia y la fuerza. Cualquier viga metálica que se vaya a utilizar en una estructura tiene que ser ensayada a alta temperatura. Si puede soportar el calentamiento extremo y no doblarse, se usará para soportar una enorme cantidad de peso y tendrá resistencia. El Señor no puede usar a alguien si no está dispuesto a pasar la prueba del calor. Hay muchos santos que se niegan a testificar en sus trabajos por temor a ser despedidos. Algunos preferirían trabajar horas extras para ganar algo de dinero extra a cambio de no escuchar la Palabra de Dios. Sus acciones demuestran que la Palabra de Dios no es valiosa en sus vidas y no puede impactarlos.

En el capítulo "Formación de un diamante," había explicado que los diamantes podrían volverse a los átomos de carbono libres si las convecciones corrientes los arremolinan más profundamente en el magma, o pueden ser transformados de nuevo en grafito si se enfrían lentamente mientras suben. Aunque estas gemas son uno de los elementos más fuertes, aún son vulnerables a contratiempos. Nuestras vidas espirituales se pueden comparar a esta fragilidad.

Los santos pueden volverse espiritualmente fríos con un lapso de solo una semana de no asistir a la iglesia. Como pastor durante los últimos veinte-cinco años, he tenido el privilegio de trabajar principalmente con reincidentes; aquellos que han estado fuera de circulación por un corto período de tiempo puede volverse muy difícil de ganarse de nuevo para el Señor.

Cuando estuve estudiando en la universidad, conocí a un joven llamado Juan. Venía de un hogar de pandilleros estilo de vida. Juan era de mediana estatura, musculoso, bien parecido y de ascendencia hispana. Había venido al Señor y estaba bajo el cuidado de un pastor como miembro y laico. El hombre joven estaba muy entusiasmado con el ministerio y asistía a la iglesia apasionadamente. Un día, se acercó al pastor y le dijo que quería iniciar una iglesia. Su pastor le aconsejó que no se embarcara en esa búsqueda porque no estaba listo. Algún tiempo después, convenció a algunas de las familias de la iglesia a irse con él, causando una división. Lo que empezó con emoción en los primeros años como pastor, más tarde, se convirtió en una lucha para pastorear la congregación. Al final de su quinto año como un asalariado, Juan había abandonado la iglesia sin colocar un pastor para el rebaño o llevar los miembros a otro redil. No tenía amor sacrificial ni cuidado por ellos. Era un asalariado, no un verdadero pastor. Juan no estaba listo y el calor había subido demasiado que su diamante se había convertido en átomos de carbono libres. Juan reanudó su estado anterior como miembro de una congregación. Hasta el día de hoy, no ha vuelto a entrar en el ministerio pastoral.

En la Biblia, hubo un profeta que tampoco pudo soportar el calor. Su nombre era Jonás, un individuo particular que no soportó el calor. Dios lo llamó a proclamar el mensaje de arrepentimiento a Nínive, o sería destruida; se negó a creer que Dios destruiría la ciudad porque sabía de Su gracia, compasión y bondad amorosa, entonces, ¿por qué predicar a los ninivitas si Dios se arrepiente de destruirlos? Jonás desobedeció la Palabra del Señor, se subió a un barco y se fue en dirección contraria. Debido a decisiones equivocadas, terminó en el vientre de una ballena. Después de ser vomitado a la orilla del mar por una ballena o un gran pez, procedió a ir a Nínive y predicar un mensaje de arrepentimiento. Terminó en el lado este de la ciudad y construyó un refugio y se sentó debajo de él en la sombra. Como Jonás descansó, se impacientó y se enojó y estaba esperando que Dios destruyera la ciudad. Mientras estaba sentado fuera de la ciudad, Dios preparó una planta para traerle algo de sombra y librarlo del intenso calor del sol. Esto lo hizo muy feliz. Mientras dormía, un gusano comenzó a comerse las raíces de la planta. Eventualmente, el sol salió y comenzó a calentar demasiado. La planta y las hojas se secaron y no hubo sombra para el pobre Jonás. Se puso furioso porque la planta había muerto. Preferiría morir antes que soportar el calor. Si se preocupaba tanto por una planta que simplemente le daba sombra, ¿cuánto más se preocuparía el Señor por la gente, por Su creación, los ninivitas o los animales? Con un poco de calor, Jonás se dobló y se quejó. ¿Te pliegas y te marchitas con unos rayos de calor? ¿Buscas tu comodidad más allá de la salvación de una alma perdida? ¡Llévales el mensaje! Dios asegurara que usted no se vuelve complaciente y demasiado cómodo porque hay un mundo agonizante que necesita el mensaje del Evangelio. ¡Dios te está preparando!

• UNDÉCIMA FACETA •

Bajo Presión

Cuanto mayor es el sufrimiento, mayor es la recompensa y entre más extensa la prueba, más extensa la fe, entre más larga la preparación más pesada la responsabilidad. Moisés se crio en un ambiente rico y era nieto del faraón. Fue educado en la religión, las costumbres y en su educación. Durante cuarenta años, Moisés vivió en Egipto hasta el día en que tuvo que huir por temor a que el faraón lo matara por asesinar a un egipcio. Durante los siguientes cuarenta años, pasó pastoreando los rebaños para su suegro. Él tomó esto como su vocación para el resto de su vida. Nunca se imaginó que Dios estaba usando este oficio para enseñarle cómo pastorear y liderar un grupo tan enorme como congregación en los próximos años. El Señor usa cosas alrededor de nuestra vida para prepararnos para una obra en particular. Si la preparación es breve, la responsabilidad es mínima. La vida de Moisés es tanto una inspiración y revelación para todos aquellos que están en el liderazgo. ¿Abandonarías tu oficio o posición de riqueza a cambio de un oficio menor sin incentivos o recompensas autogratificantes sin saber que es por un llamado mayor? Si podemos decir con seguridad que vivimos hasta los noventa años, podríamos imaginarnos con pasar los primeros treinta años en un buen trabajo o en un estilo de vida complaciente. Entonces sucede algo horrible y te sacan de este estado sólo para quedar en una condición miserable sin salida durante los próximos treinta años sin. Tienes ahora sesenta años de edad, listo para la jubilación, y sin fuerza, vitalidad o visión. Los mejores años de tu vida se han ido. Ahora Dios te llama a una vocación particular; usted se niega debido a la edad y condición. Sientes que el llamado está más allá de tu capacidad, pero no es así. Dios te ha estado preparando todo este tiempo. No quiere decir que será fácil. Si se desea y se ama la misión, la obra será plausible.

Durante cuarenta años, Moisés vivió en lo mejor de Egipto. Sólo le hizo pensar que sabía algo y que era alguien. Los próximos cuarenta años le llegaron como una sorpresa, solo para comprender que no sabía tanto como pensaba o incluso que era algo en absoluto. Los últimos cuarenta años llegaron a él como una revelación para aceptar con reverencia que Dios sabía todo y era todo. El Señor podía hacer cualquier cosa con el correcto temperamento de un servidor.

En la minería de diamantes, hay gemas que caen en categorías menores en la escala de clasificación de color. Diamantes incoloros en esta categoría debe ser incolora para estar en el rango de precio notable. A menor cantidad de color amarillo y claridad, más caro el diamante será. Por otro lado, cuanto mayor es el tinte amarillo, menos costosa es la piedra. Unas piedras que tienen un tinte amarillo no pasaron por un cambio vigoroso. El tinte amarillo en un diamante es causado por la infiltración de nitrógeno. Escaparon de las presiones extremas y del calor abrasador. Estas gemas no pudieron sostener el tiempo requerido para convertir el carbón en un diamante incoloro. Rechazó el principio de la tierra exigiendo que se cumplieran ciertas condiciones para crear tal una obra maestra.

IGA Grado Escala Claridad						
IGA	SD-ID	MML-1 MML-2	ML-1 ML-2	IL-1 IL-2	I-1 I-2
Grado Escala Claridad	Internamente Sin Defecto	Inclusiones Muy Muy Leves	Inclusiones Muy Leves	Inclusiones Leves	Imperfecto

IGA Escala Color Grado

D E F	G H I J	K L M	N O P Q R	S T U V W X Y Z
Incoloro	Casi Incoloro	Amarillo Opaco	Amarillo Muy Suave	Amarillo Suave

Escala de Color

1	2	3	4	5	6	7	8	9	10
Excelente		Muy Bueno		Bueno		Regular		Pobre	

Figura 7

Algunos santos son similares a estas gemas amarillas. Por ejemplo, algunos creyentes prefieren evitar la longanimidad que aprender la fe al punto de caminar sobre el agua. Es fácil decir que uno tiene fe cuando hay un trabajo disponible y suficiente dinero para pagar las cuentas. Es otra cosa cuando no hay dinero presente, y el cónyuge está en tu garganta exigiendo que consigas un trabajo o encuentres los recursos para cumplir con las obligaciones. Si uno está trabajando en el ministerio y sabe que el Señor lo tiene allí, pero es limitado en los recursos, este puede ser el momento en que la presión puede acumularse en su vida y el calor puede comenzar a arrojar el color (contaminar) gradualmente. Este proceso de eliminación de objetos extraños puede tomar muchos, muchos años. ¿Está la persona lista para tratar con las presiones, o está dispuesto a evitarlas y volverse un diamante barato? Muchos renuncian y se dan por vencidos, incapaces de soportar la carga de las pruebas. "No tengas miedo de la presión; recuerda esa presión es lo que convierte un trozo de carbón en un diamante."[3] No dejes que los pensamientos negativos o la duda se infiltren en tu vida y contaminen tu fe en Cristo. Habrá muchas cosas que intentarán desanimar y hacer retroceder al santo. Los obstáculos son imprescindibles si el santo va a madurar y llegar a ser como Cristo. Estas cosas se pueden comparar con el nitrógeno que contamina a el diamante y termina dándole un tinte amarillo, reduciendo así (incluyendo otros factores como el corte, las inclusiones y el peso en quilates) su valor. Creo que el santo no quiere que los contaminantes afecten su capacidad de ser usado por el Señor. Asóciese con personas maduras que trabajen en el ministerio. Mantente cerca de quienes llevan una vida positiva y fiel. Estas personas maduras pueden ayudar al santo a crecer.

Jesús habló de una semilla de cierta proporción. La más pequeña semilla de su día fue la semilla de mostaza. Dijo que se convirtió en el árbol más alto de su tipo y donde los pájaros (preocupados) encontrarían descanso y comodidad *"El reino de los cielos es como una semilla de mostaza que un hombre sembró en su campo. Aunque es la más pequeña de todas las semillas, cuando crece es la más grande de las plantas del huerto. Se convierte en árbol, de modo que vienen las aves y anidan en sus ramas"* (Mateo 13:31–32, NVI). El creyente es como este tipo de semilla que puede crecer para ser un enorme árbol de consuelo. ¿Quiénes son estos pájaros (preocupados)? Son personas con necesidades que están cansadas de la vida, pero pueden encontrar ayuda y consuelo en este mega árbol, que es el santo (Salmo 1:1-3).

• DUODÉCIMA FACETA •

Getsemaní: La Prensa de Aceite

Getsemaní es un jardín al este de Jerusalén más allá del arroyo de Cedrón al pie del monte de los Olivos. Es el sitio donde Jesús fue traicionado por Judas con un beso. Según Cranfield (1989), dice que la palabra "Probablemente representa el hebreo gat syemanim 'prensa de aceites'" (430). Getsemaní era una prensa de aceite donde las aceitunas verdes o negras maduras se colocaban encima de la piedra del molino mientras la enorme piedra circular en movimiento trituraba las aceitunas para extraer su aceite. El mejor aceite procedía de la aceituna verde, y la forma de extraer el aceite de la aceituna era colocar una gran piedra de molino sobre su superficie plana. Luego se colocó otra piedra en posición vertical encima de ésta y se pasó una viga por el centro. Un caballo, un buey, o un hombre hacían girar la piedra superior y el aceite fue presionado por el peso.

¿Puede decirse algo tan cierto de nuestro Señor en los últimos días antes de su crucifixión? Jesús enfrentó las mayores presiones de su vida. El Huerto de Getsemaní fue el tiempo de su prueba. A lo largo de Su vida, Él había estado preparado para soportar Su mayor desafío. Llegó en los últimos momentos, cuando la goma se encuentra con el camino, un momento de agonía. *"Estaba tan angustiado, que se puso a orar con más intensidad"* (Lucas 22:44; NBV).

En este jardín, Jesús soportó Su Getsemaní, no donde el olivo de Él fue exprimido de aceite, sino algo de mayor valor que puede llenar un océano de lágrimas, Su amor. Un amor de sacrificio por tus pecados y los míos. Soportó la agonía del sufrimiento porque el pecador significaba mucho para Él. La palabra agonía proviene de la palabra griega agonia, que significaba, en un principio, un concurso o luchar,[4] pero más tarde signifíco una intensa angustia emocional. Luchó con un dolor tan intenso que Lucas, el escritor del evangelio, dice: **"Su sudor caía a tierra como grandes gotas de sangre"** (Lucas 22:44; NTV). ¿No soportó tanta dificultad para mostrar su amor eterno por el pecador?

Fue una prueba inmaculada desde la eternidad pasada. La agonía de Jesús no fue tanto la prueba de crucificar el instinto de conservación de la vida, sino algo mucho más horrible. Cuando Dios creó al hombre, lo creó con ciertos instintos que es crucial para cada ser. Hay cinco instintos en el sistema humano. Voy a nombrar al menos dos para una explicación son el hambre y la sed, y la preservación de la vida. El hambre y la sed ayudan al cuerpo a mantener la vida alimentándola y tomando líquidos, lo cual es importante para el funcionamiento del organismo. La preservación de la vida es ese instinto que ayuda a uno a luchar para mantenerse vivo cuando uno se está muriendo. Una ilustración puede ser un hombre que se está ahogando en un lago. Gritará, entrará en pánico, se moverá con miedo y se dará palmadas en las manos y brazos en el agua, tratando de sobrevivir por miedo a la muerte.

En el jardín, Jesús no sólo crucificó el instinto de conservación de la vida cuando quería vivir, pero luchaba en agonía (luchó) para no alejarse de su Padre. Ninguno de nosotros puede entender lo que es tener una relación unificada y eterna con alguien. Pablo dijo que ***"muertos en pecados"*** y ***"sin Dios en el mundo"*** (Efesios 2:5, 12; NVI). Nunca hemos tenido una eterna relación con el Padre, entonces, ¿cómo podemos sentir la agonía de nuestro Señor Jesucristo y lo que pasó? Nos dejó un ejemplo de un verdadero amigo, alguien que murió por su amigo (Juan 15:13). El hambre y la sed no es sólo un concepto físico sino también espiritual. Era parte de la enseñanza de Jesús de tener hambre y sed de justicia. ¿Puedo concluir que cuando Jesús estaba en la cruz, exclamó que tenía sed pero no de agua, sino de esa relación anhelante con su Padre?

EDWARD V GONZALEZ

• DÉCIMOTERCERA FACETA •

La Prueba

Las presiones de la vida están hechas para ayudar a uno a soportar y sobrevivir el arduo viaje que llamamos vida. El creyente se puede comparar con la piedra en bruto (diamante) en que, si pudo resistir las presiones en las profundidades de la tierra, sería capaz de salir a la superficie. Si el creyente es capaz de resistir las presiones de la vida, también podrá salir a la superficie por encima de las crisis, problemas, pruebas, o enfermedades.

Hay un tipo diferente de extracción de diamantes además de la que he mencionado anteriormente. Se llama minería aluvial. Este proceso consiste en extraer diamantes de lechos de ríos o playas oceánicas. Hace millones de años, cuando se formaron los tubos de diamantes, muchos diamantes se desgastaron y fueron transportados a lo largo de cientos de kilómetros a lo largo de los ríos e incluso llegaron a los océanos. Ninguna otra gema podría haber sobrevivido a un viaje tan riguroso si no fuera por su composición. Debido a esto, muchas piedras rudas pudieron resistir las presiones muy por debajo de la tierra. Su supervivencia se basó en su dureza a lo largo de su formación. Si el creyente tiene la misma estructura artística que un diamante, él también sobrevivirá al arduo viaje de su vida cristiana. Por eso la prueba es muy importante en la vida de un santo porque le da fuerza.

Cuando Jesús fue tentado por el diablo (Mateo 4:1–11), Él soportó una prueba de preparación en Su ministerio. La versión

Reina-Valera Antigua dice que Él (Jesús) fue tentado por el diablo. Dios no tienta a nadie. ***"Que nadie diga cuando es tentado: soy tentado por Dios; porque Dios no puede ser tentado por el mal, y él mismo no tienta a nadie"*** (Santiago 1:13–15, LBLA). El pasaje de Santiago parece indicar una "tentación o prueba que surge dentro, de los apetitos incontrolados y de malas pasiones (Marcos 7:20-23). Pero aunque tal tentación no procede de Dios, sin embargo, Dios considera a su pueblo mientras la soporta, y por ella los prueba y aprueba."[5] La prueba de Jesús estaba destinada a vencer al tentador en sus caminos tortuosos. El Señor pasó gloriosamente cada prueba con gran éxito. Había un dicho entre los judíos: "El Santo, bendito sea su nombre, no eleva a un hombre a la dignidad hasta que primero lo ha probado y escudriñado; y si está en tentación, entonces lo eleva a la dignidad" (Barclay 1956, 62). El calor y la presión produce en el santo la capacidad de pasar la prueba de nuestro Señor y las tentaciones del demonio. Las pruebas pueden venir a través de diferentes vías como los milagros, la tristeza, el dolor, la muerte o alguna otra forma. Algunos están hechos para ayudar al creyente a tener fe en Dios, y aún otros para podar a la persona piadosa.

Cada milagro en Egipto que Dios realizó fue un milagro para aumentar la fe de los judíos. La capacidad de conquistar a los egipcios y liberar a los judíos fue por el poder sobrenatural de Dios. Su pueblo debió haber creído con mucha fe en un Dios de esa magnitud. Si eso no fuera suficiente para su fe, añadió protección contra el calor del día con una nube y una columna de fuego de noche para guiarlos. Cuando los israelitas salieron de Egipto, deberían haber creído en un gran Dios. La prueba de su fe, amor y obediencia sufrieron cuando los israelitas entraron en la Tierra

Prometida para explorarla. Los redimidos fracasaron en su capacidad de creer en la promesa de Dios y ayudarlos a conquistar la tierra que mana leche y miel. Tuvieron que soportar cuarenta años viviendo en el desierto, tiempo suficiente para que murieran los adultos obstinados, rígidos y rebeldes que se empeñaban en sus caminos. Fue un tiempo de prueba (Deuteronomio 8:1-20) en el que muchos fracasaron miserablemente.

La prueba no es para hacernos caer, sino para ayudarnos a mantenernos firmes; la firmeza es la habilidad que nos permite vencer la prueba. No está diseñada para hacernos parecer débiles, sino para emerger aún más fuertes. La prueba no es el castigo por salir de Adán; es la prueba para ser semejantes a Cristo. "Es la prueba que viene a un hombre a quien Dios quiere usar."[6]

Los diamantes no tienen precio, y solo las circunstancias más estresantes, como una guerra o un desastre natural, causaría a un propietario dejar o renunciar a tales tesoros (autor desconocido). Las pruebas son uno de esos momentos estresantes que pueden hacer que un santo renuncie a su preciosa gema o que siga adelante. ¿Vas a renunciar a tal tesoro en tu vida?

EDWARD V GONZALEZ

• DÉCIMOCUARTA FACETA •

Humildad: La Señal de Calor Intenso y Presión

Todos podemos decir que somos humildes. De hecho, no conozco ningún santo que diga lo contrario. Pero la humildad no es algo dicho o hecho. Es un carácter moldeado por Dios. El pasaje de Filipenses en el capítulo dos habla sobre el pensamiento de humildad; por lo tanto, cualquier pensamiento contrario a la humildad debe ser abandonado en la vida. Los santos de Filipos empezaban a vivir una vida de desunión, discordia y ambición propia, así Pablo describió vívidamente el ejemplo del estilo de vida de Jesús. *"Y se hizo obediente hasta la muerte, y muerte de cruz"* (RVC).

Una de las mayores características de Cristo fue la humildad. No vino como dictador sino para servir a la humanidad. Su elección fue no autoproclamada sino proclamación de Dios. No vino a glorificarse ni a exaltarse a sí mismo, sino a renunciar a su gloria por amor al hombre. El Nuevo Testamento nos asegura que el que se humilla será enaltecido, y el que se enaltece será humillado (Mateo 23:12; Lucas 14:11). Si la humildad era una característica magnífica de Jesús además de la obediencia y otros atributos importantes, entonces la humildad debería ser una marca registrada del santo. El orgullo, el egocentrismo y la exhibición personal corrompen la imagen de Cristo en la vida del creyente y destruyen cualquier relación entre uno con el otro. Hay por lo menos quince áreas en la vida de Cristo que demuestran Su humildad:

1. Al tomar nuestra naturaleza (Filipenses 2:7; Hebreos 2:16).
2. En Su nacimiento (Lucas 2:4–7).
3. En Su sujeción a Sus padres (Lucas 2:51).
4. Su posición en la vida (Mateo 13:55; Juan 9:29).
5. Pobreza (Lucas 9:58; 2 Corintios 8:9).
6. Participar de nuestras enfermedades (Hebreos 4:15; 5:7).
7. Llegar a ser siervo (Mateo 20:28; Filipenses 2:7).
8. Asociarse con los despreciados (Mateo 9:10–11).
9. Entrar en Jerusalén (Zacarías 9:9; Mateo 21:5, 7).
10. Lavando los pies de Sus discípulos (Juan 13:5).
11. Obediencia (Juan 6:38; Hebreos 10:9).
12. Someterse a los sufrimientos (Isaías 53:7; Hechos 8:32–33).
13. Su muerte (Juan 10:15, 17–18; Hebreos 12:2).
14. A causa de la humildad, fue despreciado (Marcos 6:3; Juan 9:29).
15. Y el resultado de Su humildad, Su exaltación (Filipenses 2:9).

La visión del Antiguo Testamento de la relación de Israel con Dios proporciona el trasfondo para la comprensión de la humildad del Nuevo Testamento. Dios es el Creador, y la criatura debe someterse humildemente a la voluntad del Creador. Contra Dios, todo orgullo humano es pecado y rebelión (Isaías 2:6-22; Ezequiel 16:49-50). Dios no tolerará al altivo (Sal. 101:5) ni al arrogante (2 Cr. 26:16).

La humildad no es algo en lo que permites que las personas se aprovechen, abusen, lastimen o degraden. Las personas tienen que rendir cuentas por sus acciones. No significa que no te harán daño, pero cuando lo hacen, debemos perdonar su maldad y pecado. La humildad es una actitud en la que el santo se reviste con el traje del amor de Jesús por el pecador y los demás. ¿Cuáles son algunos de los aspectos que un santo debe conocer acerca de la humildad?

1. Deben ponérsela (Col. 3:12).
2. Vístete de ella (1 Pedro 5:5).
3. Andar con humildad (Efesios 4:1-2).
4. Las aflicciones intentan producir humildad (Deut. 8:3).
5. Los humildes son bienaventurados (Mat. 5:3).
6. Excelencia en la humildad (Prov. 16:19).
7. Los juicios temporales pueden ser rechazados por la humildad (2 Crónicas 7:14; 12:6-7).

La humildad se forma cuando los derechos y el orgullo han sido eliminados de los pensamientos y la forma de vida del santo. El intenso calor y la presión que el cristiano soporta en la vida es creado para eliminar tales pensamientos y prácticas. Tienen que ser reemplazados por la humildad, otros pensamientos y prácticas pertinentes a la Escrituras. Si el santo ha de ser como Cristo, maduro, victorioso, gozoso y en paz, debe dejar que Dios lo forme en humildad.

Recuerda de dónde te redimió el Señor. Esta es una buena práctica para mantenerse enfocado en la humildad. Hace muchos años, un hombre había venido al Señor, y en los años que siguieron, Dios lo usó mucho, pero también fue muy prosperado. Para no olvidar de dónde Dios lo había sacado, llevaba siempre su maletita repleta de ropas de una vida vivida como un vagabundo (sin hogar que va de un lugar a otro en busca de empleo). Su recuerdo de una vida que una vez vivió como un vagabundo inundó sus pensamientos con humildad.

PABELLÓN FACETA TRES:

EL DEFECTO

EDWARD V GONZALEZ

• DÉCIMOSEXTA FACETA •

El Mito

A lo largo de la historia, los diamantes han tenido sus mitos. Se ha dicho que curaban la locura y la impotencia, además de proteger contra pestilencias, plagas y venenos. Como evidencia, los indios identificaron que una plaga atacó primero a los empobrecidos, que no tenían diamantes. Los diamantes eran tal mercancía importante que incluso los sultanes, shahs y maharajás arriesgaron sus vidas e imperios para poseer los diamantes más grandes y finos, incluso hasta el punto de asaltar el botín de los demás para poseer estas piedras. Los diamantes se han mantenido como un símbolo de riqueza, poder, amor, espíritu y poderes mágicos. Los reyes de la antigüedad se vestían para la batalla con corazas de cuero pesado tachonadas de diamantes y otras piedras preciosas. Se creía que los diamantes eran fragmentos de estrellas y las lágrimas de los dioses. Los diamantes poseían cualidades mágicas de los dioses y tenía poderes mucho más allá de la comprensión del hombre común. Debido a estas creencias, los guerreros se mantuvieron alejados de los reyes y otros que tuvieron la suerte de tener los diamantes mágicos en sus corazas. Al igual que muchos mitos dados a los diamantes a lo largo de los siglos, la iglesia ha tenido una buena cantidad de conceptos erróneos. Hay muchos conceptos erróneos dentro de la iglesia o comunidad cristiana.

Mito #1: Cuando los incrédulos vienen al Señor, creen que todos sus problemas simplemente se desvanecerán. Sorprendentemente, no es así; al contrario, aumentan. Los cristianos recién nacidos tienen la necesidad de ser enseñados que ahora tienen un enemigo contra ellos que quiere recuperar sus almas. Muchos no pueden o eligen no resistir al diablo, sólo para volver a sus viejas costumbres. Algunas de las razones que los recién nacidos pueden no ser capaces de resistir al diablo son su falta de entrenamiento en la Palabra. No han tenido suficiente tiempo en preparación. Necesitan un santo maduro que camine a su lado para ser un ejemplo espiritual y moral. Otra es que a veces estos bebes no son capaces de resistir las criticas o rechazos de sus familiares o amigos. A veces eligen no resistir al diablo porque los recién nacidos vienen con exceso de equipaje, lo que significa que llevan gran parte del mundo en ellos a Cristiandad. Les resulta difícil deshacerse de estas cosas mundanas y entrégalas al Señor.

La iglesia tiene un poder real, no uno mítico. Tiene el poder de atar, arrojar, reprender y destruir las obras del enemigo. Hay muchas personas que son afligidas con enfermedades hasta el punto de la muerte.

¿Por qué no creen que la iglesia tiene el poder para sanar? Hasta que el mundo (los incrédulos) vea y oiga que el gran poder de Dios se manifiesta en la iglesia, entonces vendrá a ser protegido, sanado y ser salvo. Nuestra sociedad le ha quitado esta obra a la iglesia. Ha construido sus hospitales, centros de asesoramiento, centros de actividades juveniles, matrimonio consejeros y sus bancos de alimentos para alimentar a los pobres. Mientras tanto, la iglesia se ha quedado quieta y no ha hecho nada para mostrar el amor de Cristo y su poder.

• DÉCIMOSÉPTIMA FACETA •

Mitos en la Iglesia

Mito #2: Otro mito que se practica hoy en día en la iglesia es la "apariencia de piedad pero niegan su eficacia" (2 Timoteo 3:5, ISV). Me encuentro con tantos creyentes llamados santos y salvos que practican una forma de cristianismo. Creen que todo lo que tienen que hacer es leer la Biblia, orar y hacer el bien a los demás, pero no tienen que asistir a una iglesia. No me tomes a mal; creo que todo santo debe hacer esto, pero no a expensas de ser discipulado por un pastor u otro santo maduro. Cuando los creyentes faltan la iglesia, están renunciando a un compromiso muy importante. Involucrarse y ser parte de la enseñanza es el camino del crecimiento. El siguiente es un diagrama que puede usarse para describir la posición de los dones divinos y el santo (vea figura 8 en la página siguiente). El diagrama muestra la responsabilidad y el propósito del ministerio quíntuple. Ellos (versículo 11, ministerio quíntuple), a su vez, enseñan y edifican a los santos, si se puede decir, de un nivel a otro. La iglesia tiene y necesita llegar a este punto a través de estos ministerios que *"hacen crecer el cuerpo para su edificación en amor"* (Efesios 4:16, NVI).

D. L. Moody relató una vez una llamada que hizo a un ciudadano de Chicago para persuadirlo a aceptar a Cristo. Era invierno, y los dos hombres estaban sentados frente a una chimenea abierta cuando el anfitrión de Moody's afirmó que "podría ser tan bueno un cristiano fuera de la iglesia como dentro de ella." Moody no dijo nada, pero se acercó a la chimenea, tomó las tenazas, recogió un carbón ardiente del fuego y lo puso a un lado. En silencio, los dos vieron el carbón arder y apagarse lentamente. "Ya veo", dijo el anfitrión. "Si descuidamos la adoración e intentamos vivir nuestras vidas solos o en un vacío, el fuego de nuestra fe pronto se extingue."[7]

Mito #3: Hace algunos años, Gene A. Getz escribió un libro sobre la Medida de una Iglesia. Argumentó contra todos los conceptos erróneos de una iglesia madura y explicó en su libro cómo una iglesia puede medirse. Mencionó varias Cartas Paulinas delineando tres características básicas de una iglesia madura o en crecimiento: fe, esperanza y amor.

Eclesiologia Pedagogica Efesios 4:11-16				Crecimiento Espiritual Constante v. 15
Proposito v. 11	El Proceso Continúa v. 12	Imagen de Cristo v. 13	Discernimiento Bíblico v. 14	
1. Apóstoles. 2. Profetas. 3. Evangelistas. 4. Pastores. 5. Maestros.	1. Involucrar a las personas por medio de hombres dotados. 2. Perfección de los santos. 3. Obra del ministerio. 4. Edificando el cuerpo de Cristo.	1. Unidad. 2. Conocimiento del Hijo. 3. Edad adulta madura. 4. Plenitud de Cristo/ ser como Cristo.	1. No debe ser arrojado de un lado a otro. 2. No ser como niños. 3. Estable. 4. Zarandeados por las olas y llevados de aquí para allá por todo viento de enseñanza y por las astucia/ artimañas. 5. Ingenuo/sencillo	1. Hablando la verdad in amor. 2. Madurar en todos los aspectos. 3. Cuerpo tejido (enlazado) juntos. 4. Los santos contribuyen. 5. Según capacidad.

Figura 8

La carta de Pablo a los tesalonicenses tenía en mente su ***"Obra de su fe, del trabajo de vuestro amor y de vuestra constancia en la esperanza en nuestro Señor Jesucristo"*** (1 Tesalonicenses 1:2–3,

RVR95).[8] Un santo o una iglesia pueden ser medidos en su crecimiento o madurez por estos tres elementos. Algunos de los conceptos erróneos o "puntos de vista" de una iglesia madura que Gene da son la idea de una iglesia activa a través de diferentes programas y el número de reuniones; una iglesia en crecimiento, que aumenta su personal o el número de personas que vienen y se quedan; una iglesia que da, o una llena del Espíritu, solo por nombrar algunas de su libro. Esta idea, el crecimiento de la iglesia, se ha enseñado durante varias décadas. Muchos santos y pastores creen que el crecimiento de la iglesia son números, finanzas, personal adicional o un edificio más grande. Aunque todas estas son cosas buenas que le suceden a una iglesia, no indican un verdadero crecimiento de la iglesia. No me malinterpreten y piensen que estoy en contra de cualquiera de estos puntos de vista porque no es así. He estado en el ministerio por más de cuarenta y cinco años y he estado pastoreando por veintitrés años. Lo que estoy diciendo es que tenemos que entender desde una perspectiva bíblica lo que es el verdadero crecimiento de la iglesia, y las señales son la fe, el amor y la esperanza. ¿Qué es iglecrecimiento para usted? ¿Cómo actúan la fe, el amor y la esperanza en la madurez de tu vida espiritual?[9]

Hay al menos tres maneras diferentes en que las iglesias aumentan en número. La primera es a través del crecimiento biológico. El crecimiento biológico se produce cuando nuestros miembros tienen familia y agregan hijos a través del parto (nacimiento) o la adopción. Una segunda forma es a través del crecimiento de la transferencia. La mayoría de nuestras iglesias en nuestro país aumentan en número por familias o personas que se mudan de una iglesia a otra. Esto puede hacerse de forma negativa o positiva. Esto significa que Dios separa a un miembro para llamar a un lugar diferente. Lo negativo significa que la gente se molesta con el pastor u otro miembro por cualquier motivo se aparta y se va a otra iglesia. Una tercera manera se hace convirtiendo a los pecadores que vienen al Señor a través de la salvación. La segunda forma tiene muchos fallos y tiene sus consecuencias. He visto iglesias aumentar su número a través del crecimiento de las transferencias, llegando a mil o más sólo para dividirse, dejando unos pocos. Algunas iglesias se han disuelto, volviéndose inexistentes, o fallando a ser una iglesia local organizada a causa del pecado. Sin embargo, he visto iglesias en cientos y miles permanecer juntas después de una crisis debido al pecado de un pastor. ¿Cuál sería la diferencia entre estos dos ejemplos que acabo de indicar?

Los santos (diamantes) no pueden ser vistos como mitos. El mundo tiene que ver personas reales como Cristo que se preocupan por un mundo moribundo. Más que nunca, el mundo está sumido en un caos profundo, con depresión severa, familias desgarradas (no solo rotas), infestadas de drogas y alcohol, sexo obsceno e hijos rebeldes. Un creyente no puede y no debe vivir bajo los mitos #1, #2, #3 que he mencionado anteriormente. El Señor quiere manifestar Su asombroso poder a través de Sus instrumentos (nosotros); estos instrumentos no pueden depender sólo en forma como la de los mitos, pero de verdadera piedad. Esto es un nivel de madurez que demuestra fe, amor, y esperanza a un mundo herido.

En la industria del diamante, se dice que los diamantes no tienen vida. Un diamante está en su mejor momento cuando está iluminado por una fuente puntual de luz artificial blanca en un entorno general no demasiado luminoso, y que se mueve. ¿Alguna vez has visto anillos de diamantes en una joyería? ¿Tienda? La tienda tiene casi muy poca luz en la zona de diamantes, sin embargo, estos diamantes tienen una sola fuente de luz sobre ellos. El comerciante normalmente moverá el diamante bajo la luz frente al cliente. El brillo y los destellos de fuego son más evidentes mientras hace la demostración de la gema. El brillo y el destello del fuego dependerán de la calidad de la gema. La Biblia dice que estábamos muertos en nuestros pecados antes de venir al Señor, pero cuando Jesús entró en nuestras vidas, cobramos vida, y Su luz irradió en nosotros que resplandeciéramos de gloria. Santiago declara: *"Así también la fe, si no tiene obras, está completamente muerta"* (Santiago 2:17; RVR95). Juan dice que *"Si vivimos en la luz, así como Dios está en la luz"* (1 Juan 1:7; NTV). Por lo tanto, es imperativo que sigamos avanzando (por fe). Cuando nos movemos y trabajamos para el Señor, Su luz se reflejará a través de docenas de diminutas superficies espejadas, provocando un movimiento similar al del fuego. Podemos comparar estos espejos diminutos con nuestro carácter, personalidad, comportamiento e incluso nuestras actitudes. Deje que cada una de estas áreas resuene el nombre de Jesús y proclame su gloria. Jesús dijo: *"Hagan brillar su luz delante de todos, para que ellos puedan ver las buenas obras de ustedes y alaben a su Padre que está en los cielos"* (Mat. 5:16; NVI).

EDWARD V GONZALEZ

• DÉCIMAOCTAVA FACETA •

Las Inclusiones

Cuando se está formando un diamante, pequeñas partículas de carbono no cristalizado o cristales que no son de diamante pueden incrustarse dentro del diamante. Estas imperfecciones se llaman inclusiones y le dan a cada diamante sus características únicas. Muchas veces estas inclusiones no se pueden ver a simple vista; sin embargo, interferirán con el tránsito de luz a través del diamante. La menor cantidad de inclusiones que tiene el diamante, más valioso es.

En la escala de clasificación del GIA (Gemological Institute of America), los diamantes se escalan desde impecables hasta imperfectos. Conocer la escala de clasificación es un factor importante al comprar diamantes para uno mismo o para un ser querido. La siguiente es una definición de la escala de calificación de claridad (**consulte la figura 7, página 49**). Mi propósito al escribir esta información no es dar un conocimiento profundo sobre diamantes ni sobre cómo comprar un diamante, sino para mostrar una similitud entre el diamante y el creyente.

Figura 9

Impecable (IM)

Impecable significa que no hay imperfecciones internas o externas cuando se examina bajo un microscopio 10X. Los diamantes en este rango no pueden contener granulado interno que es blanquecino reflectante, coloreado o que afecta significativamente la transparencia.

Interno Impecable (I IM)

Interno Impecable no tiene inclusiones internas sino una superficie menor imperfecciones que no se pueden eliminar simplemente en puliendo. Algunas de estas imperfecciones pueden ser líneas de vetas superficiales, naturales, y facetas adicionales en la corona. Las imperfecciones que se pueden extraer con un simple repulido detectan el interior impecable del grado impecable.

Inclusiones muy, muy leves (I MM L I, I MM L 2)

MML significa inclusiones diminutas muy, muy levemente incluidas, por ejemplo, granulado interno reflectante, complicado de ver con un microscopio 10 aumentos.

Inclusiones muy leves (I ML 1, IML 2)

El IML 1 y 2 pueden incluir pequeñas inclusiones, por ejemplo, pequeños cristales que se pueden ver usando un microscopio 10 aumentos.

Inclusiones Ligeras (IL 1, IL 2)

Otra unidad en la escala de claridad es el IL1 y el IL2, que significa ligeras inclusiones que se pueden ver fácilmente bajo un microscopio 10X, y también se puede ver a simple vista usando un blanco al fondo. No se pueden ver las inclusiones en esta categoría a través de la corona o parte superior del diamante.

Inclusiones Imperfectas (I IMP 1, I IMP 2)

Las inclusiones imperfectas son obvias a simple vista y son evidente bajo un microscopio 10X. Imperfecto 2 Las inclusiones pueden ser visto a simple vista y puede interferir con la transparencia y brillantez.

Inclusiones Imperfectas (I IMP 3)

El Imperfecto 3 tiene inclusiones oscuras que no se pueden pasar por alto por el ojo y que interfieren con la transparencia. Los diamantes en este rango pueden tener hendiduras que probablemente empeoren con el desgaste.

Algunas de las inclusiones que pueden entorpecer el valor de un diamante son: cavidad, una abertura grande o profunda en el diamante, a diferencia puntas de alfiler, que tienen inclusiones muy pequeñas en un diamante; nube, grupo de diminutas inclusiones blancas; semejante a esta es la pluma, que tiene una fractura que parece una pluma blanca; una que es muy diferente de todas las otras inclusiones que acabamos de mencionar es el cristal. Es un depósito mineral atrapado dentro de la piedra. Hay otras inclusiones, pero para comprender qué son las inclusiones, he nombrado sólo algunas.

Así como los diamantes pueden tener sus inclusiones, así es con muchos santos que no han aceptado la intervención de Dios y Su mano de obra en sus vidas. El santo finalmente será degradado en una de estas categorías. Dependiendo de la categoría que su vida puede estar ahora, puede ser una indicación de un menor a un defecto grave. La Biblia habla de ciertos pecados (defectos) en la vida del creyente. Lo más probable es que la continuación de un pecado o defecto se rebaje de Impecable a Imperfecto 3. Esto dependerá de la severidad de la práctica de un pecado a lo largo de la vida, mayor será la posibilidad de que un diamante sea tallado hasta el grado de imperfección. Muchos diamantes en bruto se colocan en la categoría calidad casi gema. Este tipo puede ir en cualquier dirección para convertirse en una gran joya o utilizarse para fines industriales. Es lo mismo con un santo. Algunos santos, debido a defectos no demasiado graves en sus vidas, pueden ser considerados por el Señor para "honor" o "deshonra."

Conocí a un joven que vino a la iglesia emocionado y quería hacer algo para el Señor. Había nacido de nuevo durante unos dos o tres años. Era muy motivador y carismático en espíritu. Su madre vivía en un estado diferente, así que vivía con sus abuelos. En poco tiempo, tenía un grupo de jóvenes siguiéndolo. Le fue muy bien en el ministerio, pero tenía un gran defecto y tenía problemas con él. Intenté ayudarlo, pero él no quería ninguna ayuda. Este gran defecto en su vida fue el pecado de inmoralidad. Le había causado regresar al mundo y abandonar su vocación y trabajo para el Señor. Finalmente regresó a casa con su madre y comenzó a estudiar en un colegio. Este joven luchará con este defecto si no busca el consejo y la tutoría de un pastor o consejero para que lo ayude a corregirlo. Dios puede y podría usarlo en el ministerio si el joven permite que el Señor elimine el defecto en su vida. Este corte es un problema importante en la vida de muchos santos porque no pueden humillarse ante el Señor. Se niegan a que se eliminen los defectos por cualquier medio que el Señor elija usar. Dios no usará a alguien que pueda ser piedra de tropiezo para la salvación de un incrédulo o incluso para la iglesia. Pero eso no significa que una persona con un defecto grave no se involucrará en el ministerio.

EL DIAMANTE Y SU CREADOR

Las inclusiones están dentro del diamante y los defectos por encima o por fuera. Los creyentes también tienen ambos. Venimos con el potencial para cometer ciertos pecados a causa de la caída de Adán. Adán, cuando fue tentado, pudo haber escogido no pecar. No tenía esa inclinación al mal que lo impulsaba a querer pecar. Después de la caída, colocó esta inclinación al mal en todo su pedigrí. En la vieja naturaleza, cuando la tentación hacía su llamada, uno era impotente ante esta mala inclinación, pero no excusaba a nadie de pecar. Todavía éramos responsables. Hoy tenemos una nueva creación, la imagen de Jesús. Nos inclinamos a hacer obras buenas y justas liberándonos de la tentación. Si el creyente no pone la vieja naturaleza a muerte, entonces se levantará y tratará de tomar su trono. Este es el momento en que la carne comienza a operar. Cuando la carne está operando, aprende los pecados a través de la sociedad, la educación familiar o ambas cosas. Hay pecados en el espíritu del hombre y pecados en la carne (Gálatas 5:19–21). Algunos de los defectos o pecados que crean obstaculo para que un santo puede ser usado por el Señor son: idolatría (cualquier cosa a la que prestes más atención que a Dios es idolatría), inmoralidad, soberbia, terquedad, rebeldía, sumisión y mundanalidad. No estoy diciendo que los santos no sean valiosos porque están en la escala imperfecta en lugar de la impecable. Todos tienen gran valor porque el Señor murió por ellos. Como la Biblia lo dice tan explícitamente, estamos sentados, *"...en los cielos con Cristo Jesús"* (Efesios 2:6; NVI). Algunos santos no toman la posición que les corresponde, por lo tanto, no se utilizan en todo su potencial debido a estas inclusiones mencionadas anteriormente.

Estas inclusiones, aunque de muy pequeña escala, han estado en nuestras vidas antes de que el Señor viniera a redimirnos. Muchos santos han tratado con ellos, y el Señor ha quitado muchas de las inclusiones. Algunas inclusiones eran tan pequeñas que un microscopio de 10X no podría haberlos revelado. Solo el Señor lo sabe y lo trae a nuestra atención a través de pruebas, aflicciones y enfermedades. Un creyente necesita ser consciente a través de la oración y la Palabra para poder reconocer lo que Dios está diciendo a través de las pruebas, aflicciones y enfermedades. El creyente se debe preguntar, "¿Es esta prueba, aflicción o enfermedad dada para quitar algo de mi vida, o es dada parar ayudarme a crecer? Si es para quitar algo, te sentirás culpable y muchas veces temerás la disciplina de Dios. Sin embargo, a veces, los creyentes pueden seguir y seguir en su pecado y no les importa lo que Dios les haga. No se humillan. Si la prueba es para el crecimiento, te sentirás en paz y tendrás seguridad en el Señor. Pablo dice: *"No se engañen: de Dios nadie se burla. Cada uno cosecha lo que siembra. El que siembra para agradar a su carne, de esa misma carne cosechará destrucción; el que siembra para agradar el Espiritu, del Espiritu cosechará vida eterna"* (Gálatas 6:7–8, NVI).

En los primeros días, era posible cortar diamantes sólo por utilizando otros diamantes. Pero la tecnología de hoy ha cambiado todo esto. Las inclusiones se pueden perforar con láser y se pueden aserrar en cualquier dirección. Las inclusiones se localizan mediante cruces en un microscopio, luego un rayo láser perfora un fino agujero hasta la inclusión para que el agujero se pueda llenar con un oxidante químico. El resultado es que la inclusión se disuelve y se vuelve transparente. La gema ahora se ha vuelto más atractiva y ha aumentado en valor.

Si tu vida tiene una inclusión que necesita ser perforada para que pueda ser llenada, Dios hará la perforación para eliminar la inclusión. Él disolverá la inclusión, para que, en vez de sentirte enojado, Él te dé paz. El odio se convierte en amor. La esperanza sustituye a la desesperación. La frustración se cambia en alegría. En lugar de culpa, Él te llenará con perdón. No te desanimes. Dios no ha terminado contigo todavía.

La rendimiento o sumisión es una inclusión y, si no se trata temprano en la vida cristiana, puede, más adelante, convertirse en un punto de tensión. Diamantes tienen dos procesos: ser cortados o aserrados para determinar el mejor perfil que tomará. Algunos diamantes no se pueden partir con una cuchilla, pero van a un aserrador. Partir, hecho con un golpe fuerte de un martillo en una cuchilla a través de la gema, toma sólo unos momentos. Por otro lado, algunas piedras tienen demasiados puntos de tensión en ellos, y cortar esas gemas crearía más impacto del que podrían resistir hasta el punto de arruinar una fina pieza de piedra. Cuando esto sucede, la piedra se entrega a un aserrador (Uno que aserra un diamante lenta y meticulosamente.) Satanás también puede participar en el aserrado de tu diamante. Él tiene permiso del Señor para obrar en tu vida cuando no estés siendo obediente a Él. Satanás es seductor y astuto, entrando en tu vida muy sereno. A veces, el creyente considera que el enemigo es muy insignificante y, por lo tanto, puede ser fácilmente engañado.

En las aguas costeras de Italia, vive una medusa o aguamala y una criatura vecina, el Nudibranquio. El Nudibranquio es una babosa de mar que tiene su hogar en las aguas costeras de Nápoles, Italia. Este caracol es pequeño y muchas veces tragado y tomado a través del tracto digestivo de la Medusa. El Nudibranquio es pequeño, pero tiene un caparazón duro, y cuando es digerido por las medusas, no se puede consumir. Este caracol es hermafrodita, teniendo la capacidad de reproducción. Esta pequeña criatura se adhiere al interior de la medusa y, lento pero seguro, comienza a comer. Cuando el caracol ha madurado y se ha reproducido, el caracol ha consumido la medusa por completo.

Muchos santos son como las medusas, que se rinden o toman cualquier cosa y lo consumen. No ven que el enemigo les ofrece algo poco a poco hasta meses o incluso años después, están totalmente consumidos por el pecado y la destrucción. Los santos no creen que cuando practican el pecado, consumirá su relación ante el Señor. Hay ciertas cosas que pueden parecen insignificantes, pero pueden tener grandes consecuencias en la vida. Hábitos, problemas de comportamiento, actitudes o cualquier otra cosa puede comenzar pequeño, pero puede terminar demasiado grande que no se puede romper. No ceder ante algo simplemente porque se ve bien y es atractivo. Mirar lo que le sucedió a Eva cuando comió del fruto del árbol que *"Era bueno para comer, y que era atractivo a la vista"* (Génesis 3:6; NVI). Ella y su marido fueron expulsados del jardín-la presencia del Señor. En el AT encontramos ejemplos de personas con inclusiones que las eximían de bendiciones o posiciones.

• DÉCIMANOVENA FACETA •

Antiguo Testamento Ejemplos de Inclusiones

Esaú y Jacob perfilaron diferentes personajes de un extremo al otro (Génesis 25:29–34). Jacob era manipulador, astuto, egoísta, engañoso y tramposo. En otras ocasiones, era trabajador, devoto, afectuoso y un hombre de fe. Por otro lado, Esaú era un hombre mundano que buscaba las cosas mundanas y nada más. Un día, después de cazar venado, llegó a casa muerto de hambre. Se acercó a su hermano Jacob y le pidió algo de comida. Jacob, siendo intrigante y egoísta, negoció por la primogenitura de Esaú. Esaú vendió su primogenitura (dos tercios de la bendición) espiritual y temporal por un plato de sopa. ¡Qué triste! Que terrible desenlace de esta historia. En toda la historia de Esaú, ni una sola vez se menciona el nombre de Dios. Alzó su voz y clamó: ***"¡Bendíceme también a mí, padre mío!"*** (Gen. 27:34; RVES) Pero su oración de arrepentimiento se dirigió hacia Isaac, su padre, nunca hacia el cielo, su Dios.

Como Esaú, quien "menospreció" su primogenitura (Génesis 25:34), muchos santos toman su posición en Cristo y las bendiciones del Señor muy a la ligera. Abandonan ***"Toda bendición espiritual en los lugares celestiales en Cristo"*** (Efesios 1:3; NVI). Santos que no luchan por su vida espiritual o la de sus familias son los que abandonar el camino de la fe. Nunca imaginan el horrible resultado de las consecuencias. Sansón se puede comparar con Esaú en que no valoró su posición como nazareo. Él jugaba con fuego y le quemaron los ojos, y finalmente acabó matándose a sí mismo y a otros filisteos. Sansón no cedió al Espíritu Santo tanto como a las obras de la carne. No se mantuvo firme en su creencia en el privilegio nazareo, pero lo vendió por una aventura. ¿Cuáles podrían ser algunos resultados fatales de la autoindulgencia de Sansón después de romper su voto nazareo?

    a. Autoconfianza: "Saldré" (Jueces 16:20).

    b. Autoignorancia: "Él no sabía" (Jueces 16:20).

    c. Debilidad propia: "Los filisteos se apoderaron de él" (Jueces 16:21).

    d. Ceguera propia: "Le sacaron los ojos" (Jueces 16:21).

    e. Autodegradación: "Lo bajaron a Gaza" (Jueces 16:1–3, 21).

    f. Autorepresión: "Lo ataron con grillos de bronce" (Jueces 16:21).

    g. Autotrabajo pesado: "Molió en el molino en la prisión" (Jueces 16:21).

    h. Humillación propia: "¡Saquen a Sansón para que nos divierta!" (Jueces 16:25, 27; NVI).

No estoy tratando de indicar todo lo negativo sobre Sansón; él tenía cosas positivas sobre su vida. Mostró un ejemplo de patriotismo y de gran coraje a su muerte. Era un ejército de un solo hombre y aceptó el desafío de una guarnición de filisteos. Luchó solo con la ayuda del Señor mientras que otros tenían miedo de los filisteos. Pero tenía importantes inclusiones; era inmoral, mundano y muy terco. Él no pudo entender y darse cuenta del valor de las cosas que tenía en su vida: El Espíritu del Señor y Su fuerza para vencer al enemigo.

Cuando se descubrieron diamantes en Sudáfrica, un particular diamante de 83,5 quilates se encontró en cierta región. Luego, esta gema se hizo conocida como la Estrella de Sudáfrica. Fue descubierto por un pequeño pastor Griqua llamado Booi mientras paseaba a sus pocas ovejas de cola blanca para encontrar trabajo. Conoció a un hombre llamado Duvenhage y le preguntó si podía pasar la noche y le ofreció la piedra como pago. Fue rechazado y enviado lejos. Booi encontró a un granjero cerca del río Orange que lo dejó descansar allí. El niño le ofreció la gema a un dependiente de una tienda por algunos artículos, pero el granjero lo envió a Van Niekerk.[10]

El niño cambió la piedra en bruto (diamante natural) porque no sabía el valor del diamante; lo entregó por algo que nunca podría compararse con el diamante. Este niño pequeño no sabía el valor de la piedra que tenía. Sin embargo, la piedra era lo que se llama un diamante en bruto, un término que significa un diamante pulido sin cortar. Cualquiera que no conozca el diamante puede realmente confundirlo con un cristal plano.

Los santos que no asisten a una iglesia que enseña la Biblia, que ofrece estudios, enseñanzas y predicaciones para ayudar a edificar una conciencia espiritual de su posición en Cristo, no distinguirán entre un diamante precioso y un cristal ordinario. Solo llegarán a un punto en la vida para arrojar su gema preciosa a los "cerdos" (Mateo 7:6). El enemigo aceptará tu vida (diamante) a cambio de algunos bienes. Tengo un amigo que en sus primeros años de servicio al Señor fue llamado a ministrar la Palabra. Buscó una mujer para un noviazgo. Había dos señoritas que eran hijas de un pastor que estaban dispuestas a servir en el ministerio. Rechazó a estas dos jóvenes y decidió cortejar a una mujer mundana porque era muy bonita y vivaz. Terminó casándose con esta mujer, pero ella no tenía intenciones de servir fielmente al Señor. A lo largo de sus años de matrimonio, luchó drásticamente para convencerla de que sirviera fielmente al Señor, pero no pudo lograr esa meta. A veces, cuando él predicaba en cierta iglesia o en la iglesia donde eran miembros, ella le daba batalla cuando llegaban a casa. La esposa usaba lenguaje obsceno y abusivo hacia él. A veces ella le pegaba, y él le devolvía el abuso físico. Esto continuó durante varios años, y un día se cansó de pelear la batalla; tiró la bandera blanca y se rindió. Durante ese tiempo de caída veía videos vulgares y de mujeres desnudas. Todavía pelean mucho y están muy endeudados financiablemente. Ha tenido relaciones extramatrimoniales y no desea servir al Señor. ¡Triste! ¡Las cosas a las que renunciamos por un plato de sopa o algunos bienes! Ser testarudo puede tener su precio.

La terquedad es otra inclusión que trae dificultades y produce un espíritu frío en un santo. Los israelitas siendo probados durante cuarenta años en el desierto es un ejemplo de terquedad. Dios los llamó *"pueblo terco"* (Deuteronomio 9:6, 13; 2 Crónicas 30:8; NVI). El Señor obra en la vida de todos, pero en otros, Él trabaja más diligentemente. Esta caracteristica está en cada persona; la diferencia es que algunos a lo largo de los años la han moldeado y la han convertido en su fortaleza personal. La experiencia del desierto está destinada a disciplinar y educar a los creyentes sobre el estado de aquellos tan graciosamente son redimidos del pecado y esclavitud. Un amigo mío dijo una vez que el desierto era la tierra de apenas lo suficiente y la tierra prometida de lo más que suficiente. La terquedad puede convertirse en rebelión. Es el acto de rehusarse a hacer algo cuando se le dice y permanecer en sus caminos sin deseo de ver ningún otro punto de vista. Esta inclusión (terquedad) en un diamante, dependiendo de la severidad, tiene que ser cortado a través del castigo. *"Ciertamente, ninguna disciplina, en el momento de recibirla, parece agradable, sino más bien dolorosa; sin embargo, después produce una cosecha de justicia y paz para quienes han sido entrenados por ella"* (Hebreos 12:11; NVI). Debemos ser un pueblo de sumisión y obediencia. Somos esclavos y siervos del Señor; el esclavo no es mayor que su amo (Mateo 10:24).

EDWARD V GONZALEZ

• VIGÉSIMA FACETA •

El Zarandeado

El diablo es dueño de los incrédulos y los tiene en su poder. Son impotentes contra sus esquemas y poder. Es diferente con el creyente o, como Pablo lo llama, el "Santo." No es que no pueda atacar al santo, pero no tiene la misma autoridad que tiene sobre los malvados. Satanás tiene permiso de Dios para zarandear, probar y afligir al santo, como en el caso de Job. Hay varias razones por las que podríamos entender por qué Dios permitirá esto en un santo.

Primero, Dios conoce Su instrumento; Sabe cuánto es capaz de doblarse sin romperse. Para que Dios demuestre Sus actos poderosos o Sus obras asombrosas, Él debe tener un instrumento para usar.

¿Por qué no nosotros o Job? Algo de dolor, algo de angustia, algunos problemas, o algunas desilusiones no son para desanimarse sino para reflejar la gloria de Dios. Una segunda razón es que a veces un santo puede tener una enseñanza u opinión equivocada sobre cómo Dios opera en la vida. Las enseñanzas incorrectas tienen que ser corregidas por Dios. Un ejemplo fue Job. Pensó que Dios estaba equivocado al causarle problema y aflicción. Job sintió que Dios no sabía lo que estaba haciendo en su vida. Este fue un pensamiento erróneo el cual Dios tuvo que corregir. Los tres amigos de Job no tuvieron la sabiduría para demostrar que estaba equivocado; solo Elifaz y Dios pudieron probar que estaba equivocado al final del discurso. Cuando un mal está en lo mas profundo de un individuo, el método de la aflicción se utiliza para sacarlo de la persona.

Tentar al santo es un método diferente de poda. Tentación es importante en la vida del santo. Jesús fue tentado o probado, y sin duda, seguimos su ejemplo. Tentación no es malo ni pecaminoso, pero caer en la tentación es pecaminoso. La prueba produce fruto al podar aquellas cosas que impiden la madurez del fruto. No es para hacernos caer sino para ayudarnos mantenernos firmes; es la habilidad que nos permite conquistar la prueba. No está diseñado para hacernos parecer débiles, sino para que emerjamos aún más fuertes. La prueba no es el castigo por salir de Adán; es la prueba para ser como Cristo. "Es la prueba que viene a un hombre a quien Dios quiso usar."[11] ¡De qué otra manera nos vamos a dar cuenta de cuán débiles somos en cierta área de nuestra vida! Dios tiene que mostrarte que necesitas construir esa área para que Satanás no tenga la oportunidad de lastimarte, golpearte o hacerte tropezar. La razón de la prueba es mejorar nuestra vida espiritual a lo largo de nuestra vida. Esta es una experiencia que no está exenta porque Él te está moldeando. El zarandeo no es solo un proceso espiritual, sino que también se realiza para extraer diamantes atrapados en la tierra de las minas.

En el pasado, la extracción de diamantes se realizaba excavando hasta una cierta profundidad antes de que la filtración de agua impidiera continuar con la minería. El agua se tomaba en recipientes o envases y se vertía en el área amurallada para aflojar la tierra y la grava hasta convertirlas en una sopa. Este proceso ocurrió después de varios días. Luego se abrieron las puertas, y el barro y el agua saldrían al área a la luz del sol. Los mineros lavaban el barro varias veces hasta que el calor del sol secaba la humedad restante y dejaba solo arena que contiene diamantes. Gran parte del material restante más pequeño fue aventado como grano en canastas para permitir que el viento se llevase las partículas más ligeras. Cualquier bulto en el piso sería aplastado golpeando toda el área con grandes morteros de madera antes de aventar una vez más. Los mineros se alineaban uno al lado del otro y trabajaban en la arena para sacar los diamantes a mano.

Con esto en mente, recurrimos al Evangelio de Lucas; el Señor revela una conversación que tuvo con Satanás en un momento determinado en el pasado que Pedro no conocía. Satanás había pedido permiso para zarandear a Pedro y a los discípulos. La idea era eliminar el exceso de confianza u otro obstáculo que detuvo a Pedro de confiar en la voluntad del Señor. La confianza está bien en la vida de una persona, pero tener demasiada confianza es una señal de orgullo o vanidad, un pecado. Otro lugar en la Biblia donde tuvo lugar este monólogo fue en la historia de Job. Satanás había tenido una conversación con Dios en referencia a la vida de Job. Job nunca supo de esta conversación. También habrá momentos en tu vida en los que nunca sabes por qué te atacó el enemigo, pero el Señor había conversado con el diablo para que obre en tu vida para edificación. El diablo lo encaminó a mal, pero el Señor lo encaminó a bien. Jesús respondiendo al exceso de confianza de Pedro, dijo: ***"Simón, Simón, mira que Satanás ha pedido zarandearlos a ustedes como si fueran trigo. Pero yo he orado por ti, para que no falle tu fe. Y tú, cuando te hayas vuelto a mí, fortalece a tus hermanos"*** (Lucas 22:31–32, NVI). Al igual que los diamantes que son tamizados por el hombre para eliminar cualquier partícula que no sea parte de la piedra, Dios nos zarandea para revelar quiénes somos en la etapa de piedra en bruto (natural).

El zarandeo se puede comparar con la gripe de 24 a 48 horas. Viene, y luego se va. Pedro tuvo que ser zarandeado a causa de su carnal exceso de seguridad. Pedro pensó que en realidad podría ayudar a corregir a Jesús en lo que estaba haciendo mal. En poco tiempo, la confianza en sí mismo de una persona puede venirse abajo. Serás probado en lo que estás confesando. ¿Qué vas a hacer al respecto? ¿Y cómo vas a responder? Estas son las preguntas. Cuando Jesús le habló a Pedro acerca de su zarandeo, fue porque, en poco tiempo, iba a ser probado en su confesión. Este colosal de una idea no fue una realidad en la vida de Pedro. Él creía que nunca abandonaría al Señor a toda costa. Estaba demasiado confiado. La noche en que arrestaron a Jesús, Pedro corrió para salvarse. Si un hombre dice: "Esto es algo que nunca haré," esa es a menudo precisamente contra lo que debe protegerse con más cuidado. Una y otra vez, los castillos han sido tomados porque los invasores tomaron la ruta que parecía inexpugnable e inescalable, y en ese mismo lugar, los defensores estaban desprevenidos. Satanás es sutil. El diablo intenta penetrar en un punto en el que una persona tiene demasiada confianza en sí mismo porque allí es muy poco probable que esté preparada. Para ser justos, debe notarse que Pedro fue uno de los dos discípulos (Juan 18:15) que tuvo el coraje de seguir Jesús al patio de la casa del sumo sacerdote. Pedro cayó en una tentación que solo podría haberle llegado a un hombre valiente. El hombre valiente siempre corre más riesgos que el hombre que busca un estilo de vida dócil o pasivo. La responsabilidad a la tentación es el precio que paga un hombre cuando tiene una mente aventurera y en acción. Bien puede ser que sea mejor fracasar en una empresa valiente que huir y ni siquiera intentarlo. Hay un dicho: "Es mejor intentarlo y fracasar que no intentarlo." Jesús no le habló a Pedro con ira, sino que lo miró con tristeza. Pedro podría haber resistido si Jesús se hubiera vuelto y lo hubiera condenado, pero sin una palabra, miró sus ojos amorosos y atravesó lo que parecía una espada en su corazón y derramó un río de lágrimas. La pena del pecado es enfrentar no la ira de Jesús sino la angustia en sus ojos. Pedro negó al Señor, y con ello vino lágrimas de amargura. Su experiencia ayudará a otros a pasar por ella. No puedes ministrar a otros en su hora de dolor y ayudarlos en el horno de fuego si no habéis andado en las mismas huellas. Se dijo de Jesús: "Él puede ayudar a otros que están pasando porque él mismo ha pasado por eso." Experimentar la vergüenza del fracaso y la deslealtad no es todo pérdida porque nos da simpatía y un corazón comprensivo que, de otro modo nunca habríamos obtenido.

La aflicción, la tentación, la prueba y el zarandeo son las formas de fabricar un diamante (el santo). Podríamos ser grandes diamantes, pero no indica mayor valor (2 Timoteo 2:20-21; NTV). ***"En una casa de ricos, algunos utensilios son de oro y plata, y otros son de madera y barro. Los utensilios costosos se usan en ocasiones especiales, mientras que los baratos son para el uso diario."***[12] En el mercado de diamantes, hay diamantes con un trabajo de corte deficiente. Los diamantes más grandes dan la impresión de mayor valor, pero no es así. Los cortes "extendidos" hacen que los diamantes sean demasiado anchos y superficiales y dan la impresión de gemas más grandes, pero disminuyen brillantez. Otra cualidad de la mano de obra deficiente es un diamante mal cortado que produce "ventanas" (facetas) que filtran la luz en lugar de reflejarla al espectador. Finalmente, fajas mal cortadas y las facetas que no se alinean son consideraciones de "corte" que reducen el valor de una gema. Una buena joya, además de otras cosas, tiene que ser simétrica en el corte. Si un cortador corta el diamante por la mitad, cada lado tendrá la misma medida de pabellones y facetas.

Disciplina mediante aflicciones, pruebas y zarandeos del Señor debe ser aceptado graciosamente por lo que produce al final (Hebreos 12:11). La razón por la que algunos santos están de mal corte es que muchas veces, el santo no se presta a la eliminación de inclusiones mediante el zarandeo, corte, etc. En un capítulo posterior, explicaré acerca de otras personas que ayudarán o realizar un mal trabajo en la eliminación de las inclusiones en su diamante (vida).

PABELLÓN FACETA CUATRO:

LOS DIAMANTES SE LLAMAN ESTRELLAS

EDWARD V GONZALEZ

Los Diamantes se Llaman Estrellas

Los grandes diamantes a menudo reciben nombres para honrar un lugar, un pensamiento o una persona. Debido a que brillan, los diamantes a menudo se llaman estrellas. Uno de los diamantes más famosos ha sido "La estrella de África." Con 530.20 quilates, que es el diamante tallado más grande del mundo, se asemeja a una forma de pera con setenta y cuatro facetas. Este diamante está engastado en el Cetro Real (guardado con las otras Joyas de la Corona en la Torre de Londres). El Cullinan I o "La estrella de África" fue descubierto en Transvaal, Sudáfrica, en 1095. La piedra finalmente se cortó después de seis meses de examen antes de determinar cómo dividirlo. Produjo nueve piedras principales y noventa y seis piedras menores de talla brillante.

Otro diamante famoso se llama "Koh-i-Nur", que significa una "Montaña de Luz", y su historia se remonta a 1304. Una fecha posterior muestra la ruta del diamante hacia la India después de la disolución del imperio persa. A su debido tiempo, la Compañía de las Indias Orientales lo reclamó como una indemnización parcial y, finalmente, se presentó a la reina Victoria en 1850. La piedra pesaba originalmente 1.986 quilates cuando procedía de la India. Más tarde se redujo a 108,93 quilates. En 1937, la reina Isabel lo usó para su coronación y desde entonces se conserva en la Torre de Londres con las demás Joyas de la Corona.

El diamante "Hope [Esperanza]", que es irónico teniendo en cuenta su historia, lleva el nombre de su comprador, Henry Thomas Hope. El diamante "Esperanza" podría haber tenido su eminente historia antes de que se relacionara con una serie de eventos de mala suerte para sus propietarios. En el quinto Pabellón, proporciono un breve resumen de la serie de malas suerte asociada con el diamante "Esperanza". Se cree que este diamante era parte del famoso Blue Tavernier Diamond, traído a Europa desde la India en 1642. El "Azul" fue comprado por el rey Luis XIV, que lo redujo a 67,50 quilates del original 112 quilates para resaltar su brillo. El "Azul" fue robado durante la Revolución Francesa, y durante muchos años, su paradero era desconocido. En 1830, el Sr. Hope, un banquero inglés, compró un diamante de color azul similar, pero de tamaño algo más pequeño.

La Biblia a menudo se refiere a los santos como estrellas debido a la gloria que iluminan. Además del santo, Dios ha creado al natural fenómeno que ilumina nuestros cielos en la noche. Las escrituras inspiradas ilustran ciertas personas o prácticas como estrellas. Cuando Dios se refiere a las personas como estrellas, es por el pacto que han establecido con Dios. Este es un punto fundamental en la vida de un santo. Generalmente es el reconocimiento de su condición o posición que defiende. Abraham ha sido un ejemplo de este pacto.

• VIGÉSIMA SEGUNDA FACETA •

Las Estrellas del Cielo

Abraham es un nombre muy importante en las Escrituras y lleva consigo las bendiciones tanto para los judíos como para los gentiles en Cristo. Abraham no tenía hijos y se le dio una promesa por Dios que, si él obedecía y seguía Sus caminos, Dios le daría hijos tan innumerables como las estrellas. Para un hombre sin hijos, esto era muy prometedor. ¿Por qué no seguir y obedecer a este Dios milagroso? Para su sorpresa, la promesa llegó a través de un niño llamado Isaac casi veinticinco años después de que Dios hiciera la promesa a Abraham. Isaac fue el único hijo de Abraham a través de Sara y lo que comenzó con Isaac continuó a través de Jacob. Jacob era el más joven de los hermanos gemelos. El nombre de su hermano mayor era Esaú. Dios no escogió a Esaú porque había entregado su primogenitura a su hermano menor, Jacob. Jacob engendró doce hijos y una hija, y el número de hijos continuó a lo largo de las generaciones. En el tiempo del Éxodo, se estima que el número de hijos de Abraham fue de dos a dos millones y medio de personas. De generación a generación, la promesa de Dios se ha cumplido, y con razón se puede decir que la cantidad de hijos e hijas han sido comparada con la cantidad de estrellas en el cielo, un número que es abrumadoramente imposible de calcular. Abraham nunca fue mencionado como una estrella, solo sus descendientes. ¿Por qué Dios escogió a Abraham de todos los hombres en esa parte particular del mundo? Se pueden considerar dos razones:

a) Abraham era un hombre que no solo tenía sirvientes y gente bajo su cuidado, sino que también los entrenaba para la batalla y para los trabajos diarios (Génesis 14:14).

b) En segundo lugar, Dios sabía que transmitiría las enseñanzas de su Dios. Abraham enseñaría a su hijo y, a su vez, su hijo (Isaac) enseñaría a sus hijos los caminos del Señor y etc. (Génesis 17:9–10).

Abraham fue un hombre que demostró la capacidad de transmitir a sus hijos un tesoro lleno de sabiduría. Mientras que la gente de su tiempo practicaba la idolatría, tenía el sentido común para saber la diferencia entre la realidad y la idiotez. En la actualidad, se puede comparar con aquellos que se dedican exhaustivamente a sus trabajos para ganarse una vida mejor y a aquellos que siembran la semilla y ponen su confianza en el Señor para una vida mejor. El anterior no tendrá tiempo para el Señor, mientras que el segundo aprenderá los caminos del Señor y enseñará a su familia a hacer lo mismo. La Biblia dice: *"¿De qué le sirve a alguien ganar el mundo entero, pero perder su alma? ¿O qué puede alguien dar a cambio de su alma?*" (Mateo 16:26; NVI). Abraham ha sido una bendición porque cambió la ganancia del mundo para su salvación y la de sus hijos. Sus bendiciones no sólo involucran a la comunidad judía, sino también a todos aquellos que han venido por medio de la fe en Jesucristo. Abraham dejó un legado para que muchos lo siguieran. Puso a Dios primero en su vida. Porque sin Él es imposible alcanzar las metas en la vida o las promesas de Dios (Mateo 6:33).

Así como la realidad comenzó a asentarse en la mente de Abraham de tener hijos tan numerosos como las estrellas, Dios pidió a Abraham que ofreciara a Isaac como sacrificio. No dudó, pero creyó que, aunque Isaac moriría, *"poderoso es Dios para resucitar a los hombres aun de entre los muertos"* (Hebreos 11:19; NTV traducido). Fue un acto de fe por parte de Abraham, y a pesar de ello, una prueba de fe (Génesis 22). Sacrificar a su hijo fue una demanda muy alta de Dios. Isaac era el único hijo de la promesa, y poner fin a su vida era renunciar a generaciones. Lo que Dios quería era el corazón de Abraham, no la vida de Isaac. Antes de que Abraham pudiera poner el cuchillo a su hijo, Dios le dijo a Abraham que no le hiciera daño al muchacho y así le proporcionó un sustituto para el sacrificio. Esta obediencia agradó al Señor. Abraham creyó en Dios, y por eso se le atribuyó justicia (Génesis 15:6). Rectitud, ante Dios, es la respuesta. No importa si tropezó en su fe e hizo cosas que no estaban en la voluntad de Dios, permaneció obediente a través de todo. ¿Dónde está tu corazón? ¿En Dios o en algo que está demandando tu vida? ¿Te ha probado Dios últimamente en tu obediencia o estado pensando en rendirse? ¡No lo haga! Anímate y sigue una estrella brillante como ejemplo de cómo manejar una crisis en la vida. Si alguien puede enseñarte cómo manejar una crisis, es José.

José, el bisnieto de Abraham, era un descendiente que se le dio un curso determinado para su vida. Él era un hijo de Jacob, nieto de Abraham. A causa de un engaño que Jacob había hecho con su padre Isaac y su hermano Esaú, tuvo que correr para salvar su vida. Terminó en Harán en la casa de su tío. Allí se enamoró de Raquel, la menor de dos hijas de Labán. Jacob se interesó por Raquel y ofreció sus servicios a Labán por su mano en matrimonio. Este contrato se tomaría siete años en cumplirse. Al final de los siete años, Jacob esperaba que Raquel fuera su esposa, pero en cambio consiguió a Lea, la mayor de los dos. Lo que había sembrado había cosechado: engaño. Desafortunadamente, por una costumbre, según su suegro, él tuvo que llevarse a la mayor de las dos, Lea, y con ella venía su concubina. Pero de todos los hijos que tuvo Jacob, el que siempre estuvo cerca de su corazón fue José. José fue el primero de los dos hijos que Raquel tuvo con Jacob.

A José se le dieron varios sueños, que le dieron una idea en su vida a pesar de que no lo entendía todo (37:5–9; 41:42–44). Uno de esos sueños que sus hermanos lo ridiculizaban era sobre las once estrellas, el sol y la luna inclinándose a él. Sus hermanos y padres entendieron esto como una referencia a ellos. Lo cuestionaron sobre sus estados ante él un día.

Era muy joven e ingenuo en regodearse en que su familia le sirviera un día. A través de todos sus percances y acusaciones, José se destacó como una de las estrellas más brillantes en la historia de Israel. Vivió sin una mancha de pecado o vergüenza, pero brilló de gloria en gloria. De una posición humilde, fue elevado a una posición exaltada. Algunos han llegado a creer que su nuevo nombre dado por el Faraón, Zafnat-Panea, significaba "Salvador del Mundo" (Lockyer, 1966, 21. Traducido). José, como muchos de nosotros, tuvo un comienzo con grandes expectativas. Este diamante, que fue tomado de la tierra, tenía que ser cortada y pulida por el Señor. Eso era un diamante que no resistió la mano de obra. Este personaje bíblico emula un diamante verdaderamente acabado. José, como muy pocos hombres en el Antiguo Testamento, tiene una notable serie de ilustraciones típicas de Cristo. A lo largo de la

EL DIAMANTE Y SU CREADOR

historia de Israel, Dios ha levantado diamantes cortados y pulidos para brillar con fascinación en las páginas canónicas.

Otro ejemplo de quien brilla como muy pocos en el Antiguo Testamento no es otro que Nehemías. Era un hombre valiente y temeroso de Dios. Tenía una impecable rectitud y presentaba una fuerte lealtad a Dios. Este tipo de ejemplo lo había puesto su bisabuelo (etc.), Abraham.

Nehemías fue uno de tantos que se quedaron en el Imperio Medo-Persa después del exilio. La primera ola de judíos había sido liberada y había regresado a Jerusalén para reconstruir el templo, pero no se había hecho nada. La primera ola se había asentado en sus tierras y continuaba con sus vidas sembrando y trabajando sus cultivos. Estas personas prestaron más atención a su sustento que al templo de Dios (Mat. 6:33).

Varios años más tarde, después de que la primera ola de judíos había llegado a Jerusalén, todavía no se había hecho nada con los muros de la ciudad. Nehemías había oído que los muros de Jerusalén todavía estaban en ruinas, por lo que oró fervientemente durante varios meses e ideó un plan para realizar la obra. El Señor escuchó sus oraciones y proveyó el camino para que él regrese a Jerusalén y lleve a cabo la obra. Este gran hombre de Dios poco después llegó a ser gobernador de Jerusalén (Nehemías 10:1). No solo se convirtió en gobernador, pero también actuó como un estadista y cumplió los deberes de un soldado. Esdras, por otro lado, trabajó a un lado con Nehemías como sumo sacerdote y como escriba. Esdras se hizo cargo del templo y Nehemías los muros. Al entrar en la etapa de gobernador y líder del pueblo, les enseñó cómo servir al Señor y realizar una obra, ambas cosas al mismo tiempo. Siendo linaje de Abraham, se hizo estrella resplandeciente y resplandeciente para su pueblo. Se convirtió en una luz de guía para guiar a los israelitas en la laboriosa obra de reconstruir las murallas de Jerusalén. Estos muros ofrecían protección contra el enemigo. Fue un largo camino al éxito, y Nehemías soportó mucho para completar sus deberes. Hay varias cosas que podemos aprender de Nehemías:

1. Demuestra fortaleza, que proviene de definir un propósito y objetivo en la vida.
2. Sabía que habría oposición, y tendría que enfrentarlo. Fue implacable en la realización de su obra (Nehemías 6:3).
3. Algunos de los esquemas antagónicos que se le presentaron a Nehemías fueron el ridículo, el miedo, la astucia, las acusaciones falsas e incluso la corrupción a través de amigos y compañeros de trabajo. Ninguna de estas cosas lo detuvo porque era un hombre de oración. Era un siervo piadoso tan dependiente y devoto de Dios que todas las artimañas del enemigo no pudieron detener a este diamante duro y de talla brillante, Nehemías. Sabía que no estaba solo y que Dios estaba con él, *"Nuestro Dios peleará por nosotros"* (Neh. 4:20).

Debemos aprender del ejemplo de Nehemías de tener un arma en una mano y un instrumento en la otra (Neh. 4:17). En el Nuevo Testamento, se nos da una espada (espiritual), que es la Palabra de Dios, y una obra para trabajar para Él. ¿Está llevando la espada espiritual en una mano y actualmente está realizando una obra en la otra? Si no lo eres, puede que sea hora de que lo hagas. Si actualmente tienes la espada en una mano y un instrumento en la otra, es porque el Señor te ha estado moviendo en Su reino de restauración. Mantén la marcha sin importar lo difícil que se ponga. ¿Hay un precio demasiado difícil de pagar para mantener la marcha? Jesús no pensó cuando mantuvo la marcha al ir a la cruz por ti y por mí.

• VIGÉSIMA TERCERA FACETA •

Brillando como una Estrella

Las estrellas naturales son iluminadores. Tienen muchas funciones, y una de ellas es dar luz, a pesar de que estan a millones de años luz de distancia. Puede que no iluminemos a una distancia de millones de años luz, pero debemos brillar donde estemos. Daniel escribe: *"Los sabios* ("los entendidos", NASB) *resplandecerán con el brillo del cielo"* (Daniel 12:3; NVI). Estos individuos sabios son capaces de ver a través de la maldad, incredulidad y perversión de su generación. Se aferran a sus valores eternos mientras son más leales a su Dios. Su recompensa es gloriosa comparada con la "Gloria de Dios" (Salmo 19:1). Debido a que estos santos brillan tan intensamente como una estrella, se dice que *"convierten a muchos a la justicia"*, y como una estrella, seguirán brillando *"por los siglos de los siglos"*. *"El fruto del justo es árbol de vida; y el que gana almas es sabio"* (Proverbios 11:30; véase Santiago 5:19–20; RVR95).

Tu luz no procede de ti; desafortunadamente, nadie es la fuente de luz, solo Jesús (Juan. 1:9; 8:12). Una vez estuvisteis en la oscuridad, y la oscuridad huyó cuando apareció la luz del Señor. Esta oscuridad es de dos tipos: la que existe antes de que venga la luz (Juan 1:5; 8:12), y la que cae sobre aquellos que han rechazado la luz y han optado por vivir en la oscuridad (Juan 3:19-20). Muchos de ustedes no han rechazado, sino que han venido a la luz; así, dentro de ti, toda la gloria del Señor resplandecerá siempre que el diamante (tú) haya sido tallado correctamente. Recuerda, el Señor ha creado un diseño para tu vida, pero la forma en que cumples ese propósito tiene mucho que ver con tus líderes, mentores y pastores que participan para ayudarte a cumplir ese diseño. Desafortunadamente, muchas veces no ayudan en ese diseño. El resultado son estrellas tenues con insuficiente candescencia para sí mismas y mucho menos dan un resplandor para exponer y repeler la oscuridad en este mundo.

¿Cómo pueden ver esto los impíos y los reincidentes? Pueden verlo a través de las diferentes facetas del carácter cristiano del santo. Pedro describe ocho facetas que son provistas en Cristo. Si vas a brillar, ilumina con estas ocho facetas en Cristo: fe, excelencia moral, conocimiento, dominio propio, paciencia, piedad, bondad, y pulimento con amor, pero no un amor cualquiera, un amor divino llamado ágape. Es un amor que brota del atributo más íntimo de nuestro Padre celestial. En estos, debemos iluminar nuestro entorno e iluminar a aquellos que están en nuestra presencia. Pablo les dice a los creyentes filipenses que ***"Sean Intachables y puros, hijos de Dios sin culpa en medio de una generación torcida y depravada. En ella ustedes brillan como estrellas en el mundo"*** (Filipenses 2:15; NVI).

La luz cumple la función positiva de disipar la oscuridad de la mente y el corazón. Ya no debemos ser espiritualmente ciegos y recibiendo luz, pero ahora debemos difundir la luz y quitar las cataratas de aquellos que están cegados por el enemigo. Debemos ser conscientes de que cuando disipamos la oscuridad, el enemigo no estará muy complacido. Estad preparados, porque los impíos odian la luz (Job 24:13; Juan 3:20), y si odiaban al Señor primero, ellos también te odiarán.

EL DIAMANTE Y SU CREADOR

En la carta de Hebreos, el escritor da el entendimiento que la luz que ha sido traída a los santos ha sido uno de iluminación o esclarecimiento. *"La exposición de tus palabras nos da luz y da entendimiento al sencillo"* (Salmo 119:130; NVI); *"Eres el dador de la vida. Tu luz nos permite disfrutar de la vida"* (Salmo 36:9; NCV, traducido). Así que parpadea como el centelleo de una estrella para que puedas dar entendimiento a aquel cuya mente y corazón han sido oscurecidos por el enemigo. Muéstrate como alguien a quien el Señor ha cambiado y ha estado trabajando en tu vida. Tu estrella puede deslumbrar con fuego porque entregas tu vida. Que, al hacerlo, pueda pasar todo lo necesario pasos que se necesitan para crear esa imagen de Jesucristo en ti, ¡la Luz del mundo!

Algún día la noche y la oscuridad serán abolidas por la gloria de Dios. Ya no habrá necesidad de la noche, sino que sólo el aspecto del día porque la gloria del Señor será nuestra fuente de luz. Su gloria será la luz de la ciudad y el Cordero su lámpara. Debes ser este ejemplo de una luz para que el mundo pueda vislumbrar lo que les espera si así lo eligen venir al Señor. Deja que tu luz irradie desde tu interior, para que el impío o el pecador pueda saborear y ver la presencia celestial en todo su poder y abrazarla.

EDWARD V GONZALEZ

• VIGÉSIMA CUARTA FACETA •

Estrella de la Mañana

El término "Estrella de la mañana" habla de la gloria que se dará a los que son fieles en Cristo, muy parecido al "Brillo de una estrella", que es la recompensa de los fieles ministros de Dios. Los santos de la "Estrella de la Mañana" reciben un título más descriptivo que los primeros dos ejemplos de estrellas, el pedigrí de Abraham: José y Nehemías, solo por nombrar algunos del Antiguo Testamento. Los ministros fieles no se clasifican simplemente como estrellas, sino como ministros que producen un gran resplandor. En el libro de Daniel, a estos ministros fieles se les da un estatus significativo a medida que se desarrollaba el Antiguo Testamento. Daniel ha sido como José en ciertas áreas. Daniel era joven cuando fue llevado al cautivo y pasó la mayor parte de su vida en el cautiverio. Él también fue elevado a una alta posición como José, segundo después de Faraón. Daniel, como José, era una joya de valor brillante. Su vida fue un perfecto paradigma de servidumbre. Condujo su vida en los caminos de su Dios en medio de una generación perversa y un gobierno impío sin retribución ni malicia (Romanos 12:21).

A lo largo del libro de Daniel, él muestra un notable sentido de fidelidad y devoción. La persona que es fiel es firme, estática y completamente aferrada a la relación del uno con el otro. Este tipo de fidelidad se usa tanto en el Antiguo como en el Nuevo Testamento para describir la calidad de la relación que Israel y los cristianos están llamados a tener con Dios y entre sí. La fidelidad es el sello distintivo de la verdadera devoción divina. No importa por lo que pasó Daniel, él siempre buscó el plan divino de su Dios. A través de las buenas o las malas, él nunca se quejó o murmuró acerca de la voluntad del Señor para su vida. Lea el libro de Daniel y vea su fe inquebrantable a pesar de sus decisiones en la vida. ¿Te consideras una "estrella de la mañana"? ¿O sirves al Señor de vez en cuando? ¿Eres fiel a la Palabra de Dios? ¿O eres como muchos que tiran sus Biblias en el respaldo del asiento del auto para el siguiente servicio del domingo por la mañana? Si te consideras una "Estrella de la mañana", mantente enfocado. Pedro promete que aquellos que son estrellas de la mañana estarán con Cristo antes del amanecer (1 Pedro 1:19) porque Jesús es *"La estrella resplandeciente de la mañana"* (Apocalipsis 22:16; 1:26–29; RVR95).

• VIGÉSIMA QUINTA FACETA •

Estrellas Falsas

Hay cierto cristal que imita a un diamante y muchas veces es más brillante que uno natural. Se llama circonio cúbico. Cuando se corta en una ronda brillante como un diamante con todos sus pabellones, faja, mesa, culet y facetas, quedará impresionado por su brillo y engañado al creer que es un diamante natural genuino. Una forma de saber que no es un diamante real es por su precio. Es muchas veces más barato que un diamante ordinario. Si tiene un precio alto, siempre puede solicitar documentación que demuestre su autenticidad. Estas circonitas cúbicas son muy prometedoras, pero ofrecen una idea errónea de la realidad y la verdad. Los falsos maestros son como circonitas cúbicas; parecen diamantes de verdad, pero sus compuestos os engañan.

Los falsos maestros que dan una idea errónea de ser piadosos y del Señor son como imitaciones de circonio cúbico de lo real. Los falsos maestros son la cizaña de lo que Jesús habló. Ellos huelen, saborean, miran y se sienten como verdaderos obreros de Dios, pero no lo son. Judas los describe como *"Estos son manchas en vuestros ágapes . . . nubes sin agua, llevadas de acá para allá por los vientos; arboles otoñales, sin fruto, dos veces muertos y desarraigados. Son vieras ondas del mar, que espuman su propia vergüenza; estrellas errantes, para las cuales está reservada eternamente la oscuridad de las tinieblas"* (Judas 12–13;RVR95).

Hay tanta gente que confiesa que sirve al Señor, pero no muestran frutos de arrepentimiento. Quieren y muchas veces tratan de ministrar o trabajar en la iglesia, pero no tienen evidencia de estar en Cristo. Un día, mi cuñado y yo estábamos trabajando detrás del edificio de la iglesia. Estábamos agregando una pared para encerrar un baño mientras nuestros músicos practicaban en el altar. Tenían muy poca experiencia en corregir a esos que no deben estar en el altar para ministrar. Luego vino un hermano a la iglesia que dijo que sabía tocar la guitarra, pero solo había ido a la iglesia al menos dos veces antes. Decidió subirse al altar y afinar su guitarra para practicar con el grupo. Una hermana en el Señor que lo conocía y tal vez había tenido una relación con él me dijo que tenía un mal testimonio. Él le había ofrecido a ella y a sus hijos un lugar para vivir en su casa, pero ella tenía que darle sexo a cambio. Acepté lo que dijo, pero cuestioné si era cierto o no, así que me acerqué a donde estaba y le dije que quería hablar con él. Le pregunté si estaba bien delante del Señor y comencé a hacerle preguntas sobre este asunto. No quiso responder. Después de unos minutos, fue y consiguió su guitarra, se fue de la iglesia y nunca más volvió. Estos supuestos creyentes no tienen la intención de servir al Señor en espíritu y en verdad. Estas estrellas falsas tienen la intención de dar luz y guía, pero se convierten en medios de engaño. A las personas que los ven se les da un concepto falso del cristianismo, y se convierten en piedra de tropiezo para los demás.

Varias veces me he encontrado con una mujer que se dice ser cristiana. Y cada vez que surge el tema sobre el cristianismo, confiesa ser cristiana, pero no tiene intención de servir al Señor e ir a la iglesia. Sé de su vida y de lo que ha hecho y continúa en este tipo de vida. Por eso a ella sólo le gusta la idea del cristianismo, pero no el compromiso y la práctica del mismo. Tengo que recordarle que una cosa es cómo se llama a sí misma y otra lo que no es. Ella dice que lee la Biblia y ora todos los días, pero nunca quiere someterse al Señor. Le pido que venga a la iglesia, ella se niega. Como ella, hay muchos en nuestro país que se han hecho religiosos.

Hace algún tiempo, me quedé estupefacto ante una organización que tiene un llamado ministro que practica la homosexualidad. La noticia decía que tiene una pareja masculina, y hubo algunas denuncias sobre un incidente relacionado con tocar a otra persona. La organización está siendo desgarrada porque algunos quieren colocarlo en una posición incandescente organizacional más alta, y otros no quieren permitirlo.

La Biblia nunca permite que un ministro o cualquier creyente que este practicando el pecado funcionar como un líder en una iglesia. En el capítulo tres de 1 Timoteo, Pablo ordena que un obispo o diácono sea marido de una sola mujer; no dice el esposo de un hombre. La Ley fue dada para los injustos, nunca para los que guardan la Ley de Dios. Así que, si una persona está contradiciendo la enseñanza de la Escritura, por ejemplo, en 1 Timoteo capítulo uno versículo diez donde dice que los homosexuales son inicuos y desobedientes, entonces esa persona en particular es injusta y contradice la sana doctrina; por lo tanto, no debe ser colocado en una posición de liderazgo.

Es irónico que las instituciones religiosas de hoy estén repitiendo la misma práctica que la de los fariseos y saduceos en el tiempo de Jesús. Cuando nuestro Señor vino a esta tierra manifestado en la carne, trajo el verdadero significado de la Palabra de Dios. Cada vez que sanaba, hacía un milagro o exponía una verdad, los líderes religiosos lo acusaban de quebrantar la Ley de Dios.

Nunca podrían argumentar con éxito que Jesús estaba equivocado y tenían razón. Habían puesto su idea de ley por encima de la Ley de Dios. Ya no se preocuparon por lo que proclama la Palabra de Dios; estaban más interesados en los comentarios del punto de vista de las Escrituras de sus rabinos. Estos líderes habían dejado a un lado el verdadero significado de las Escrituras y tenían las suyas como las enseñanzas inspiradoras. Esto es lo que está pasando hoy en nuestras instituciones religiosas. A muchos no les importa lo que Dios dice que es pecado, mientras satisfacen los deseos de su carne y calmar su conciencia por una ley sin convicción e impotente de sus enseñanzas. *"Dirán que aman y respetan a Dios, pero con su conducta demostrarán lo contrario. No te hagas amigo de esa clase de gente"* (2 Timoteo 3:5; TLA).

Muchos creyentes que están bajo el pastoreo de un liberal pastor no pueden ver que lo que practica el pastor liberal es pecado ante Dios; pueden compararse con un comprador que no entiende si un diamante lo han mejorado en claridad o no. Cuando se compran diamantes, el valor de una gema suele ser conocido por el vendedor y casi nunca es comprendido por el comprador. La mayoría de las veces, los diamantes tienen una claridad mejorada con un relleno similar al vidrio para ocultar cualquier grieta o fractura. La gente no puede notar la diferencia si un diamante ha sido mejorado o no porque no han estudiado o no han recibido educación en gemología; están engañados sobre el verdadero valor de un diamante y muchas veces se paga más de lo que vale el diamante. El comprador cree que tiene un diamante caro, pero por lo general no es así.

En las instituciones religiosas liberales, muchos creyentes no leen ni estudian las Escrituras extensivamente para determinar lo que constituye un pecado. Aceptan, en su mayor parte, lo que es bíblico a través de las enseñanzas de su pastor o maestro. Si el creyente no escudriña las Escrituras para aceptar lo que Dios dice que es pecado o no, entonces el creyente no puede saber si lo que está siendo enseñado es pecaminoso. La enseñanza que se le está dando al creyente es claridad realzada por un relleno falso. Toda la verdad y nada más que la verdad no se le está predicando o enseñando al creyente porque el pastor (diamante) tiene una fractura o grieta que ha sido llenado por una falsa enseñanza. Esta falsa enseñanza es que uno puede practicar el pecado y, sin embargo, ser justo ante Dios. Aceptan un diamante (pastor o líder) que tiene una grieta (pecado) y está reparado por una forma que se parece a un cristal de diamante (una forma de piedad). No solo es esto común dentro de las iglesias que tienen pastores homosexuales o lesbianas, pero a veces también se practica dentro de otras iglesias conservadoras. Conozco a una hermana en el Señor que me dijo que en una iglesia a la que asistía, el pastor había caído en adulterio. No se arrepentiría ni abandonaría el pecado. Continuó en su pecado, pero pastoreando y predicando en la iglesia. Parte de la gente se fue, incluida ella, pero el resto se quedó y se conformó a la práctica del pecado de su pastor. Es más probable que estos miembros prefirieron escuchar las enseñanzas erróneas de este hombre que la verdad de la Palabra de Dios.

En el libro de Apocalipsis, Juan dice que los que leen, oyen las palabras, y guardan las cosas que están escritas, son bienaventurados (Apocalipsis 1:3). Las personas que no leen ni estudian la Palabra de Dios y no siguen sus enseñanzas son engañadas por la falsa imitación ministros que son **"Lobos... vestidos de oveja"** o, en este caso debo decir, "Circonio cúbico en talla brillante".

EDWARD V GONZALEZ

• VIGÉSIMA SEXTA FACETA •

Astrología

Dios creó los cielos y todo lo que contiene: el sol, la luna y todas las estrellas. Fueron creados para proporcionar iluminar y demostrar "La gloria de Dios" (Salmo 19:1). Las estrellas nunca fueron creadas para ser una guía en nuestra vida cotidiana. No pueden decir nuestro futuro o pronunciar nuestro resultado por su arreglo.

El horóscopo no debe ser practicado por un santo o incluso por un incrédulo. Los santos redimidos no adoran las estrellas si quieren seguir el ejemplo de Dios (Deuteronomio 4:19, 17:2–4), y hay serias consecuencias por adorar las estrellas (Deuteronomio 17:5–7). Según el libro de Deuteronomio, Dios dice que el ofensor debe ser apedreado hasta la muerte, pero esa persona podría decirse a sí misma: "Nadie puede apedrearme hasta la muerte"; serán puestos en prisión. Dios tiene una manera de castigar (Levítico 26:18, 43) a su pueblo. Israel fue llevado cautivo setenta años a causa de su pecado. Alguien podría decir: "¡No fue por la astrología!" Un pecado lleva a otro, y el pecado separa al creyente del Señor. Los israelitas cometieron muchos pecados diferentes, pero el Señor les advirtió que no los practicaran, pero desobedecieron y sufrieron las consecuencias. Cuando Adán y Eva pecaron, no corrieron hacia Dios y confesaron su pecado. Huyeron de la presencia del Señor. El pecado tiene esta tendencia a hacer que el pecador huya del Señor.

Si los israelitas miraban las estrellas o cualquier otro cuerpo celestial para adorar, lo aprendieron de las naciones vecinas, especialmente de Babilonia. Los babilonios recurrieron a la astrología y practicaron la observación de estrellas (Isaías 47:13).

Si un santo va a ser un diamante incoloro y sin defectos, no debe imitar al mundo. Cualquier persona que se llame a sí misma santa no debe practicar este tipo de acto blasfemo. Aunque eres un diamante y hecho por la mano de Dios y los diamantes son llamadas estrellas, por lo tanto, no debes buscar respuestas en ningún cuerpo celeste. Tienes la respuesta; el incrédulo puede contemplar tu estrella, y tu iluminación puede iluminar el camino hacia el quién tiene la respuesta; Su nombre es Jesucristo. Si un santo ha caído a este nivel de pecado es porque el diamante tiene un defecto. Si un hermano o hermana ha caído en este tipo de pecado, alguien que sea maduro necesita tomar al caído bajo su cuidado y enseñarle lo que el Señor dice sobre la práctica de estudio de las estrellas.

Solamente porque los santos sean más que vencedores no significa que no puedan caer en este tipo de falsas enseñanzas. El Nuevo Testamento tiene muchas Escrituras que hablan de santos que caen o practican enseñanzas falsas. Algunos ejemplos son: volver al antiguo pacto y a las obras (Hebreos 6:1–6); no trabajar porque Cristo y el arrebatamiento vienen pronto (1 Tesalonicenses 4:11–17); recurriendo a la Ley y no a la fe en Cristo (Gálatas 3:1–5); o la creencia de que no hay resurrección (1 Corintios 15:12). Los santos todavía son frágiles debido a los defectos o grietas en ellos. En Cristo, los santos son fuertes y poderosos; es fuera de Cristo que los santos se desmoronan.

EL DIAMANTE Y SU CREADOR

Lo mismo ocurre con los diamantes. El hecho de que sean la sustancia más dura conocida no significa que sean indestructibles. Aunque los diamantes son muy fuertes, pueden penetrar el acero a altas presiones, pueden resistir los ataques de los más fuertes ácidos y álcalis, tienen un punto de fusión muy alto y pueden cortar acero durante largos períodos cerca del punto de calor rojo, no significa que no se pueden romper con un golpe de martillo; además, arderán u oxidarán en la superficie si se dejan caer en el fuego por un corto tiempo. Sin embargo, al calentarse a un rojo brillante, se incendiarán y se convertirán en gas de dióxido de carbono. Tanto el santo como el diamante tienen algo en común: son frágiles.

EDWARD V GONZALEZ

• VIGÉSIMA SÉPTIMA FACETA •

Una Estrella de Jacob

La estrella de Jacob es profética y se refiere a Jesucristo (Números 24:17). En el Nuevo Testamento, a Jesús se le da un título más iluminante; Se le llama la "Estrella resplandeciente de la mañana" (Apocalipsis 22:16). De todas las estrellas mencionadas en la Biblia, ninguno creció más brillante que el de Cristo. Muchos aumentaron y otros disminuyeron en brillo. Su estrella, desde la antigüedad, ha ardido brillantemente; nunca ha aumentado ni disminuido en gloria. Él es infinito y eterno. La revelación de Su estrella ha aumentado, para que podamos comprender Su gloria y resplandor manifestación de su carácter divino. Si somos fieles al Señor, compartiremos Su compañía (Apocalipsis 22:16). Mientras ***"Los israelitas esperan el Sol de Justicia*** (cf. Mal. 4:2), la iglesia busca la Estrella de la Mañana" (Feinberg, 1985, 41). En el libro de Números, hay un rey de la tierra de Moab llamado Balac. Mientras el pueblo de Dios pasaba a través de la tierra de Moab, Balac estaba aterrorizado por la enorme nación de Israel. Había oído hablar de la destrucción hecha a los amorreos por la nación de Israel, por lo que había decidido hacer algo contra el pueblo de Dios. Contrató a un profeta mercenario de nombre Balaam ("devorador de pueblos") de Petor, una ciudad de Mesopotamia (Deuteronomio 23:4). Unger dice:

> Balaam fue originalmente un mago pagano de una común clase de ocultistas religiosos, que tenían mediumnísticos

poderes adivinatorios. Evidentemente tenía algún tipo de experiencia de conversión; pero, como Simón el hechicero, llevó sus dones mediúmnicos e intentó usarlos en el servicio del Señor (Hechos 8:9-24; cf. Mateo 12:27). Como en tales casos en la iglesia moderna historia, la codicia fue el motivo impulsor que cegó a Balaam ante el peligro de tal ministerio en el que el espíritu demoníaco se atreve a entrometerse en el reino del Espíritu de Dios.[13]

El rey Balac pagó a Balán para que maldijera a la nación de Israel y traer una ruina a la gente. El profeta Balán pronunció cuatro parábolas de bendiciones y profecía para Israel y el Hijo de Dios. La primera parábola de Balán es el sacrificio preparación (Números 23:1–6). El holocausto habla de Cristo, la base de la bendición, no la maldición. La segunda parábola se trata de rechazar la bendita seguridad de los verdaderos santos. El tercero predijo la futura gloria del reino de Israel y su rey, el Mesías. Él, Jesús, triunfará sobre la conquista de sus enemigos. La cuarta parábola de Balán imaginó al Mesías como la ***"Estrella de Jacob, y el Cetro . . . de Israel."*** Él sería todo en todo en Su venida. La "Estrella" y el "Cetro" están puestos en los corazones de todos Sus santos para que, en este papel doble, Él pudiera ser considerado como su Salvador, conquistador y libertador. Él pondría toda cosa mala debajo de Sus pies y de nuestros pies. La consumación de todo lo que se estima en nuestros corazones por mérito de la redención y vocación de Cristo.

Así como Jacob, el hijo de Isaac, peleó con los hombres y ganó, así fue con Dios, y ganó. Sabemos que Dios bendijo a Jacob porque de una descripción de la estrella resplandeciente y matutina dada en Apocalipsis 1:13–16. Juan describe esta estrella de la mañana como *"En medio de los candelabros estaba alguien semejante al Hijo del hombre, vestido con una túnica que le llegaba hasta los pies y ceñido con una banda de oro a la altura del pecho. Su cabellera lucía como la lana blanca, como la nieve; y sus ojos resplandecían como llama de fuego. Sus pies parecían bronce al rojo vivo en un horno, y su voz era tan fuerte como el estruendo de una catarata. En su mano derecha tenía siete estrellas, y de su boca salía una aguda espada de dos filos. Su rostro era como el sol cuando brilla en todo su esplendor"* (NVI).

Los ministros son llamados estrellas según este pasaje, y si son para brillar intensamente, es porque reciben su luz o energía del Señor. Sólo si el ministro o pastor del Señor permanece en su presencia puede dar luz a su congregación. Los siete candeleros son las siete iglesias y en medio de ellas el Hijo del Hombre. El candelero *"**Pero** [nosotros] **todos, mirando la gloria del Señor, a cara descubierta, somos transformados conforme a la misma imagen de gloria en gloria, como por el Espíritu del Señor.**"*

Se necesita un trozo de carbón para transformarse en un diamante.

Se necesita un pecador para ser transformado en un santo.

EDWARD V GONZALEZ

PABELLÓN FACETA QUINTA:

¡CÓRTAME SI PUEDES!

EDWARD V GONZALEZ

¡Córtame si Puedes!

Hay al menos tres cosas que debes entender de aquellos que estarán involucrados trabajando en tu vida. Primero necesitas comprender los principios del diseño de diamantes. En segundo lugar, sepa que el corte es solo uno del los muchos procesos en la fabricación de un diamante. También está el hendido, aserrado, desbastado, esmerilado y pulido (consulte las definiciones de diamantes). En tercer lugar, hay varias personas altamente calificadas en esta profesión que participan en la preparación de un diamante: el diseñador y/o el marcador, el aserrador, el cortador transversal, el bloqueador, el que pone el brillo y el que pone la faja.

Los principios fundamentales del diseño de diamantes son resaltar su lustre. La calidad de la luz que se refleja en la cara del objeto se entiende como su brillo. Esta cualidad de un diamante se llama brillo adamantino. Hay otras dos gemas que pueden acercarse al brillo del diamante, y esas son las circonitas y el granate demantoide.

El brillo no solo depende de la luz reflejada en su superficie, sino también de los rayos que han sido, hasta cierto punto, absorbidos antes de reflexionar. Alrededor del 17 por ciento de la luz reflejada por el diamante ha caído directamente sobre su superficie. Esto se puede comparar con aproximadamente el 5 por ciento de la luz que cae en una gema translúcida (vidrio).

La cantidad de intensidad de la luz reflejada es importante en lustre. Si uno cortara un diamante de una placa plana y lo viera alguien parado frente a él, parecería que el diamante tuviera muy poco brillo. Sin embargo, cuando se corta en estilo brillante y se ve la luz de las velas en movimiento, tendrá un brillo significativo.

Estos principios están diseñados para sacar lo mejor de un diamante. En un sentido espiritual, el corte brillante se puede ver en la perspectiva de un diamante espiritual terminado, el santo. La idea es reflejar la mayor cantidad de luz posible hacia el espectador: el incrédulo. La luz es el Señor Jesucristo entrando en tu vida y reflejándose en el mundo, ***"Ustedes son la luz del mundo... ¡Así dejen ustedes brillar su luz ante toda la gente!"*** (Mateo 5:14, 16; NBV). A los santos les entra más luz que a los incrédulos. La única vez que algo de luz entra en un incrédulo es cuando el Evangelio es presentado.

En un santo es muy importante tener movimientos espirituales como leer la Palabra y trabajar en el ministerio. Porque con estos movimientos, la luz del Señor brillará sobre el santo para que el brillo se refleje en los espectadores. Este brillo solo puede ser si otros están involucrados en tu vida y ciertos cortes y procedimientos se hacen a su diamante. Dios es la primera persona involucrada en sacar este brillo.

En la industria del diamante, la mayoría de los diamantes cortados se denominan "diamantes brillantes". Este brillo se refiere a la luz blanca entrando a través de la superficie de la mesa y se refleja dentro de las facetas, luego se ventila hacia el espectador en una exhibición de fuego. El gráfico en esta página muestra los seis cortes principales de diamantes con sus correspondientes diagramas. Aunque ha habido otras variaciones de estos recortes, estos seis recortes principales han sentado las bases para otros. Ha habido razones para tallar diamantes en formas particulares, pero el corte brillante se hace para resaltar su brillantez.

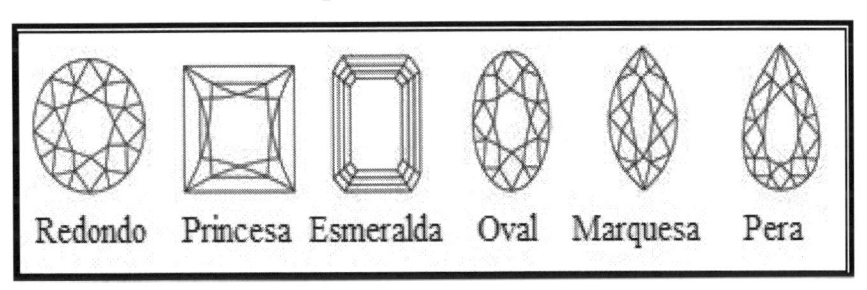

Figura 10

Aunque es irónico que haya seis tallas principales de diamantes y que se perciba que un santo tiene las características de un diamante natural, la Biblia en sus autógrafos hebreo y griego denota que hay al menos seis palabras diferentes que transmite o habla del hombre:

Antiguo Testamento:
    1. Adán (humanidad)
    2. Enoshe (mortal)
    3. Eesh (hombre heroico)
    4. Geber (hombre valiente o guerrero)

Nuevo Testamento:
    1. Anthropos (hombre, humano)
    2. Aner (esposo o individuo masculino)

El hombre fue creado en el sexto día y formado a la imagen de Dios; sin embargo, Génesis capítulo 5 dice: ***"Vivió Adán ciento treinta años, y engendró un hijo a su semejanza, conforme a su imagen; y le puso por nombre Set"*** (RVR95). Dado que hay seis formas de corte diferentes de un diamante y no hay dos iguales, el hombre (incluido Jesús, el hombre) fue formado por Dios con diferentes cortes, si puedo decirlo suavemente en esos términos. En toda la Palabra de Dios inspirada, las Escrituras encarnan seis imágenes:

1. **Adán fue hecho a la imagen de Dios (Génesis 5:1)**

    Génesis dice: *"Hagamos al hombre a nuestra imagen, según a nuestra semejanza"* (Génesis 1:26; NVI). Esta imagen no se refiere a la imagen física sino a la imagen espiritual de Dios. Me estoy refiriendo a los atributos piadosos y características espirituales. Dios es santo y espera santidad de nosotros. Él es la Verdad, por lo que desea que seamos veraces. Dios es amor y quiere que nos amemos (ver Gálatas 5:22–23, 25–26; Colosenses 3:12–17). Yo creo que Dios, el Hijo y el Espíritu Santo estuvieron involucrados en esta creación. Los ángeles no eran parte de esta creación (Colosenses 1:15–18).

2. **Set está hecho a la imagen de Adán (Génesis 5:3), contrario a #1**

    Después de la caída de la primera familia, cada hijo de Adán fue creado a la imagen de su padre. Todos somos como Adán en que obedecemos y desobedecemos a Dios y Su Palabra. Somos pecadores como Adán, y por eso pecamos. Los atributos piadosos fueron quitados de cada hijo de Adán. Sí, hacemos el bien, pero no a la medida completa del bien que Dios requiere (ver "Fruto del Espíritu", Gálatas 5:22–23).

3. **Se dice que el hombre malo es a la imagen de su padre—Satanás (Juan 8:39–44).**

Hay personas que, a pesar de estar en el estado caído de Adán, hacen el bien a los demás y tratan de ser ciudadanos respetuosos de la ley. Sin embargo, existe esa parte de la humanidad que es muy perversa. Sus obras y hechos demuestran que su lealtad es a Satanás y su reino. Estos malvados, si no se arrepienten y aceptan a Jesucristo como su Señor y Salvador, terminarán en el Lago de Fuego (Apocalipsis 20:8; Gálatas 5:19–21; Colosenses 3:5).

Jesús dijo de los líderes religiosos que eran hijos del diablo porque querían matarlo. Dijo que Satanás fue un asesino desde el principio. Caín mató a Abel, instigado por el diablo. Aunque el siguiente pasaje indirectamente habla del diablo, en realidad está hablando de los falsos líderes, falsos profetas, y falsos sacerdotes judíos en la época de Jesús (Juan 10:10). Estos hombres religiosos falsos no habían cambiado desde el tiempo de Ezequiel antes de la deportación de los judíos por parte de Babilonia (ver el libro de Jeremías).

4. Jesús asumió la imagen de los hombres (Filipenses 2:7).

Jesús, el ultimo Adán, tuvo que revertir lo que había hecho el primer Adán. El primer Adán trajo la muerte y la rebelión a la humanidad. Él trajo una maldición a todos sus descendientes. El paraíso en donde él vivió y disfrutó por un corto tiempo fue eliminado. En el jardín, Adán vivió en paz con todos los animales hasta que el pecado fue encontrado en él, entonces el pecado afectó a los animales y a nuestra tierra (Romanos 8:19–22). El paraíso se convirtió en un desierto. Culpa, vergüenza, y la condenación fueron los resultados de la desobediencia de nuestro primer Adán. Dios tenía que descender y hacerse hombre, es decir Jesús. Él siendo sin pecado se hizo pecado por todos nosotros. Su muerte nos dio vida. Ayunó en un desierto y vino a este desierto para crear un nuevo paraíso (2 Corintios 12:4). Él vino en la imagen del hombre, para que pudiéramos llegar a ser a Su imagen. No hay condena a los que están en Cristo Jesús (Romanos 8:1).

5. **A su vez, *"Él (Jesús) es el reflejo de la gloria de Dios y la semejanza exacta de su ser"* (Hebreos 1:3a; ISV, traducido).**

Felipe le pidió a Jesús que le mostrara al Padre. Jesús le dijo a Felipe: *"¿Tanto tiempo llevo ya entre ustedes y todavía no me conoces? El que me ha visto a mí ha visto al Padre"* (Juan 14:9; NVI). Jesús y el Padre son uno. Todo lo que Jesús dijo e hizo fue siempre de acuerdo con la voluntad del Padre. Cualesquiera que sean los milagros, sanidad, muestra de perdón, demostración de amor hacia el pecador, corrección de falsas enseñanzas y otros actos divinos hechos por Jesús, Dios había hecho esas mismas obras desde el Jardín del Edén. Jesús no hizo nada que Dios no hubiera hecho en el pasado.

6. **El Nuevo Testamento nos describe como hechos a la imagen de Jesucristo (Romanos 8:29; 2 Corintios 3:18; Colosenses 3:10; 2 Pedro 1:4).**

El pecador no arrepentido está hecho a la imagen de su padre, Adán. Esta imagen refleja su naturaleza pecaminosa y caída. Además de esto, también está hecho a la imagen de Satanás (vea #3). Cuando nos arrepentimos y venimos a Cristo, nacemos de nuevo. Una nueva vida comienza en Cristo Jesús. Uno de nuestros objetivos en esta nueva vida es conformarnos a la imagen de Cristo. Puede llevar toda una vida, pero todo vale la pena. Cada problema, prueba, dificultad, batalla y ofensa está diseñado para moldearte a la imagen de Cristo, incluso el dar la vida como sacrificio.

• VIGÉSIMA NOVENA FACETA •

Dios como el Diseñador Principal y el Marcador

Hay varias cosas que necesitamos saber sobre el diseñador. Se le llama diseñador en muchos lugares diferentes y, sin embargo, ni siquiera tiene un nombre. Él tiene el trabajo más importante de ellos porque estudia la gema para decidir cómo se debe cortar para producir el valor óptimo en cristales pulidos. Algunas piedras son bastante fáciles de decidir, pero las piedras irregulares sin caras de cristal pueden ser más difíciles. Tomar una decisión de cómo cortar una piedra puede llevar varias horas o incluso hasta un año; este depende del tamaño de la piedra y las condiciones.

Hay dos cosas que el diseñador debe tener en cuenta. Primero está el peso de la piedra y su calidad. En segundo lugar, la cantidad de gemas pulidas que se pueden cortar de este particular diamante. La demanda en ese momento puede jugar un papel importante en cuanto a qué tipo de calidad tendrá el diamante. ¿Será una piedra preciosa o se utilizará como puntos para herramientas?

Hay otros factores que juegan un papel en la examinación, pero usaré solo ciertos factores para explicar mi punto. Cuando un corte brillante terminado está cerca de las proporciones ideales, se conoce como "forma". Las proporciones ideales incluyen todos los ángulos correctos, la profundidad del pabellón, el ancho de la mesa, el número de facetas, y si es todo simétrico. Cuando está en la proporción casi ideal, es una buena forma o una excelente forma (consulte la figura 11). Cuando un diamante se corta para aumentar de peso (parece más grueso o más grande), no está redondo (la forma no está distribuida por igual), el culet no está centrado (punto en la parte inferior), faja demasiado gruesa, o tiene ángulos incorrectos en sus facetas, se le llama de pobre o mala forma.

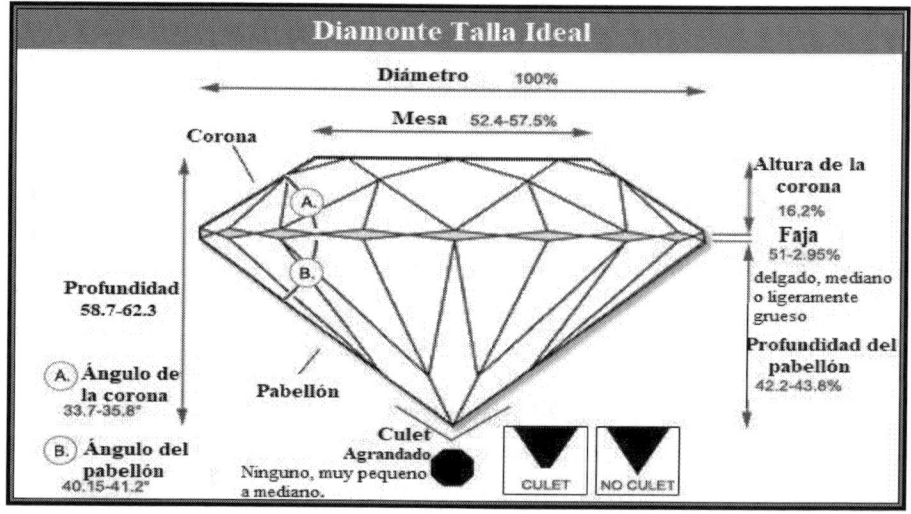

Diamonte Talla Ideal

Diámetro 100%
Mesa 52.4-57.5%
Corona
Altura de la corona 16.2%
Faja 51-2.95% delgado, mediano o ligeramente grueso
Profundidad 58.7-62.3
Profundidad del pabellón 42.2-43.8%
A. Ángulo de la corona 33.7-35.8°
B. Ángulo del pabellón 40.15-41.2°
Pabellón
Culet Agrandado, Ninguno, muy pequeño a mediano.
CULET   NO CULET

Figura 11

No todas las piedras en bruto pueden producir cortes redondos brillantes. A veces, las piedras son demasiado planas o gruesas para desperdiciarlas en cortes menores y deben cortarse en una forma diferente que no produce tanto brillo. Por ejemplo, hay un diamante en forma de pera o talla marquesa (figura 10). La forma de pera es como un estilo de lágrima. La forma de pera le dará a las manos y los dedos un aspecto más delgado mientras proporciona una apariencia suave y delicada. El diamante de talla marquesa tiene la forma perfecta para maximizar el peso en quilates destacando el tamaño del diamante. Su forma única resalta el efecto de manos y dedos más largos y delgados.

El diseñador tiene una gran obra por delante. Debe ser capaz de reducir el número de defectos en un diamante. Conociendo todos los factores, el diseñador primero estudia la piedra en bruto desde el exterior. Un ejemplo puede ser decidir dónde estará la faja de la piedra. Otro factor es decidir cuáles son las partes más delgadas y las más gruesas; esto determinará dónde irán la mesa y el pabellón. La parte más gruesa de la piedra será el pabellón y la más delgada la mesa. Las inclusiones deben mantenerse en la parte superior porque, al estar en la parte inferior, se reflejarán varias veces y aparecerán peor de lo que son.

El siguiente paso es examinar cuidadosamente la piedra por dentro; esto se hace haciéndolo rodar entre el pulgar y el índice de la mano y mirando dentro a través de una lupa o una lupa de mano 10X. El diseñador tiene que imaginarse a sí mismo dentro de la piedra, para poder determinar la ubicación de los defectos, cuáles hay que eliminar y cuáles hay que dejar en la gema pulida. La decisión final es encontrar un equilibrio para producir un valor máximo. La investigación interna puede determinar si la piedra será de talla brillante o elegante.

Antes de tomar una decisión, muchas veces, la piedra en bruto se abre desde varios ángulos quitando facetas a través del esmerilado o incluso cortando piezas larguiruchas de las caras opuestas. Estas ventanas proporcionan los medios para estudiar el interior de un diamante con más precisión.

Una vez que se ha tomado la decisión, el diseñador ahora se convierte en el marcador, quien toma una pluma y un poco de tinta china (negra) y marca la piedra con una línea aguda para demostrar dónde será aserrada o cortada. Un buen trabajador dividirá la línea de tinta negra por la mitad al cortar o serrar una piedra marcada.

Dios puede compararse con el diseñador principal y el marcador de un diamante. ¡Tú eres ese diamante! Desde el principio de la humanidad, Dios había diseñado al hombre para que fuera a Su imagen. Así, Adán fue hecho a Su imagen (Génesis 5:1), pero con su caída, los hijos de Adán perdieron ese potencial de ser a la imagen de Dios. Cada hijo de Adán se convirtió en la imagen de su padre, es decir, Adán. Dios había diseñado un plan soberano para toda la humanidad, pero fue frustrado por el enemigo y la desobediencia de Adán. Su diseño para la humanidad incluía el dominio sobre todas las cosas en este mundo. También consistía en amar, adorar y obedecer a su Creador. El hombre fue el epítome de Su creación. Él fue la gema perfecta de Su diseño sin ningún defecto. Pero el hombre fracasó porque desobedeció el mandato de Dios y la humanidad comenzó una tendencia descendente. En la sabiduría infinita de Dios, antes de cualquier pecado (incluido el pecado de Satanás), Dios en la eternidad pasada había diseñado un plan de redención para Su creación, tanto para la humanidad como para el cosmos (Efesios 1:4).

La marca puesta en cada gema fue diseñada en la eternidad pasada. Cada marca establece un corte preciso considerando todos los hechos: su madurez, compromiso, ubicación de defectos, fuerza, la capacidad de realce la luz, y la hendidura de la piedra o donde el Señor pueda partirte y sacar más provecho de tu vida. El salmista describe esta increíble y amorosa creación en el Salmo 139:13–18 (NVI Rainbow Study Bible-traducido).

> *Porque tú creaste mi ser más íntimo; me entretejiste en el vientre de mi madre. Te alabo porque estoy hecho terrible y maravillosamente; Tus obras son maravillosas, eso lo sé muy bien. Mi cuerpo no se te ocultó cuando fui hecho en el lugar secreto. Cuando estaba entretejido en las profundidades de la tierra, tus ojos vieron mi cuerpo informe. Todos los días que me fueron ordenados fueron escritos en tu libro antes uno de ellos llegó a ser. ¡Cuán*

EL DIAMANTE Y SU CREADOR

preciosos son para mí tus pensamientos, oh, Dios! ¡Cuán grande es la suma de ellos! Donde los contara, superarían en número a los granos de arena. Cuando me despierto, todavía estoy contigo.

Durante el curso de tu vida, Dios tendrá que romperte o, en terminología de diamantes, partirte. La voluntad de Dios es producir el valor óptimo en tu cristal pulido. Al entender Salmo 139, podemos ver que Dios fue muy meticuloso en su diseño para tu vida. En el jardín de Edén, Dios tomó un poco de polvo de la tierra, y solo puedo imaginar que lo hizo rodar entre Su pulgar y su dedo índice de Su mano para examinar lo que estaba diseñando. Después de Su cuidadosa inspección de Su creación, Dios sopló vida en el hombre, y el hombre se convirtió en un alma viviente. Su Espíritu entró en el hombre y determinó dónde podría haber defectos o inclusiones. No encontró nada, y la Biblia dice de Su creación: ***"Y vio Dios que era bueno"*** (Génesis 1:12; RV2020). Pero cuando el hombre cayó, trajo consigo todos los defectos (obras de la carne) e inclusiones (hábitos y comportamientos destructivos) que uno puede imaginar. El hombre ha sufrido de esto desde el principio de la creación.

En el Antiguo Testamento, el Señor vio los diamantes, santos del Antiguo Testamento, desde el exterior moliendo una faceta o cortar una porción. Esto le permitió ver cualquier defecto o inclusión dentro del diamante. Los diamantes en su estado natural se denominan piedras en bruto y se ven borrosos y no tan claros (**vea figura 12**). Los sacrificios en el Antiguo Testamento no quitaban ningún pecado de sus pecadores; solo cubrió el pecado y los pospuso hasta el tiempo de la cruz, por lo que la ventana para ver los defectos e inclusiones era la prueba de un individuo.

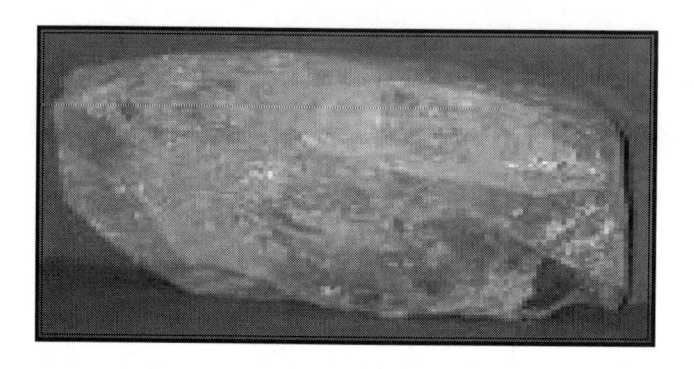

Figura 12

Por ejemplo, podemos ver la molienda de facetas y la bruma cuando David huía de la presencia del rey Saúl porque quería matar a David. David buscó la ayuda de muchas personas, incluyendo a Jonatán, el hijo de Saúl, la primera esposa de David llamada Mical, la hija de Saúl, los profetas en Ramá, el sacerdote en Nob y Aquis y uno de los reyes filisteos. En lugar de confiar en Dios para recibir ayuda y guía, buscaría la ayuda de cualquier otra persona o fuente (Salmo 52, 55, 57). La falta de confianza de David en la protección de Dios fue un defecto en su vida. David se fue de desierto en desierto y de fortaleza en fortaleza. A lo largo de la persecución convincente de Saúl, Dios quería que David reflexionara que tenía un gran defecto, principalmente la falta de confianza en Dios. Se abrió una ventana en su diamante para ayudar a David a darse cuenta de que su falta de confianza era el verdadero problema, no el rey Saúl. David tardó algunos años en aprender a confiar en Dios en todos sus caminos (Salmo 34, 56). Es lo mismo con nosotros muchas veces. Los santos tienen la tendencia a no creer en las promesas de Dios. Buscarán la ayuda de otros en lugar de ir directamente al Señor primero (Mateo 6:33).

A lo largo de la vida de David, experimentó tres grandes defectos y una inclusión. Sus principales defectos fueron: falta de confianza en Dios, la lujuria de las mujeres, y la falta de control de sus hijos. Su inclusión fue el orgullo, provocado por Satanás que causó mucho dolor en su vida. David no es el único que se le ha abierto una ventana en su diamante. Algunos otros pueden incluir a Abraham, Sansón, los hijos de Israel saliendo de Egipto y viajando por el desierto, el rey Saúl, Elías y muchos otros.

En el principio, cuando Dios creó a Adán y Eva, tenía diseñado para que un hombre tenga una mujer. El rey David tomó varias mujeres y las hizo sus esposas. La semilla de la lujuria había comenzado en su corazón, sólo para madurar el fruto del pecado en los últimos años de su vida.

En el segundo libro de Samuel, capítulo 11, el rey David se queda en Jerusalén y no regresa a la guerra. Se queda en su palacio a descansar. Esa noche, mientras caminaba sobre su techo de su casa, vio a una mujer muy atractiva, cuerpo de botella de coca-cola bañándose, con el nombre de Betsabé. Él envió por ella. ¿Cómo podría resistirse a un hombre tan guapo y uno de los reyes más poderosos en toda la tierra? Ella, una mujer desconocida, fue convocada a las cámaras del rey. ¡Guau! Se sentía como una primera dama, aunque pertenecía a otro hombre. Estando en la presencia del rey David, debe haber tomado unos segundos para sentirse abrumada y desmayar en sus brazos. Solo se tomó una noche de relación sexual para concebir. Betsabé era la esposa de Urías, y él era uno de los soldados más fieles de David. Como todas las esposas de entonces, ella se quedó en casa mientras su esposo iba a la batalla para proteger a Israel y servir a su rey. La solución de David fue sacar a Urías de la batalla y hacerlo dormir con su esposa para decir que el bebe era de Urías. No funcionó. Lo mando al frente de la batalla para que muriera. Después de esto, Dios envió a Natán, el profeta, para reprender a David por su pecado. Aunque Dios perdonó al rey David, él todavía tuvo que pagar las graves consecuencias que siguieron a causa de su pecado. Sí, los pecados tienen sus consecuencias. *"La paga del pecado es muerte"* (Romanos 6:23). Uno fue la muerte del niño poco después de su nacimiento. El pecado tiene sus repercusiones, y a veces nos traen mucho dolor porque los que son más afectados son los que están más cerca de nuestros corazones.

El pecado de David se debió a la lujuria de sus ojos. Al igual que la caída de Eva se produjo a través de la lujuria de sus ojos. Juan escribe: *"Porque todo que hay en el mundo: el deseo de la gratificación carnal, el deseo de posesiones (lujuria de los ojos), y la arrogancia mundana no es del Padre sino del mundo. Y el mundo y sus deseos se desvanecen, pero la persona que hace la voluntad de Dios permanece para siempre"* (1 Juan 2:16–17; ISV-traducido). Este pecado no se detuvo allí. Muchos años después, cuando la mayoría de los hijos de David habían crecido, uno de sus hijos violó a su media hermana. El fruto del pecado solo produce más semillas que, a su vez, producen más fruto del pecado. Hay un dicho que dice que el fruto no cae lejos del árbol. Es aquí donde David no puede impedir que sus hijos cometan más violencia en su familia. ¿Cómo podría aconsejarles que no lo hicieran cuando no tenía la moral o los estándares para decir lo contrario? De esta ordalía sale una hija violada, Absalón mata a su medio hermano por violar a su hermana, más tarde, David huye de su hijo, Absalón, quien intenta matarlo, dos de sus hijos mueren, la familia está en crisis y el caos se extiende por todo su reino.

¿Cuáles fueron algunas de las inclusiones en la vida de David? Para comprender esto, necesitamos saber qué es una inclusión. Una inclusión puede ser un pequeño cristal de algún tipo de mineral que ha cristalizado con la formación de diamante en la etapa de magma. Las más comunes de estas inclusiones singenéticas son olivino y granate. Algunos otros pueden incluir espinela de cromo marrón, diópsido de cromo verde y el diamante mismo. Algunas inclusiones están formadas por algún tipo de mineral que se infiltra en el cristal de diamante desde el exterior a través de fracturas de clivaje y fisuras. Esto significa que un cristal o inclusión solo puede penetrar en un diamante si tiene forma de entrar.

Una de las inclusiones de David fue el pecado del orgullo provocado por Satanás. En Primera de Crónicas, capítulo 21, Satanás movió a David a contar el número de hombres de guerra en su reino. Creía que todo lo que poseía lo hacía a través de sus esfuerzos y poder. Dios te da todas las cosas; nada es tuyo. Todos tenemos la capacidad para producir orgullo, y su contrapartida, humildad. Es su opción de elegir entre el orgullo o la humildad. Uno lleva al pecado y destrucción, y el otro te lleva al corazón de Dios. ¿Cuál es su(s) inclusión(es)? ¿Qué ha estado haciendo el enemigo últimamente? ¿Ha estado tratando de moverte a pecar ante el Señor?

En el Nuevo Testamento, el plan de redención de Dios estaba en Su Hijo, Jesucristo. Él es Emanuel, Dios con nosotros. Parte del plan era tomar forma humana y habitar entre la gente (Juan 1:14). La palabra morar en griego significa "tienda, tabernáculo o pabellón." ¿Cómo podría el Señor imaginarse a sí mismo dentro de un diamante y ver todos los defectos e inclusiones? El camino era provisto al tomar forma humana, un pabellón o tienda, *"Por eso, al entrar en el mundo, Cristo dijo: 'A ti no te complacen sacrificios ni ofrendas; en su lugar, me preparaste un cuerpo'"* (Hebreos 10:5; NVI). El Señor ahora podía ver todos los defectos e inclusiones que debían eliminarse mediante corte, aserrado, desbastado o pulido. Al escribir a los Gálatas, Pablo les dice cómo la carne se opone al espíritu, y define a aquellos defectos e inclusiones. *"Ahora bien, las obras de la carne son evidentes: inmoralidad sexual, impureza, promiscuidad, idolatría, brujería, odio, rivalidad, celos, arrebatos de ira, peleas, conflictos, facciones, envidias, asesinatos, borracheras, fiestas salvajes y cosas así...Ahora bien, los que son de Cristo Jesús han crucificado su carne con sus pasiones y deseos...Dejemos de ser arrogantes, provocándonos unos a otros y envidiándonos unos a otros"* (Gálatas 5:19–26; ISV traducido). La cruz de Cristo canceló todos tus defectos e inclusiones, pecados internos y externos. Dios ahora puede marcar la piedra no con tinta negra sino con la sangre de Jesucristo, Su Hijo. Su propósito en Él es producir el óptimo valor en tu gema pulida.

Las Escrituras no solo señalan el cuidado meticuloso de Dios en Su diseño, pero el Nuevo Testamento nos describe como obra Suya. **"Pues somos hechura suya, creados en Cristo Jesús para buenas obras"** (Efesios 2:10; RVR95). Del mismo modo, en nuestro inglés la palabra poema proviene de la palabra griega poima, que significa "hechura, algo hecho". Un poema es una "composición caracterizada por el uso de un lenguaje y un ritmo elevados" (Diccionario de escritorio de Webster, 2001). Dios, a lo largo de las Escrituras, escribió tal pieza de composición poética que describe a el santo tan alto y elevado como el más grande de Su creación creativa. El Cantar de los Cantares es un tomo que prescribe una romántica relación entre Jesús y la iglesia, Dios e Israel, Dios y el hombre, y el hombre y la mujer. Su hechura en nosotros habla de tal cuidado y amor, aunque no entendamos por qué Él permite tales problemas y aflicciones en nuestro camino. Esto se hace para restaurar una relación entre Dios y el hombre.

• TRIGÉSIMA FACETA •

Satanás como el Cortador Transversal

El cortador transversal es responsable de las primeras dieciocho facetas colocadas en un diamante. Asimismo, en algunos lugares, el cortador transversal también se llama el bloqueador. Las dieciocho facetas que hace el travesaño son: la mesa, el culet, cuatro esquinas y cuatro biseles en la parte superior, y cuatro esquinas y cuatro pabellones en la parte inferior. Este procedimiento se realiza de manera diferente de una fábrica a otra. Un ejemplo de las dieciocho facetas se encuentra a continuación en la figura 13.

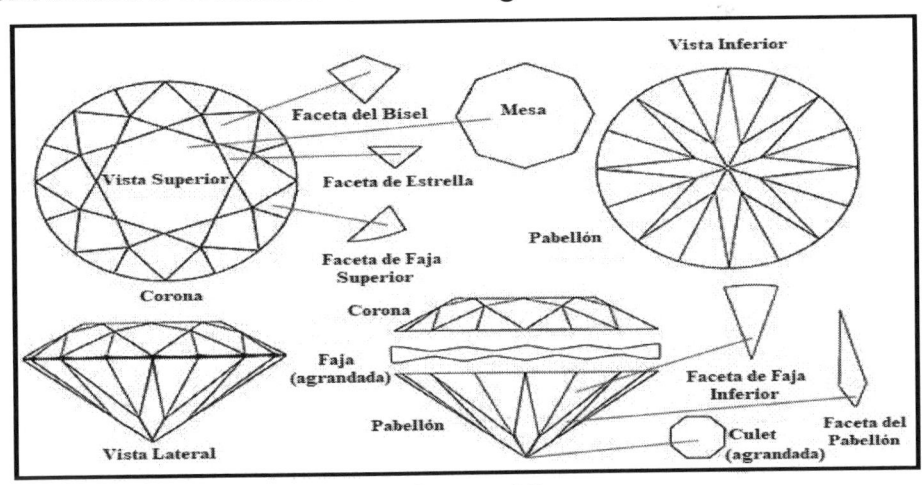

Figura 13

En algunas fábricas, primero se muele la mesa. Luego se muele la primera faceta, siendo la más crítica de todas, porque toda la simetría, la vida, el fuego y la calidad final del diamante depende mucho de la precisión con la que se muele esta faceta.

La primera faceta suele ser una esquina en la parte superior de la gema. Es muy importante que el bruñir de la faceta sea del tamaño correcto. Aunque el cortador transversal puede usar un calibrador o algún tipo de instrumento para medir el tamaño de esta faceta, mucho depende de la precisión del juicio, experiencia y su gran habilidad.

Un paso más es moler una esquina opuesta, y luego él puede seguir haciendo el resto de las facetas. Después de que termine de moler las facetas en la parte superior del diamante, continúa con las facetas en el pabellón inferior. Cuando todo esté hecho, tendrá ocho facetas y culet en la parte inferior y ocho facetas y tabla o mesa en la parte superior. Estos se conocen como los ochos (ver figura 13).

La piedra se devuelve una vez más al bruto para trabajar más en la faja, que en este momento es mucho más delgada y ahora se puede hacer perfectamente redonda a través de un proceso llamado rondistar. Una vez más, la piedra se envía de vuelta al cortador transversal donde se pulen las facetas que ha molido. Antes de que pueda lograr el pulido adamantino, la serie de surcos curvos en las facetas dejadas por el pulido deben ser removidas. Solo se necesitan unos segundos para pulir una faceta, utilizando un rápido movimiento oscilante del dop (una herramienta para sostener piedras preciosas para cortar o pulir) en un arco de un lado a otro del anillo pulido. Cada faceta es pulida en serie y debe examinarse periódicamente con una lupa para asegurarse de que el pulido se haya realizado de manera eficaz y uniforme.

Satanás y sus fuerzas demoníacas tienen mucho que ver en el corte de nuestras vidas, aunque no queramos aceptar este concepto. Hace algún tiempo, cuando estaba en el seminario, surgió una pregunta en una de mis clases. Algunos de los estudiantes tenían una pregunta sobre cómo explicar la existencia y participación de Satanás en la vida de un santo. "Esta pregunta existe desde hace cientos de años", comentó nuestro profesor. Nos mostró un gráfico de lo que llamó la tríada inconsistente. Esta tríada involucraba a tres enseñanzas principales y su relación entre sí (**vea figura 14** a continuación). Por un lado, pone a Dios como omnipotente (todopoderoso). En el segundo lado, Dios es bueno, y en la base, existe el mal. El argumento es algo así. Si Dios es tan poderoso como dice que es, entonces no es un Dios bueno porque permite que exista el mal. O si Dios es un Dios bueno y existe el mal, entonces Él no debe ser omnipotente hasta el extremo de eliminar el mal, y si el mal existe, entonces Dios no debe ser omnipotente o bueno. Su explicación fue que los tres existen y que es necesario en la vida del creyente que el mal exista para trabajar la salvación en su vida. Es necesario que Dios permita que Satanás en nuestras vidas zarandee, quebrante, abofetee, o persiga al santo para que los redimidos sean fuertes y edificados. Permítanme decir que en la mayoría de nosotros, Satanás no está involucrado, pero sus seguidores—las fuerzas demoníacas—llevan a cabo su obra de destruir, matar y robar. En cierto sentido, Satanás tiene peces más grandes para freír.

Una de las historias más famosas sobre las grandes gemas es la Esperanza (Hope) diamante. Está llena de inmensas tragedias. La gema, aparentemente, era parte del infame diamante Blue Tavernier traído a Europa por el propio Tavernier. Esta joya fue robada durante la Revolución Francesa pero nunca se recuperó. El diamante Esperanza (Hope) podría haber sido parte de la mayor de las tres partes en las que se cortó el Blue Tavernier. Se dice que el hijo de Hope perdió su fortuna después de heredar la gema. Más tarde, se vendió y, lamentablemente, pasó a manos de la señora Edward B. McLean. A diferencia del hijo de Hope, el hijo de la Sra. McLean murió en un accidente, ella perdió su fortuna, la familia se separó y finalmente ella cometió suicidó. La gente creía que el diamante causaba el mal en la vida de sus dueños.

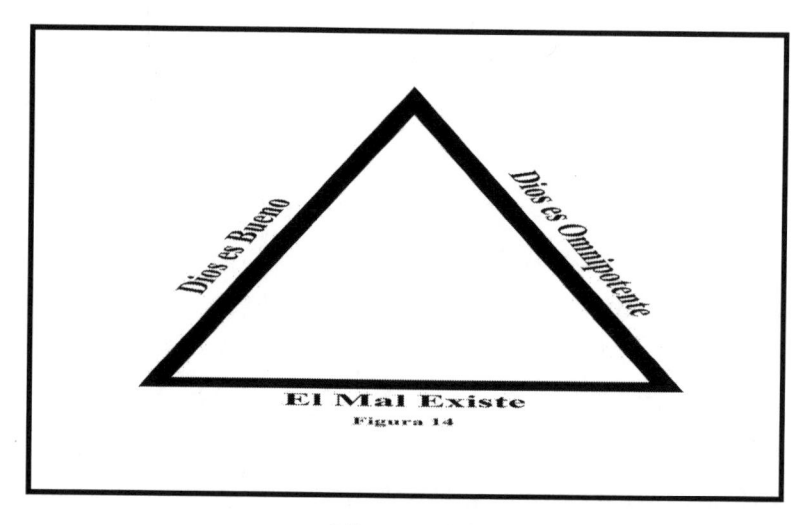

Figura 14

No hay nada malo en una gema, especialmente en un diamante. Es importante darse cuenta de que el enemigo de la iglesia está interesado en las gemas que posee la iglesia. Estos diamantes son atractivos a los demás por su belleza y elegancia. Poseen grandes cualidades con las que otras gemas no están equipadas. Una de estas cualidades es su dureza. Dado a que han existido durante millones de años, puede confiar en que estarán presentes por mucho más tiempo. Fred Ward dice: "Los diamantes son piezas congeladas del tiempo, regalos del interior del planeta, vínculos eternos con naturaleza."[14] Al igual que el diamante que ha existido durante tanto tiempo, también lo hará el santo a quien la Biblia promete vida eterna a aquellos que están en Cristo Jesús.

Aunque se sabe que los diamantes son de sustancia dura, un solo golpe de martillo o un golpe en el plano de división correcto puede partir o astillar un diamante; de hecho, son muy duraderos y capaces de resistir cualquier ácido o álcali. A pesar de eso, un diamante es una forma inestable de carbono y puede quemarse u oxidarse en la superficie si se deja caer al fuego por un corto tiempo. Tiene un punto de fusión muy alto y puede cortar acero durante largos períodos de tiempo hasta alcanzar un calor cercano al rojo. Sin embargo, si se calienta a un rojo brillante, arderá. Los creyentes se encuentran en la misma condición, pero en un sentido espiritual.

Esta resistencia es capaz de soportar los golpes de las penalidades, como se ve en la vida de Pablo. No había nada más doloroso para Pablo que un compañero judío o un creyente gentil que lo rechazaba y hablaba mal de él. Pablo fue capaz de sostener acusaciones y aun el mal de los incrédulos porque sabía que estaban cegados en el conocimiento de Jesucristo. Pero lo que lo hizo más difícil fue la actitud y el comportamiento inaceptable que los santos redimidos tenían hacia él. Pablo nunca se dio por vencido y, al final, sus palabras resonaron a lo largo de la historia de la iglesia: ***"He peleado la buena batalla, he acabado la carrera, he guardado la fe"*** (2 Timoteo 4:7; RVR1960).

Satanás no tiene que usar a un incrédulo para desalentar a un santo; él sabe lo que hace para que un creyente se descarríe o se desanime en el camino del Señor; en consecuencia, es piedra de tropiezo para otro santo. Satanás es un acusador de los hermanos, y si puede usar un creyente para insultar, hablar mal o acusar a otro santo, entonces sabe que puede destruir o desanimar a otro.

Muchas veces he sido testigo de iglesias que han sido divididas o astilladas, no por un incrédulo, sino por los creyentes que viven según la carne. De las cuatro iglesias de las que había sido miembro en los primeros veinte años de mi caminar cristiano, las cuatro terminaron en una división por hermanos provocando disensión. ¡Triste! Todos ellos fueron utilizados por el enemigo porque los instigadores lo hacían por sus propios motivos egoístas.

Como mencioné antes, aunque un diamante es una de las sustancias más duras del mundo, se puede romper fácilmente con un solo golpe en la hendidura precisa. Satanás y sus demonios saben que un santo es un enemigo fuerte contra ellos, y tienen que encontrar el golpe correcto para derribar a un creyente. A veces, lo que tomamos por ligera en una batalla puede ser una compensación para nosotros. El enemigo sabe que los humanos depositan mucha confianza en ellos mismos, especialmente en cosas insignificantes en las que los santos piensan que Dios no necesita involucrarse. Como, ¿con qué hombre o mujer debo casarme? ¿O a qué trabajo debo aplicar? Una confianza equivocada en uno mismo es un defecto que puede hacer que un santo se rompa. El enemigo, permitido por Dios, corta la primera faceta en la parte superior del diamante con gran precisión y habilidad. ¿Porque la parte superior del diamante? Debido a que la parte superior del diamante se llama corona (**vea figuras 11 y 13**) y dónde se colocan las coronas si no sobre la cabeza (mente) y quién usa coronas si no reyes, **"Jesucristo . . . nos ha hecho reyes"** (Apocalipsis 1:5, 6; NVI).

Si la primera faceta de tu cabeza no está tallada correctamente y en un corte simétrico, el resto del diamante será de mala calidad. Dios permitirá que el enemigo esmerile tu primera faceta. ¿Cuál es la primera faceta que será tallada en ti? ¿Es la confianza en ti mismo, la falta de fe, el orgullo, los deseos de la carne, la ira, el amor al dinero, la independencia, la esperanza o la falta de amor? Una parte de ti tiene que ser eliminado para crear espejos para ver lo que Dios está haciendo en el interior. Dado a que los diamantes en su estado natural se llaman piedras en bruto, todos somos brutos antes de venir al Señor.

El enemigo comenzará a trabajar en tu cabeza donde la Palabra de Dios comienza a actuar y dirigirte a la voluntad del Señor. Dios usará al enemigo para trabajar primero en tu mente para eliminar cualquier o todos los malos conceptos. Es aquí donde la vida es más crítica. Toda tu vida, la dirección, la prosperidad, la visión, el servicio al Señor y, en última instancia, la calidad de tu vida espiritual dependerá de la precisión con que se muele esta faceta. No estoy glorificando al enemigo, simplemente dando una explicación de cómo Dios lo usa para la gloria del Señor en tu vida.

Antes de entrar a la Tierra Prometida, Dios había prometido a Josué una victoria sobre Jericó, según el capítulo seis de Josué. Escuchó el consejo y la estrategia de Dios, y todo salió bien; la victoria fue un gran éxito. Bajó la guardia como tantos soldados espirituales a menudo hacen y abren la puerta para que el enemigo venga a saquear. Es interesante ver lo que sucedió en el capítulo siete. Josué envió espías para investigar un pequeño pueblo llamado Hai. Los espías regresaron y le dijeron a Josué que necesitaban sólo unos pocos miles de hombres para conquistarla; no había necesidad de involucró a toda la congregación, pero se convirtió en un fracaso. Josué estaba muy desilusionado y cuestionó a

Dios al respecto. Dios hablo con él y le dijo que había pecado. Yo lo llamo "Pecado en el campamento". Dios había mandado que nadie tomara nada de la tierra de Canaán. Acán había codiciado un manto babilónico, algo de plata, y oro, y los había escondido debajo de su tienda. El pecado tenía que ser tratado primero antes de que se pudiera lograr cualquier victoria (Josué 7). El pecado en tu vida tiene que ser tratado primero antes de que cualquier victoria se pueda lograr. Antes de continuar y hacer algo, por insignificante que sea, debes consultar con el Señor. Poner tu confianza en algo que sientes que no es alto riesgo y que supuestamente puedes manejar sin la ayuda del Señor es un gran error. Se partió una parte del diamante de Josué, y aprendió una lección como todos nosotros.

Otro ejemplo de lo que hace el enemigo en la vida de los santos es la imposibilidad de tener comunión unos con otros. No solo compañerismo, estoy hablando de crear un vínculo fuerte entre nosotros. Para ilustrar, una comparación puede ser la de una cadena. Una cadena es tan fuerte como sus eslabones. Si los enlaces no son de acero pesado y soldada según las especificaciones, la cadena se romperá con el peso establecido que exceda su capacidad. Se debe crear una fuerte relación entre los santos y su Señor para que el enemigo no pueda romper la relación. Esto puede requerir mucho esfuerzo del liderazgo de la iglesia y compromiso de su gente. Además, esto se puede ver con la nación de Israel en el Antiguo Testamento.

Israel era una iglesia en el desierto; era un cuerpo de creyentes en Dios. Hay dos cosas importantes que debemos aprender de la congregación en el desierto. Primero, tomó menos de dos años preparar a la nación de Israel para estar lista para la batalla. Si iban a ir y poseer la Tierra Prometida, tenían que saber cómo ir a la batalla. Esto no parecía ser un desafió para cualquiera de ellos.

Se hizo la preparación, y se ejecutó un plan. Además, la segunda cosa que debemos tener en cuenta es cuánto tiempo les tomó llegar a ser una familia en el Señor. Desafortunadamente, Israel no aprendió rápidamente, ya que les tomó casi cuarenta años para resolver sus problemas como familia. Algunos ejemplos son: los actos de rebelión de Coré, Datán y Abiram como se menciona en Números capítulo 16 contra el Señor a través de Moisés y Aarón. Su rebelión fue sobre quién debería ser sumo sacerdote y tener la autoridad en la familia. Como resultado, la muerte llegó a estas familias opuestas. Era un castigo por su insubordinación. A algunas familias, Dios hizo que la tierra se abriera y se las tragara a ellas y sus pertenencias. En cuanto a los líderes, un fuego de ira vino del cielo como juicio y consumió a los 250 seguidores.

Otro ejemplo son las dos tribus, Rubén y Gad, que querían tener su herencia antes del cruce del río Jordán. Ellos creían que, si vivían de este lado del río, no tendrían que ayudar a sus hermanos a luchar contra los enemigos en la Tierra Prometida. Todo lo que tenían que hacer era sentarse y disfrutar de las bendiciones de la tierra. Las dos tribus, Rubén y Gad, pidieron a Moisés sí que podían vivir en el lado este del río Jordán. *"Entonces Moisés dijo a los rubenitas y a los gaditas: ¿Les parece justo que sus hermanos vayan al combate mientras ustedes se quedan aquí sentados? Los israelitas se han propuesto conquistar la tierra que el Señor les ha dado; ¿no se dan cuenta de que esto los desanimaría?"* (Números 32:6–7; NVI).

Las batallas no solo involucran a los pastores, líderes o los pocos en fuego para el Señor; están destinados a que toda la congregación se involucre. La batalla pertenece a cada miembro de la congregación. El enemigo espera el momento adecuado cuando las personas en la iglesia no están dispuestas a ayudar en cualquier obra. Él obra en el corazón de la gente para traer desánimo y separación por la falta de participación del pueblo.

¿Sabes por qué las tribus de Gad y Rubén querían el lado este del río Jordán? Tenía pasto verde y era bueno por su ganado. Dios no quiso lo que era bueno para su ganado; quería lo mejor para ellos, y eso era la Tierra Prometida. Es lamentable que el enemigo convenza a muchos de conformarse con lo bueno en lugar de lo mejor del Señor. ¿Estás dejando que el enemigo te convenza de que lo que es bueno para ti y no ser nada para el Señor? Tal vez estés satisfecho simplemente ir a trabajar, ganarse la vida, pagar las cuentas y tomar vacaciones una vez al año. Hay más en este tipo de vida. Ayude a sus hermanos y hermanas en la iglesia a hacer la obra del Señor. Lo haces para el Señor, no para nadie más, y esto te mantendrá enfocado, para que el enemigo no te desanime.

Si alguien conoce a la humanidad con todos sus defectos, es Satanás. Él es uno de los psicólogos más antiguos que ha estado estudiando a la humanidad durante miles de años, y prácticamente puede presionar el botón correcto que puede hacer que vayas a la derecha o a la izquierda y caigas cuando tu confianza no está en el Señor. No estoy exaltando o glorificando al enemigo sino demostrando la verdad de sus habilidades. Las Escrituras enseñan que el diablo es como una serpiente y viene como un león rugiente para devorar (1 Pedro 5:8).

La autosuficiencia de Pedro en el Nuevo Testamento es un error de Josué en el Antiguo Testamento en el sentido de que pusieron su confianza en sí mismos y no en el Señor (Josué 6–7). Pedro le dijo al Señor que, aunque todos pudieran abandonarlo, él no lo haría. La verdadera prueba se acercaba. Jesús dijo que Satanás le había pedido permiso al Señor para zarandearlos. Se concedió el permiso. Se le llegó el momento de ser probado, y fracasó. Decepcionado y desanimado, nuestro amoroso y misericordioso Señor, que comprende a su pueblo, perdonó a Pedro y lo revivió para el ministerio. ¡Cuán precioso es nuestro Señor cuando traemos nuestros propios fracasos! Él está ahí para decirnos: *"¡Levántate! ¿Qué haces allí postrado?"* (Josué 7:10; NVI).

Satanás ve diamantes elegantes y hermosos, y desea robar a la iglesia sus valiosos recursos sólo para dividirlos en pedazos o, si es posible, destruirlos (Juan 10:10). Quiere partir tu diamante y dejarlo sin valor. El enemigo es uno de varios agentes que puede cortar su diamante a lo largo de su vida. Aunque a ninguno de nosotros en el momento de su intervención le gusta su corte, sin embargo, Dios lo usará para crear una piedra de calidad en tu vida. El diablo sabe que, si te sometes a Dios y a Su mano de obra, su gema, si ha sido cortada y pulida correctamente, la dispersión creará un fuego (los colores destellantes cuando un diamante adecuadamente cortado se mueve de su dispersión) que brotará de su mesa y facetas comenzando un asombro *"Ante los hombres, para que vean vuestras buenas obras y glorifiquen a vuestro Padre en el cielo"* (Mateo 5:16; NVI). Dado a que el diablo vino a robar, matar y destruir, es imperativo que uno sea responsable de proteger su inversión.

EDWARD V GONZALEZ

• TRIGÉSIMA PRIMERA FACETA •

El Espíritu Santo como el Pulidor de Diamantes

La primera aparición del corte (en bruto) y pulido de diamantes fue introducida en 1568 por un orfebre italiano, Benvenuto Cellini. Al proporcionar detalles sobre el corte de diamantes, escribió: "Un diamante se frota contra otro hasta que, por abrasión mutua, ambos toman una forma en la que el diamante realiza la última operación para completar el corte". A pesar de este comienzo tuvo su origen con Benvenuto, otros han dicho que tuvo su inicio en la India datando del siglo XIV.[15] Benvenuto colocaba las piedras en pequeñas tazas de plomo o estaño que tenían un aparato de sujeción especial y las sujetaban contra una rueda de acero. Echaba aceite de oliva y algo de polvo de diamante (de un diamante tallado previamente) para hacer su corte. La rueda, dijo, "Debe tener el grosor de un dedo y el tamaño de la palma de la mano." Hoy en día se utilizan láseres más sofisticados para cortar diamantes, y sus técnicas ya casi no se utilizan.

Hoy en día, varios individuos hábiles tienen su trabajo en el corte de un diamante. No es el trabajo de un solo hombre sino de varios individuos altamente calificados. Cada uno se especializa en su campo y depende de otros para la colaboración. El pulidor de diamantes es la última persona hábil que hace las abrasiones finales en un diamante.

La última etapa en la elaboración de un diamante de talla brillante se llama abrillantado. Él, el brillante, añade las veinticuatro facetas restantes a la parte superior (o la corona) y las dieciséis facetas restantes a la parte inferior (o el pabellón).

El pulidor de diamantes comienza en la parte superior de la piedra y corta una faceta de estrella con la mayor precisión posible. Es un proceso muy importante y requiere un alto grado de experiencia y buen juicio porque el proceso puede ser rápido en su funcionamiento. El corte debe inspeccionarse cada pocos segundos para asegurarse de que el dop (Se refiere al agarrador utilizado para un diamante que se está puliendo) esté en el ángulo correcto.

Las facetas estelares forman una estrella de ocho puntas; estos rodean la mesa en la parte superior, como se muestra en la figura 15. Dops mecánicos, que sujetar los diamantes, se utilizan porque se ajustan fácilmente. Estos ayudan a terminar todas las facetas de estrella antes de pulirse el resto de las facetas en secuencia en la parte superior de la piedra. El pulidor de diamantes normalmente trabajará un conjunto que se compone de dos estrellas y cuatro facetas de la faja, como se muestra en la figura 15, última página.

Las mitades también se conocen como las facetas de la faja superior; existen alrededor de dieciséis, y cada una conecta "El punto exterior de una faceta de estrella a un punto en la faja a mitad de camino entre los ochos".[16] Cuando los conjuntos están hechos, se conocen como facetas en forma de cometa.

El siguiente paso es darle la vuelta al diamante y completar las facetas del pabellón. Dieciséis de estas facetas se cortarán como la parte inferior facetas de la faja. Estas facetas se extienden y cubren el ochenta por ciento de la distancia de la inclusión circular (faja) al culet (ve el Glosario de Diamantes para definición).

Hay un acabado final sobre diamantes. Los mejores diamantes reciben una última revisión visual conocida como renovación. Es la eliminación de cualquier pequeño defecto mediante el pulido de las pequeñas facetas. Más reciente, los diamantes pulidos reciben un baño de ácido después de ser cortados para eliminar cualquier aceite y basura que pueda haber entrado a través de cualquier pequeña fractura y alcanzando la superficie de la piedra.

En tu vida, Dios ha permitido el efecto de la abrasión a través del Espíritu Santo. No es casualidad que Benvenuto utilizara aceite de oliva en lugar de alguna otra sustancia. El aceite de oliva representa el Espíritu Santo en la vida de un santo. Él está muy involucrado en el proceso de corte. Incluso nuestro Señor fue probado durante cuarenta días y cuarenta noches en el desierto. La Palabra inspirada dice: ***"Entonces Jesús fue llevado por el Espíritu al desierto"*** (Mateo 4:1, RVR95). El Espíritu Santo es una persona activa en nuestras vidas. Mientras que el enemigo quiere quebrantarnos una y otra vez y muy severamente, Él (Espíritu Santo) es una fuerza poderosa para animar, fortalecer y danos paz mental en medio de los problemas. El Espíritu Santo nos fue dado por nuestro Señor para consolarnos y darnos el poder para soportar la mayor de las pruebas. Asimismo, el pulidor de diamantes es la persona experta responsable de las etapas finales de corte y pulido de las últimas cuarenta facetas después del trabajo del cortador transversal. El Espíritu Santo hace gran parte de los toques finales en nuestras vidas. Él es quien presentará a la iglesia santa, santificada, lavada y justificada en los últimos días (Romanos 15:16; 1 Corintios 6:11). La obra del Espíritu Santo es múltiple:

1. Conversión del incrédulo. Es un ser doble de componentes negativos y positivos: el arrepentimiento, el incrédulo tiene que alejarse de su estilo de vida pecaminoso. Fe es la aceptación de la obra y las promesas de Cristo.

2. La regeneración es la obra maravillosa del Espíritu Santo que cambia al individuo y le otorga un poder espiritual (Juan 3:3, 5–6). La carne es incapaz de esta transformación; ni el intelecto humano entiende esta transformación.

3. El empoderamiento es una obra del Espíritu Santo que continúa después de la conversión. El santo necesita este empoderamiento para trabajar en el ministerio. Jesús prometió a Sus discípulos que harían obras mayores que las que Él hizo, aunque eso debe haber dejado a los discípulos asombrados (Juan 14:12). Esto fue solo posible cuando Jesús partió para estar con su Padre y enviándoles el Espíritu Santo.

4. La morada del Espíritu Santo fue una promesa del Señor mismo. Jesús había sido maestro y líder, pero tenía una influencia por palabra y hecho que trabaja externamente.

    El Espíritu Santo, por otro lado, moraría en el creyente y tiene mayores efectos por estar en el mismo centro de los propios pensamientos y emociones. Él los conducirá a toda la verdad y los guiará en la verdad (Juan 16:13–14).

5. Uno de los roles del Espíritu es enseñar, y en este discurso, es Él quien ilumina al creyente de toda Verdad. Él está allí para aclarar al creyente las palabras que Jesús había dicho (Juan 14:26).

6. La enseñanza es otra función del Espíritu para permitirnos comprender la Palabra de Dios. Si nos colocamos en oración y humildad ante el Señor, no hay nada que el Espíritu Santo no pueda enseñar porque es Él quien nos enseña la mente de Dios (1 Corintios 2:10).

7. El Espíritu tiene un interés particular en la obra intercesora. Al igual que Jesús, nuestro sumo sacerdote, creado a nuestro favor, el Espíritu Santo nos ayuda en nuestra debilidad, porque no sabemos por qué orar y cómo orar como debemos. ***"Igualmente el Espíritu nos ayuda en nuestra debilidad; porque no sabemos orar como conviene, pero el Espíritu mismo intercede por nosotros con suspiros demasiado profundos para las palabras, y Aquel que escudriña los corazones de los hombres sabe cuál es la mente del Espíritu porque el Espíritu intercede por los santos conforme a la voluntad de Dios"*** (Romanos 8:26–27; ESV traducido).

8. La santificación es otra de las obras del Espíritu a lo largo de la vida del creyente. "Por santificación significa la continua transformación de la moral y carácter espiritual para que la vida del creyente realmente viene a reflejar la posición que él o ella ya tiene ante los ojos de Dios."[17] Es un proceso para mantener al santo ante el Señor. La santificación no es sólo la mortificación de la carne (Romanos 8:13); es también ser como Cristo.

• TRIGÉSIMA SEGUNDA FACETA •

El Siervo de Dios como el Brutero

El brutero puede trabajar en diamantes que han sido aserrados, hendidos, o incluso en piedras enteras. Su objetivo es redondear la piedra en forma de cono y conservar la gema original tanto como sea posible (vea figura 13, página 141).

El brutero cementa el diamante en un dop que se monta a un mandril en un torno. El torno o desbastadora es similar a un torno de madera. El torno no sólo se utiliza para redondear una piedra, sino que también se puede usar para hacer una superficie plana o la mesa de una piedra. Otro diamante, que se elige como punta de una herramienta de corte, se cementa a otro dop de aproximadamente dos pies de largo. El brutero coloca el dop debajo de su brazo y aplica presión desde el diamante al final de su dop al diamante, que está girando en el torno. El torno tiene un soporte en el que el brutero descansa el dop debajo de su brazo; también hay una pequeña sartén que atrapa cualquiera de los fragmentos o polvo que cae del diamante que se está bruñendo.

Un hecho importante sobre el pulido de un diamante es que debe estar centralizado para que se elimine una cantidad muy pequeña de pedacitos, haciéndolo así redondo. Cualquier defecto o inclusión en un diamante se coloca lo más cerca posible de la superficie para que puedan eliminarse en las primeras etapas del desbaste o embrutecimiento.

El brutero, también llamado cortador en muchos lugares tiene que asegurarse de que termine con un diamante redondo y no con ninguna otra forma. A través de este proceso, se forma una faja en la parte más ancha del diamante. La faja separa la parte superior o corona desde el fondo o pabellón. El brutero o cortador se asegura de que el diamante no se desperdicie durante su operación. Las pérdidas tienen que ser lo más mínimas posible; esto se aplica a cualquier otro trabajador calificado.

Cada vez que se acaba la piedra en el torno, se cementa una nueva piedra hasta el final de la dop. La piedra en el palo está montada al mandril del torno, y se inicia un nuevo proceso.

Los diamantes son los santos, como ya he dicho antes. Uno se usa para embrutecer al otro. Proverbios dice: ***"El Hierro se afila con hierro"*** (Proverbios 27:17a; NVI). Siempre he dicho: "Donde hay gente, hay problemas." No tenemos problemas con la vida; tenemos problemas con personas. Pero las personas son las que nos ayudan a manejar nuestras vidas al camino divino. Cuando uno afila el hierro con hierro, las partículas de ambos instrumentos se eliminan en el proceso. Él (Dios) quiere redondearnos o hacernos completos. Hay cosas en nuestra vida que Dios quiere quitar porque están impidiendo nuestro crecimiento espiritualidad, por ejemplo, duda o incredulidad. Al eliminar estas esquinas y preparar nuestras vidas para los cortadores, Dios puede comenzar a crear un diamante de brillo. Pero tiene que empezar en alguna parte.

Un siervo de Dios puede ser cualquiera que esté en el ministerio y sea hábil. Si está en un ambiente de iglesia, su pastor y el liderazgo serán los que te rodearán. Serán los principales instrumentos en la preparación de tu carácter, destrezas, habilidades y comportamiento hacia la iglesia y sus funciones. El pastor y su liderazgo enseñan primero la sumisión y luego te capacitan para una obra en particular. Muchos creyentes tienen dificultades para quedarse quietos en una iglesia local, especialmente aquellos con problemas serios. Van de una iglesia a otra sin comprometerse jamás. Como pastor, veo esto con demasiada frecuencia. Una de las razones de esto es que muchos de los nuevos pastores que ingresan al campo pastoral lo encuentran mucho más fácil tener iglesia dos horas a la semana. Estos novicios no saben el gran daño que están haciendo en la vida espiritual del creyente. Los pastores de hoy en día son predicadores sensuales. Predican el sensualismo, no la palabra, que es fundamental y estable. Estos novicios introducen adoración de treinta minutos, sermones de quince minutos, y quince minutos para recoger diezmos y ofrendas.

Demasiados pastores en esta nueva era creen que, si pastorean un cierto número de personas, prueba que están haciendo un gran trabajo y Dios los está bendiciendo. Los números no siempre prueban que se está haciendo un gran trabajo. En realidad, son personas que viven una vida digna del llamado de Dios, y son un ejemplo en el mundo. Muchos de estos pastores no entienden el concepto de tutoría o discipulado. Tienen miedo de que alguien pueda aprender algo y quitarles el trabajo. Se sienten amenazados y están inseguros acerca de su posición. Esta es la razón por la que el hierro afila al hierro. Dios siempre pondrá personas en nuestro camino para crear la fricción necesaria para eliminar el exceso en las esquinas del diamante.

El redondeo de las esquinas de su diamante por otra piedra crea una fricción que hace que aumente el calor. Fragmentos y los pedacitos son otra consecuencia de este redondeo. Si no estás orientado hacia las personas, entonces este redondeo será muy doloroso para usted. Una persona orientada a las personas es alguien que es interpersonal en sus relaciones. Esta persona disfruta trabajar junto con otros para lograr el trabajo encomendado por el grupo. En lugar de disfrutarlo solo, probablemente sentirá dolor y estrés cuando los siervos traten de crear en usted la imagen de Cristo.

Si eres una persona orientada a las obras como yo, tendrás un momento difícil para relacionarse con la gente. Este tipo de persona tiene problemas para tolerar el conflicto, y créanme, habrá conflicto mientras todavía estás operando en la vieja naturaleza. No importa cuán difícil se ponga, necesitamos aprender obediencia y sumisión. Estas dos características nos ayudarán a atravesar los tiempos difíciles al ser redondeado. Recuerde, estos son nuestros hermanos y hermanas en el Señor; debemos amarnos los unos a los otros incluso en medio de la redondeación y la eliminación de nuestras esquinas afiladas (Juan 13:34; 15:12; Romanos 13:8; 1 Tesalonicenses 4:9).

Fuera del ambiente de la iglesia, en el hogar o en el trabajo, habrá diferentes personas que desempeñarán un papel en hacer nuestro diamante redondo. Si eres casado y deseas dar un paso de fe en el ministerio o empezar a trabajar en una nueva obra para el Señor, tu mayor protagonista será tu cónyuge. Su cónyuge no sentirá que él o ella está siendo utilizado por el enemigo. Simplemente parecen creer que están en desacuerdo con su toma de decisiones. Si no estás bien fundamentado en la Palabra de Dios, es más probable que abandones tu fe que no. Si eres soltero y vives con tus padres, por lo general, serán tus padres quienes se opondrán a cualquier cosa que estés tratando de hacer para el reino de Dios. Todos comienzan por la fe, tratando de servir al Señor en lo que Dios les ha llamado a hacer. Además, una esquina que podría redondearse puede ser su fe o confianza en Dios. Tal vez tengas problemas para cumplir con una obra para Cristo porque crees que los recursos necesarios deben estar allí primero; por lo tanto, te detienes. Otro puede ser tus padres, que tienen gran autoridad y están a cargo en el hogar. Esta autoridad podría impedirle o detenerte de servir al Señor para hacer un ministerio de alcance. Si son incrédulos, es posible que no les guste lo que estás haciendo, y el enemigo puede usar esto para desviarte de lo que Dios te está llamando a hacer. El enemigo sabe que hay que obedecer la Palabra de Dios: *"Hijos, obedeced a vuestros padres en el Señor: porque esto es justo"* (Efesios 6:1; WBS-traducido). El enemigo intenta arrinconarte usando una estrategia doble. Él hace que un individuo se sienta pecador por no obedecer a sus padres, y a la misma vez hace que una persona se sienta culpable por no obedecer la voluntad de Dios. De cualquier manera, que lo mires, estás en problemas. Una de las respuestas es orar a Dios: *"Pero fiel es Dios, que no os dejará ser probados más de lo que podéis resistir, sino que dará también juntamente con la prueba la salida, para que podáis soportarla"* (1 Corintios 10:13; RVR 95). ¡Aférrate! Dios aún no ha terminado contigo.

Redondear, dividir, cortar y pulir son todos actos de discipulado que son muy importantes en la vida de un santo. No puedes mantenerte en el discipulado si no estás bajo el cuidado de un siervo de Dios. Tantos creyentes que vienen al Señor están tan ansiosos de saltar de una iglesia a otra, prefiriendo no ser discipulados. A fin de tener grandes hombres y mujeres de Dios para ser usados poderosamente, se necesitan creyentes comprometidos y dedicados a una iglesia que cree en la Gran Comisión (Mateo 28:19–20). Es deber de los siervos producir esta clase de discípulos.

El discipulado se puede comparar con el fabricante que termina un diamante. Utiliza el polvo de un diamante previamente terminado mezclado con aceite de oliva creado en una pasta líquida y lo rocía sobre la piedra que está cortando. Este polvo es la experiencia de una piedra terminada (en este caso, un siervo maduro y de mucha experiencia). Este siervo ha sido cortado, desbastado, aceitado, pulido y ceñido para resaltar el brillo y el fuego. Algunas piedras producen más polvo que otras.

Estas experiencias de polvo de diamante se pueden comparar con las grandes hombres y mujeres de Dios que han tenido su parte en el Monte Sinaí, la prueba en el desierto, el león y el oso, su Goliat, su Monte Carmelo, el foso de los leones, el horno de fuego, el Huerto de Getsemaní, la isla de Patmos y su cruz (Mateo 10:38). Nunca se puede alcanzar una corona gloriosa si antes la cabeza no ha sido coronada de espinas. Un santo será sabio si se sienta bajo uno de estos preciosos diamantes que han pasado bajo la fuerza del golpe del martillo y cincel de las manos del Señor. Hay muchos maravillosos siervos cuyo polvo puede ser la abrasión principalpara pulir pequeñas imperfecciones y hacer que la superficie de su piedra quede perfectamente lisa. La Biblia menciona muchos santos cuyos polvos de experiencia están escritos en el Salón de la Fe en el capítulo once de hebreos. Abraham dejó una huella eterna en nuestros corazones y mentes. Por la fe, Abraham fue al lugar prometido por Dios como herencia para él y para las generaciones venideras. Nosotros también debemos seguir su ejemplo al recibir las promesas de Dios. La experiencia de Abraham confiando en Dios, que no defrauda, debe ser imitada (Romanos 9:33).

¿Por qué Dios le permitiría pasar por el proceso de cortar, hacer una inclusión circular, desbastar, o pulir? Porque el objetivo de cortar un diamante es obtener un equilibrio máximo de vida y fuego, lo que sucede cuando la vida multiplicada por el fuego está en su punto máximo. El brillo (la vista de los colores del arco iris) es el resultado final de esta vida, y el fuego es un factor importante para determinar el valor de un diamante. Es difícil no notar el brillo de un diamante cuando intenta envolver al espectador con su resplandor. Tu vida tiene que ser como este brillante diamante que arde con fuego. El fuego que sale de tu vida es un elemento que se utiliza para purificar. Si el fuego sale de tu vida es porque has sido o estás siendo purificado. El mundo tiene que ver que hay una diferencia en tu vida y que te has convertido en una persona diferente.

Hace varios años, cuando era pastor de jóvenes, solíamos tener un ministerio en la calle donde salíamos todos los sábados por la noche y evangelizamos. En una ocasión, un hermano y yo decidimos que ya era el momento de dejar de caminar por un barrio. Vimos a un hombre lavando una camioneta y decidimos evangelizarlo. Empecé la conversación sobre Jesucristo y lo que había hecho en la cruz. Cuando estaba hablando con él, casualmente le mencioné nacer de nuevo. Este tema le llamó la atención, pero estaba teniendo problemas para entenderlo, así que comencé a simplificar el tema. Me interrumpió y me habló de un amigo que tenía y había visitado varios años antes en California. El hombre que estaba evangelizando era de Chicago y estaba visitando a su familia en nuestra ciudad natal. Me dijo que su amigo de California solía ser un adicto a las drogas cuando eran más joven. Dijo que cuando vio a su amigo un día en particular predicando en un centro comercial sobre

Jesucristo, se quedo perplejo. Después, tuvieron una conversación sobre nacer de nuevo, pero no entendía la idea. Siempre estaba desconcertado acerca de cómo la vida de su antiguo amigo drogadicto había cambiado tanto y se había vuelto tan diferente. Cuando lo escuché contarme su historia, pronto me di cuenta de por qué el Señor nos había enviado a él. Esa noche no tuvimos éxito en evangelizar a nadie excepto a él. No había nadie en las calles donde estábamos evangelizando. Empecé a explicarle lo que es nacer de nuevo y cómo cambia la vida de uno. Empezó a entender cómo había cambiado su amigo. Jesucristo en la vida da a cualquiera una nueva vida. Lo guiamos a través de la oración del pecador, y él aceptó al Señor en su vida. Le dije que buscara una iglesia en Chicago. Esta fue la primera y la última vez que lo vi. Los santos son como diamantes caros que costaron el sacrificio de nuestro Señor Jesucristo por medio de su muerte. Fuimos hechos para convertirnos en diamantes incoloros hasta ser elegantes (un diamante con un color atractivo), y el enemigo lo sabe. Muchos santos no saben valorarse ante los ojos del Señor. Somos tan bendecidos que las Sagradas Escrituras nos identifican como un único ***"Linaje escogido, real sacerdocio, nación santa, pueblo adquirido de Dios"*** (1 Pedro 2:9; RVR1960). La Biblia nos recuerda quiénes somos en Cristo Jesús; somos llamados: hijos de Dios, herederos de Dios, coherederos de Jesús, bienaventurados, perdonados, guardados en seguridad dondequiera que vayamos, haciendo todas las cosas en Cristo que nos fortalece, bienaventurados entrando y saliendo, sanados por sus llagas, ejerciendo mi autoridad sobre el enemigo, venciendo cada día el diablo, derribando argumentos vanos, caminando por la fe y no por la vista, la luz del mundo, y mucho más.

Estaba viendo Good Morning America esta semana y estaba asombrado por un segmento que presentaron. Se trataba de un diamante hecho por el hombre que podría engañar incluso a un gemista entrenado. Tomaron un diamante artificial al Instituto Gemológico de América (GIA) para ver si podía engañarlos. Las primeras pruebas son simples, utilizando un anteojo y el ojo natural. Pasó. Se lo llevaron para más pruebas severas usando luz y otros medios, y ellos vieron un color rojizo en el diamante, y así es como supieron que era hecho por el hombre. La razón de este diamante hecho por el hombre fue porque los diamantes naturales se han vuelto muy caros, y muchos no tienen los recursos para obtenerlos.

No importa cuán sofisticados puedan llegar a ser los diamantes artificiales; nunca se pueden comparar con un verdadero diamante natural. Apenas la semana pasada, traje un mensaje a la congregación sobre el tema de la tentación. Mi primer punto fue sobre el origen de la tentación, de dónde procede. Al hablar de lujuria (tener deseo o hambre por algo), mencioné una ilustración sobre un joven aprendiz. Este joven aprendiz, un carpintero, estaba tratando de sacar un clavo de la madera. El capataz o el encargado le gritó que lo sacara sin doblarlo. El joven novato dijo que, si salía doblado, lo enderezaría. El capataz dijo que, si lo sacaba doblado y luego lo enderezaba, el clavo doblado no sería tan fuerte como uno nuevo. Él dijo: "Se doblará fácilmente la próxima vez que intentes clavarlo en la madera, y no podrás conducirlo tan derecho como antes." Lo saco doblado y trató de enderezarlo. Luego martillo el clavo en la madera, pero el clavo se doblaba de diferentes maneras cada vez. Después de algunos intentos, finalmente entendió las palabras de su capataz. El joven aprendiz nunca olvido esta lección.

El clavo que se ha doblado se doblará cada vez más fácilmente, y no podrá resistir el fuerte golpe del martillo como antes. Las capacidades que viven dentro de nosotros y nos ayudan a resistir al enemigo pueden compararse con el clavo derecho y brillante. Una vez que están doblados, serán más fáciles de ser vencidos en la próxima tentación. Si alguien cede hoy a la tentación, es posible que mañana esa persona no tenga la capacidad de resistirla. Si una persona se queda firme hoy y toma la determinación de resistir y rechazar esa tentación, mañana la persona habrá construido la fuerza para vencer el mal. Esa persona parecerá más acero y no un clavo de metal. La otra persona que ha tomado la decisión de debilitar su clavo sucumbirá a la tentación cada vez, todo el tiempo. No tiene fuerzas para resistir y se doblega fácilmente ante los fuertes golpes de la vida. El siervo está ahí para ayudarnos a convertirnos en ese clavo fuerte. Todas las enseñanzas y preparaciones son dados por Dios a través de sus siervos y liderazgo. No abandones ni niegues lo que Dios está haciendo en ti a través de tus líderes y siervos de Dios.

Es un hecho de diamantes que un diamante en bruto perderá entre el 40 y el 70 por ciento de su peso en el proceso de corte.

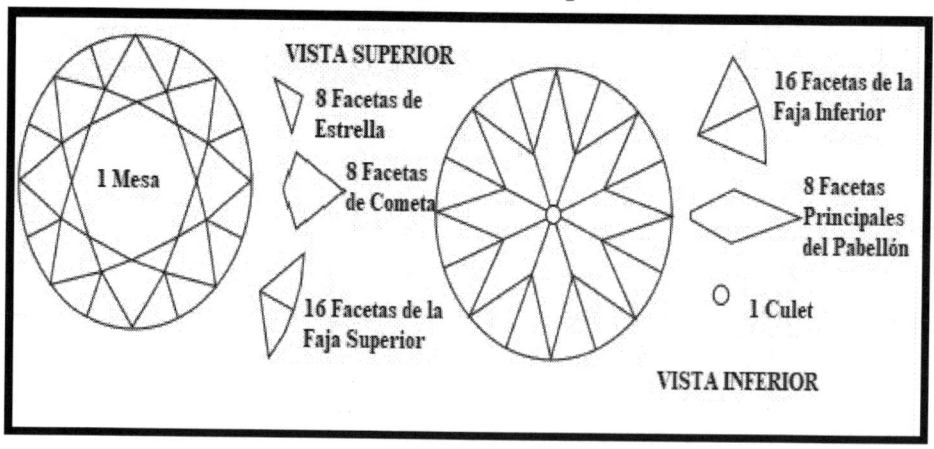

Figura 15

PABELLÓN FACETA SEXTA:

¿SON ETERNOS LOS DIAMANTES?

EDWARD V GONZALEZ

¿Son Eternos los Diamantes?

Alguien ha dicho que los diamantes son piezas congeladas de eternidad. Se han ido formando desde el principio de los tiempos cuando Dios creó la tierra. Su formación fue a partir de un solo trozo de carbón a través del intenso calor del magma y la presión superlativa de la tierra condensada.

¿Son los diamantes para siempre? Los diamantes pueden existir por toda la eternidad si se cuidan y limpian periódicamente. Cuando empecé mi trabajo de investigar sobre diamantes, descubrí que solo se necesita un simple cepillo de dientes y un líquido lavavajillas suave para limpiar un anillo de diamante. Si uno no está demasiado seguro de esto, puede llevárselo a un joyero para que lo limpie. Tengo un anillo de diamantes de un quilate y un tercio (I MM L, vea capítulo Décima Octava Faceta), que no he limpiado en mucho tiempo. Un día decidí llevarlo a un joyero para limpiarlo. Qué diferencia hizo; los diamantes brillaban como las estrellas. He tenido este anillo de diamantes durante los últimos treinta años; además, ha habido diamantes que han existido por cientos de años y se han transmitido de un miembro de la familia a otro.

Aunque se sabe que los diamantes son uno de los elementos más duros en nuestro mundo y puede resistir una inmensa cantidad de calor, sin embargo, un solo golpe puede romper un diamante perfecto. Hay otras formas en que se puede destruir un diamante, que he mencionado en un capítulo anterior. Como los diamantes, los santos tienen las mismas características.

Los santos tienen vida eterna, pero esa vida eterna puede hacerse añicos. Los incrédulos y los pecadores tienen condenación eterna si no se arrepienten ante el Señor Jesucristo. Hay varias cosas que un santo puede hacer para cuidar su diamante (usted) para que dure por toda la eternidad. Una de ellas es evitar ser tibio. Tibieza es un estado espiritual destructivo. Otra es lavar la suciedad y cualquier otro material que pueda empañar tu brillo. La tercera es tener cuidado con la frialdad espiritual en tu vida. Finalmente, ser como la tribu de Judá.

• TRIGÉSIMA CUARTA FACETA •

LAS DESVENTAJAS DE LA TIBIEZA (SER TIBIO)

Una de las desventajas de la tibieza es que una persona vive en la hipocresía. Jesús habló del árbol que produjo fruto malo y que era lo suficientemente bueno para cortar y ser arrojado al fuego (Mateo 7:16-19). La tibieza es un estado que agota la fuerza de la condición espiritual del Santo. Debes producir buenos frutos y en abundancia. Jesús dijo que algunos debían producir treinta, sesenta y hasta cien por ciento. No fuiste diseñado para producir malos frutos ni para ser un árbol que es estéril. Cualquier árbol que produzca malos frutos o es estéril será cortado (Lucas 13:6–9). El Señor desea que un santo ser frío o caliente, pero nunca en un limbo carnal. Esta era la condición espiritual de la iglesia Laodicea (que significa "derechos del pueblo"). El pueblo exigirá sus derechos a través de la democracia y la anarquía (cf. 2 Timoteo 4:3), dando como resultado una iglesia que piensa que lo que cree es mejor para sí misma sin respecto lo que dice el Señor.

Laodicea fue construida por el monarca seléucida, Antíoco II (261-246 a. C.); lleva el nombre de su esposa, Laodice. Una gran contienda en Asia Menor vino bajo los romanos y bajo los turcos. Laodicea era una ciudad grande con muchas riquezas, el comercio y se especializó en la fabricación de lana negra. Esta cuidad también era conocida por su facultad de medicina, que preparaba especias nardo para el tratamiento de los oídos y colirio. Muchos años después, se convirtió en una importante ciudad cristiana, y algunos dicen que era la residencia de un obispo. Laodicea se había enorgullecido de sus logros, y esto también se filtró a la iglesia.

Una de las debilidades de esta ciudad era su suministro de agua. Debía recibir su abastecimiento de agua a través de un sistema de cañerías de piedra de Denizli seis millas al norte. El agua que fluía del norte y estaba fría, pero para cuando llegara a Laodicea, se volvería tibia por los rayos del sol. Las aguas de Colosas eran frías y puras en comparación con las terapéuticas aguas termales de Hierápolis. Laodicea era tibia, no fría ni caliente.

Si la iglesia no tiene cuidado, puede volverse adicta a los caminos del mundo y volverse tibia a través de ciertas prácticas. La iglesia de Laodicea asumió que no requería la ayuda del Señor porque habían adquirido ciertas riquezas. Aunque esta iglesia tuvo su prosperidad, no ofreció sanidad espiritual a su gente. Estaban espiritualmente enfermos. Cuando uno llega a aceptar que la acumulación de todos los recursos es por sus propios esfuerzos y que uno no tiene necesidad del Señor, es en este punto que uno se ha vuelto tibio. Sustituyendo la Palabra de Dios y la comunión de los hermanos por ganancia material o cualquier otra razón es caer en tibieza.

La riqueza material se atribuye a veces a la idolatría en el sentido de que separa al santo de Dios. Esta fue la advertencia que Dios le dio a los israelitas antes de entrar en la Tierra Prometida (Deuteronomio 8:2-17). Dios advirtió que no sería por su fuerza o sabiduría que acumularían riquezas; esto es reconocido por las palabras de Jesús que la iglesia confesó: "Soy rico. Me he hecho rico. No necesito nada." Un aumento en la prosperidad material no siempre es un signo de estar bien ante Dios. El Señor le dijo a la iglesia de Laodicea: ***"Pero no te das cuenta de cuán infeliz y miserable, pobre, ciego y desnudo eres tú"*** (Apocalipsis 3:14-18; NVI). Dios determina cuando alguien está recto delante de Él a través de Su Palabra. El pecado cegará a un santo para saber lo que está bien y lo que está mal, incluso hasta el punto de ser cegado en un estado espiritual tibio. Esto puede tener su seria consecuencia al ser vomitado de la boca del Señor.

Hace algunos años, estaba predicando en un parque y me encontré con algunos creyentes. Eran extranjeros ilegales que estaban regresando de Centroamérica y estaban en el proceso de ir a West Virginia, donde habían obtenido empleo. Me acerqué a ellos, parecían desanimados y cansados, así que les dije lo que estaba haciendo en las calles. Me dijeron que ellos eran creyentes y conocían a Cristo. Ofrecí algo de comida y un lugar para dormir. No les ofrecí a llevarlos en mi camioneta, pero les di instrucciones para caminar a mi casa. Al día siguiente tuvimos una conversación sobre sus vidas. El esposo, un hombre de unos cuarenta años, dijo que ambos trabajaban en West Virginia y tenían dos trabajos cada uno. Les pregunté acerca de la iglesia y su relación con el Señor. Dijeron que no tenían tiempo debido a sus trabajos. Les pregunté por qué fue cuando eran pobres en Centroamérica buscaban al Señor y asistían continuamente a la iglesia. Sin embargo, cuando estaban en Estados Unidos, estaban tan envueltos en sus trabajos y tratando de acumular fortuna que abandonaron al Señor.

La riqueza se había apoderado de ellos, y no podían ver que estaban espiritualmente ciegos, pobres y desnudos. Lamentablemente, se sintieron miserables porque tuvieron que dejar a su hijo de dos años en Centroamérica con la abuela. Aparentemente, pudieron traer consigo a su hija de catorce años. Les expliqué que, si continuaban trabajando como antes, su hija los extrañaría y posiblemente terminaría deprimida por falta de compañía. Este es un escenario típico que sucede con muchos de nuestros jóvenes que son rechazados indirectamente porque los padres se involucran demasiado en lo que los satisface y los hace felices. Como maestro que iba a las casas de los estudiantes que estaban enfermos en nuestro distrito escolar, veía este percance o negligencia a menudo. El ejemplo de este matrimonio nos muestra que habían caído en la trampa de la tibieza porque habían asistido a la iglesia esporádicamente y habían creado una relación tibia con su Señor y Salvador.

En el Antiguo Testamento, tenemos un relato donde ciertos israelitas fueron tomados como rehenes por el rey Arad, que es un tipo del amor al dinero. Fue uno de los muchos reyes cananeos que tuvieron que ser conquistados antes de que los israelitas pudieran tomar la tierra. "En un sentido ilustrativo, estos enemigos representan ciertos principios carnales que se oponen a lo que es espiritual en el pueblo de Dios. Ya que cananeo denota "un comerciante" (cf. Isaías 23:8), originalmente lana de color rojo púrpura, el enemigo sugiere el peligro que la ganancia material representa para el pueblo de Dios."[18]

Cuidado con tener un trabajo que pueda apoderarse de ti como rehén. Puedes decir, "no me pasará a mí". Contesta estas preguntas y determina si no encajas en este perfil. ¿El nuevo trabajo, una posición, una relación o algo nuevo te quitan las horas de oración, ir a la iglesia o estudiar la Palabra de Dios? Muchos trabajos en el mercado requieren que un santo trabaje los domingos o por la noche entre semana. Esto podría interferir con el tiempo que pertenece a Dios para vuestra edificación. Sé que es difícil encontrar un trabajo que no interfiera con ir a la iglesia. Tienes que tomar una decisión si poner a Dios primero es una prioridad en su vida. Algunas veces poner a Dios primero podría reducir el ganar dinero extra para aquellos almuerzos diarios, comprar un vestido nuevo cada semana, o incluso para un lujo extra. Dios puede compensar las horas perdidas que podrías haber ganado dinero extra porque pensaste que era necesario estar en la casa del Señor. ¡La tentación es grande! Pero el precio es la tibieza; además, tu corazón y tu alma no tendrán hambre y sed de las cosas divinas poco después de eso. Espera en el Señor; Él te bendecirá ricamente en todas las cosas a su debido tiempo (Salmo 27:14; 37:4–5, 34; Isaías 40:31).

• TRIGÉSIMA QUINTA FACETA •

LÁVELO

Según el Museo Americano de Historia Natural, una de las muchas propiedades inusuales de un diamante es la capacidad de repeler el agua. Compara un diamante con un automóvil recién encerado en que repele el agua ("La naturaleza de los diamantes"). "La fuerte unión y la composición de carbono del diamante hacen que su superficie repele el agua, pero acepte fácilmente la cera y la grasa." Bajo el estado de tibieza (un estado de carnalidad), un santo tiene la tendencia de repeler el agua (la Palabra de Dios), también. Está ansioso de vivir la vida de acuerdo a su propio nivel de vida. Este nivel de vida tiene la tendencia a atraer grasa y cera (deseos y pecados carnales) que se acumulan y dificultan su lavado y limpieza. Difícil, pero no imposible de satisfacer (1 Juan 1:6–10).

Mientras las rocas, los impedimentos y los diamantes pasan por las cintas transportadoras, las empresas de diamantes utilizan grasa para extraer diamantes de entre los impedimentos porque los diamantes se adhieren a la grasa más fácilmente que cualquier otra piedra. Después, la grasa tiene que ser eliminada de los diamantes a través de ciertos métodos.

Los diamantes son piedras preciosas que pueden dar vida a cualquier lugar. Los diamantes, como cualquier otra gema, acumulan mugre y aceites humanos. Deben limpiarse con frecuencia para que conserven su brillo. El brillo se pierde fácilmente debido a estos objetos extraños.

Tu vida (diamante) tiene que ser limpiada con frecuencia debido a toda la lujuria y suciedad mundana que puedes acumular durante la semana. La Palabra de Dios es una solución limpiadora para tu vida. Pablo dice: ***"Así como Cristo amó a la iglesia, y se entregó a sí mismo por ella, para santificarla, habiéndola purificado en el lavamiento del agua por la palabra"*** (Efesios 5:25; RVR1960). Deja que la Palabra de Dios, como el agua, te limpie cuando a veces hayas atraído inmundicias a tu vida. Deja que el Señor lave aquellas cosas que te impide servirle. Si vas a la iglesia una y otra vez y no sientes la convicción del Espíritu Santo, entonces es hora de ir al Señor y ser renovado.

Aunque la iglesia ha pasado por momentos difíciles y el enemigo ha tratado de destruirla, la iglesia ha salido victoriosa en que ha sobrevivido y sobrevivirá incluso con unos pocos en número (Apocalipsis 3:4a; 2:24–25). El Señor prometió que las puertas del infierno no la dominarán. La iglesia pertenece al Señor, y Él es la cabeza de la iglesia. Si nuestro Señor es eterno, entonces la iglesia puede ser eterna. Los diamantes son para siempre, también lo son los santos que confían en su eterno e infinito Señor.

• TRIGÉSIMA SEXTA FACETA •

Eres tan Frío como el Hielo

Además de los diamantes que se llaman "estrellas", también se les llaman "hielo", y por una buena razón. Cualquier objeto puede sentirse frío porque está a una temperatura más baja que nuestros cuerpos calientes. Algunos objetos extraen o alejan el calor de las cosas. El toque de un diamante en tus labios puede sentirse helado porque asalta tus labios de su calor. La capacidad de un diamante para conducir el calor se puede diferenciar fácilmente de otras gemas, un gran termal conductor y unas cuatro veces a temperatura ambiente. Fabricantes utilizan el diamante para extraer calor en dispositivos electrónicos como computadoras que generan mucho calor

Aunque un diamante es tan frío como el hielo o al menos más frío que nuestros cuerpos, puede producir calor en un alto grado y tener un muy alto punto de fusión. El diamante es frío porque es una gema sin vida, pero puede oscilar hacia el otro lado del espectro de calor. Puede ser frío o caliente pero nunca tibio. Las condiciones frías o calientes se pueden comparar con el estado de cada uno de los siguientes. El frío se puede ilustrar como referente a algo malo y caliente a la bondad que procede de quien es Dios. Dios es fuego y calor, pero nunca se menciona como frío. La muerte, en cambio, que Dios nunca quiso para la humanidad, es fría.

Los diamantes no tienen vida, pero si están en constante movimiento, y bajo un solo haz de luz pueden cobrar vida con su dispersión de fuego. La Biblia dice: *"Estaban muertos para Dios a causa de sus delitos y pecados"* (Efesios 2:2; NVI). Antes de venir al Señor, estábamos fríos como el hielo (muertos). Los cadáveres son fríos; es solo cuando están vivos que ese calor es sentido. Ahora mantenemos un espíritu de fervor y tenemos la capacidad de estar encendido por el Señor en todo momento. ¿No es esta la idea a través de las *"lenguas como de fuego"* (Hechos 2:3; NVI) sobre los apóstoles en el Día de Pentecostés? ¿No fue esto lo que causó un incendio forestal de un avivamiento a la iglesia en la carta de los Hechos? Juan el Bautista dijo: *"Yo os bautizo a ustedes con agua como señal de su arrepentimiento. . . Él los bautizará con el Espíritu Santo y con fuego"* (Mateo 3:11; NVI).

¿Qué grandes ventajas hay cuando el santo está en fuego para el Señor? Su fe y su amor aumentan, tanto para el Señor como tambien para el mundo imperecedero. Tiene una mayor pasión por hacer algo en el ministerio; su visión sobre la vida y de su familia cambia. *"He venido a traer fuego a la tierra, y ¡cómo quisiera que ya estuviera ardiendo! Pero tengo que pasar por la prueba de un bautismo y ¡cuánta angustia siento hasta que se cumpla!"* (Lucas 12:49–50; NVI).

Después de aceptar a Cristo como Señor y Salvador, ¿cómo se puede volverse frío o distante del Señor? ¿Cuáles son los signos de que uno se está volviendo frígido? Hay varias maneras en que uno puede convertirse distante.

Primero, te has vuelto frío cuando ya no recuerdas los milagros y la sanidad de Dios en tu vida. La ingratitud está siempre presente en la vida de un santo espiritualmente frío. El santo espiritualmente frío olvida cada gran y amoroso milagro que el Señor ha hecho en su vida. Él o ella se vuelve distante en su fe en el Señor. El salmista dice: ***"Bien pronto se olvidaron sus obras; no esperaron su consejo"*** (Salmo 106:13; RVR95). Dios sacó a Israel de Egipto mediante grandes milagros y luego los condujo por el desierto, satisfaciendo todas sus necesidades. Sin embargo, los israelitas no tardaron mucho en olvidar lo que Dios había hecho. Provocaron tanto a Dios a ira que quiso eliminar a los israelitas y comenzar de nuevo, pero esta vez usando a Moisés.

Los santos de hoy fácilmente provocan al Señor a través de su frialdad de corazón. Prefieren quedarse en casa descansando y viendo la televisión durante los tiempos de servicio que, a escuchar la Palabra de Dios, que los edificaría para alcanzar a un mundo moribundo. Al vivir en pecado, fornicación, adulterio, rivalidad, lenguaje obsceno y cualquier otra cosa que se haya convertido en una forma de vida, entonces sabemos que algo anda mal en el espíritu de un santo. Él o ella se ha vuelto frío. Cuando no hay culpa ni convicción, algo anda ciertamente mal, y eso es frialdad de corazón. Cuando uno culpa a Dios por las tragedias y las malas consecuencias causadas por la desobediencia y la rebelión, hay una necesidad de reflexión.

Cualquiera que conozca la verdad de Dios verá cualquier disciplina que soportemos como Su amorosa bondad. Sólo aquellos que tienen el corazón frío verá la disciplina de Dios como un acto de maldad.

El otro día un matrimonio perdió su trabajo y tuvo que regresar a su país. Estaban aquí gracias a la ayuda de una empresa que les había proporcionado una visa para su estadía. A menudo los llamaba y los invitaba a la iglesia. Vendrían de vez en cuando. Mi hermano, que trabajaba con ellos, los reprendía en el trabajo por su frialdad de corazón hacia el Señor. Aun así, vendrían solo de vez en cuando. Cuando fueron despedidos de sus trabajos, culparon a Dios por lo que sucedido. Sé que Dios lo hizo, pero no podían ver que ellos eran culpables de perder sus trabajos. Dios les hablo muchas veces, pero se negaron a escuchar. Las bendiciones fueron quitadas. Habían olvidado lo que Dios había hecho en sus vidas y por qué.

En segundo lugar, uno se vuelve frío cuando pierde afecto por los siervos que cuidan de su alma. Pablo había trabajado muy duro y con mucho amor hacia la iglesia en Galacia. Había derramado su tiempo y amor para que pudieran saber de Cristo. Después de un tiempo, comenzaron a distanciarse del Apóstol. Su afecto por él había disminuido. En un tiempo, los santos de Galacia habrían dado sus vidas por Pablo: ***"Pues bien, ¿qué pasó con todo ese entusiasmo? Me consta que de haberles sido posible se habrían sacado los ojos para dármelos."*** Ahora estaban regresando a su vieja naturaleza y formas legalistas. Se habían convertido en enemigos de Pablo porque les habló la verdad (Gálatas 4:15–16; NVI). Este afecto frío es un resultado primario del primero que mencioné. Cuando uno olvida lo que Dios ha hecho, el alma de corazón frío no tendrá mucho amor hacia sus siervos. Los miembros de la iglesia se han vuelto fríos cuando echan fuera a los pastores y luego los acusan de malversación de fondos o adulterio cuando no es cierto. La pérdida de respeto y afecto hacia el liderazgo es el resultado de la frialdad.

El rey David sabía dónde trazar la línea cuando era perseguido por el rey Saúl. Aunque Saúl era un hombre malvado y quería matar a David, David nunca trató de acabar con la vida de Saúl, sino que lo dejó todo en las manos de Dios. David creía tan justamente en no tocar el ungido de Dios, *"Y aconteció después de esto, que a David le hirió el corazón, por cuanto le había cortado la falda. Y dijo a sus hombres: Guárdeme Jehová de hacer esto contra mi señor, el ungido de Jehová, para estirar extendí mi mano contra él, ya que él* [es] *el ungido del Señor. Entonces David refrenó a sus siervos con estas palabras, y no les permitió levantarse contra Saúl"* (1 Samuel 24:5-7; KJV traducido). Deja que el Señor trate con tus siervos cuando hagan el mal. Dios hace un mejor trabajo al corregirlos que tú. He sido testigo innumerables veces donde los pastores están haciendo lo que el Señor les ha llamado a hacer, sin embargo, son confrontados y despedidos por la junta directiva o por una camarilla poderosa. Estos instigadores, a través de sus propias acciones, causan problemas a sus hijos, hijas, negocios, esposas, salud, incluso a sí mismos cuando son disciplinados por Dios. La disciplina puede variar desde un niño que regresa al mundo o una enfermedad que se apodera, y no importa cuánta oración se dé, mueren en la flor de la vida. Los santos que se vuelven fríos tendrán dificultad para descifrar este tipo de conducta (insubordinación) ante el Señor. Debemos amar a nuestros siervos y perdonarles sus faltas. Dejaremos que Dios se ocupe de sus pecados si es que están en pecado.

Una tercera forma en que una persona puede volverse fría gradualmente es por el aumento de la pecaminosidad en la sociedad. Jesús dijo, *"Y por haberse multiplicado la maldad, el amor de muchos se enfriará"* (Mateo 24:12; RVR95). Cuando el pecado abunda, la gente se niega a ayudar y amar a los demás. Una de las razones es la desconfianza. He tratado con empresas que sólo quieren proteger su inversión con exclusión de la verdad o justicia. Cuando las personas son engañadas, estafadas y maltratadas, tienden a distanciarse. Las personas se aíslan de los demás para evitar el dolor y el sufrimiento. Muchos se niegan a afrontar los problemas, por eso se producen relaciones frías.

En las iglesias, se nota quién tiene un espíritu frío. Santos que han sido heridos en otra iglesia tendrán la tendencia a salir rápidamente del servicio cuando asistan a una iglesia diferente. No quieren más dolor y se distanciarán de los demás. He tenido varios santos que han venido a la iglesia y me dicen que no quieren participar. Por lo general, los dejaré sentarse y oraré al Señor para que cambien sus mentes y sus corazones. Es muy importante que los que están en el liderazgo mantengan un buen testimonio, sean muy amorosos y tolerantes con aquellos que han sido lastimados.

En la sociedad, la anarquía ha desempeñado un papel importante en la vida de las personas. Debido a la cantidad de asesinatos, violaciones, robos, asaltos, secuestros de automóviles, las personas se niegan a ayudar a otros en momentos de necesidad o crisis. El miedo se ha apoderado de nuestra gente para que ya no queren ayudar a otros. Temen las demandas, los cargos de acoso sexual, ser despidos de sus trabajos, o las represalias de otros empleados o de la administración. El amor frio al prójimo es cada vez mayor, especialmente en las grandes ciudades. Después de un día tan largo en el trabajo, la mayoría de la gente llega a casa y cierra sus puertas y persianas al mundo exterior. La socialización ha ido disminuyendo durante algún tiempo, incluso en las iglesias locales.

No tiene que ser así; podemos hacer una diferencia en nuestra sociedad e incluso en la iglesia. Involúcrate en la sociedad y en la iglesia para cambiar la forma en que son las cosas a lo que pueden ser. Podemos cambiar las cosas amando a los que están perdidos sin Cristo y la familia de Dios.

EL DIAMANTE Y SU CREADOR

¿Cómo podemos quitar y mantener ese espíritu de corazón frío (muerto) fuera de nuestras vidas? La Biblia dice: *"**Nosotros sabemos que hemos pasado de muerte a vida, porque amamos a los hermanos. El que no ama a su hermano permanece en muerte. Todo aquel que odia a su hermano es homicida y sabéis que ningún homicida tiene vida eterna permanente en él. En esto hemos conocido el amor, en que él puso su vida por nosotros; también nosotros debemos poner nuestras vidas por los hermanos."*

1 Juan 3:14-16 (RVR95)

Dios quiere a su pueblo en fuego. Así que recuerda lo que Dios ha hecho en tu vida; esto te ayudará a mantenerte enfocado en Cristo. Si te has vuelto frío o distante, Dios necesitará despertarte de esta frialdad de corazón y montar una avalancha de fuego. Se necesita mucho trabajo de parte de Dios y de otros para encender primero una chispa que, con la ayuda de Dios, se convertirá en una montaña de fuego.

• TRIGÉSIMA SÉPTIMA FACETA •

Como la Tribu de Judá

¿Son los diamantes eternos? Lo son, si uno es como la tribu de Judá. El Señor me dio una serie de mensajes para la iglesia que tenían que ver con las doce tribus. Al estudiar las doce tribus, hubo algo notable en la tribu de Judá. En las bendiciones dadas por Jacob, Judá se convirtió en un destacado y tribu bendita porque Jacob profetizó a Judá como un pueblo eterno que haría proezas. ¿Por qué Dios eligió a este hijo? Los primeros tres hijos perdieron su posición debido a malas elecciones o decisiones. Rubén profanó la cama de su padre (Génesis 49:2–3); Simeón y Levi asesinaron en ira feroz (Génesis 34; 49:5–7). Judá se convirtió en el primogénito y tomó las bendiciones compartidas por él y el resto de sus hermanos. Los primeros tres hijos de Jacob, Rubén, Simeón, y Levi, estaban correctamente en su orden cronológico, con Judá en la cuarta posición genealógica, pero a causa de la inmoralidad, fueron eliminados y el siguiente en la línea se convirtió en el progenitor, por lo tanto Judá.

Judá significa ("Alabanza del Señor"); se le describe como el primero en la orden acampada alrededor del tabernáculo. El orden de marcha comienza en el lado este y continúa hacia el sur, luego hacia el oeste y finalmente termina en dirección al norte. La escritura hebrea va en dirección opuesta a la nuestra. Piensa en las manecillas de las horas y los minutos girando en sentido contrario a las agujas del reloj. Judá, como cualquier otro santo, debe **"Buscar** *primero el Reino de los Cielos"* (Mateo 6:33a), y esto debe estar en la mente de todos aquellos que vienen al trono de la Gracia.

Cuando el pueblo del Señor le alaba en medio de la tribulación, es entonces cuando la victoria está muy cerca. Empezar a alabar al Señor, aunque no se haya ganado la batalla es darle gloria al Señor porque se ha ganada la guerra. La batalla está a un paso más cerca a la victoria en el reino de la oscuridad. Confesar la victoria es señal segura de que confías en el Señor y que Él te dará seguridad y fe. Cree en el Señor; Él os ha hecho *"más que vencedores por medio de aquel que nos amó"* (Romanos 8:37; NVI).

En el libro de Jueces, los hijos de Israel consultaron al Señor sobre la tribu que debe luchar contra los cananeos. El Señor dijo que Judá debía subir, así que Judá pidió ayuda a su hermano Simeón para pelear contra los cananeos. *"Aconteció después de la muerte de Josué, que los hijos de Israel consultaron a Jehová, diciendo: ¿Quién de nosotros subirá primero a pelear contra los cananeos? Y Jehová respondió: Judá subirá; he aquí que yo he entregado la tierra en sus manos. Y Judá dijo a Simeón su hermano: Sube conmigo al territorio que se me ha adjudicado, y peleemos contra el cananeo, y yo también iré contigo al tuyo. Y Simeón fue con él. Y subió Judá, y Jehová entrego en sus manos al cananeo y al ferezeo; e hirieron de ellos en Bezec a diez mil hombres"* (Jueces 1:1–4; RVR1960). Entonces Simeón oyó las palabras de su hermano, y Judá subió a la batalla. En hebreo Judá significa "alabanza" y Simeón significa "oír". Habiendo oído las alabanzas subir al Señor. La Biblia dice: *"La fe* [viene] *por el oír, y el oír por la palabra de Dios"* (Romanos 10:17, Webster-traducido). Si quieres ganar tus batallas en la vida, aprende a alabar al Señor en medio de tus problemas y aflicciones. Los que escuchan la Palabra de Dios y lo alaban por las victorias son los que heredarán el reino de Dios y vivirán en la eternidad con Él.

Judá siempre ha alabado al Señor. David, uno de los reyes escogidos de Dios, fue uno que escribió muchos canticos de alabanza. Muchos son escritos en victoria, y muchos se elevan en alabanza al Señor de señores y Rey de reyes. Durante muchos siglos, la iglesia ha tenido que depender de sus canciones para levantarse en tiempos de angustia.

EDWARD V GONZALEZ

• TRIGÉSIMA OCTAVA FACETA •

Judá en la Linea del Frente

Algunos años después, después de la división de la nación, se presentó en el reino de Judá una circunstancia única en la que un país extranjero estaba en proceso de invadir a Judá. Josafat era rey en este momento; se enfrentó a un dilema y con probabilidades increíbles. El enemigo estaba presionando su reino para arruinarles el sustento; desafortunadamente, esto fue una gran preocupación para Josafat que provocó en él una experiencia humillante. Él y su pueblo ayunaron y se arrodillaron en auto humillación y admisión de culpa (cf. 1 Samuel 7:6; Joel 2:12–17). Su oración ante el Señor demostró dependencia y confianza en el Dios de sus antepasados. El Señor respondió y le dijo al rey que la batalla no era de ellos sino del Señor. Josafat preparó a su pueblo, sacerdotes, levitas y los cantores luego salieron cantando *"¡Alaben al Señor, porque para siempre es su misericordia!"* (2 Crónicas 20:21; RVA2015).

Solo podía imaginar qué pensamientos podrían haber estado pasando a través de la mente de Josafat. ¿Cómo este canto va a destruir al enemigo? ¿El coro los va a matar por sus notas altas o su tono alto? ¡Esto debe ser una locura! Sin embargo, obedeció al Señor y salió el coro. Fue una alabanza (Judá) lo que debe haber resonado a través del valle de Baca y se precipitó sobre el follaje de los árboles de las montañas. Debió parecerse a una fuerza enumerable a los oídos del enemigo que causó que cada uno de los hombres temblara con miedo y se volviera la espada unos contra otros. Cuando el coro llego al lugar de la batalla, todos los soldados estaban muertos. Josafat y su pueblo encontraron la victoria sin sacar una sola espada. Judá se mantuvo como un eterno diamante porque obedecieron al Señor y sus mandamientos.

Los judíos existen desde hace más de cuatro mil años. Han pasado por numerosos intentos de aniquilación como la esclavitud, las invasiones, el cautiverio, la destrucción de sus ciudades, persecuciones, el holocausto y constantes batallas por su tierra y existencia. ¿Cuál ha sido su secreto para existir tanto tiempo? El pacto que les fue dado fue reforzado por la obediencia y confianza. Dios iba a mantenerlos en existencia como un pueblo eterno bajo la condición de que ***"Si dais oído a mi voz y guardáis mi pacto vosotros seréis mi especial tesoro sobre todos los pueblos... un reino de sacerdotes... y gente santa"*** (Éxodo 19:5–6; NVI). Pero muchas veces, Israel no cumplió con el pacto entre ellos y Dios. Desde el principio, parecía que no tomaron el compromiso del pacto en serio. Mientras Moisés subía a la montaña para recibir el Decálogo de Dios, los israelitas formaron un becerro de fundición y comenzaron a adorarlo (Éxodo 32). El pacto de Dios con Israel prohibía la adoración de otros dioses.

No solo se debía obedecer el Decálogo, sino que Israel también tenía adoración sacrificial que estaba incluida en la relación del pacto. Se añadía sal a las ofrendas, ¿que era la "sal del pacto"? (Levítico 2:13). La sal simbolizaba el pacto de la relación entre árabes y griegos en el tiempo de Israel. Es difícil saber qué referencia simbólica jugó la sal en las ofrendas, pero puede sugerir una comprensión de algo eterno. Sal conserva la carne y otras sustancias.

Cuando era pequeño, nos fuimos a Oregón a trabajar en el campo. Había muchas montañas y ríos a nuestro alrededor. Un día, un hombre salió a cazar y trajo un mapache. Desolló al animal y luego estiró la piel a bordo y comenzó a clavarla en sus peculiares puntos: cabeza, patas y cola. Después, untó sal por toda la piel. Lo observé trabajando la piel y le pregunté por qué echaba sal por el interior de la piel. Dijo que la sal evitaba que se encogiera y preservaría la piel. Mi madre una vez me dijo: "Antes que inventaron los refrigeradores, solíamos evitar que la carne se echara a perder cubriéndola de sal." Algo más que simbolizó el pacto eterno de Israel era el pan de la proposición en el Altar (Éxodo 25:30; Levítico 24:8). Era para un pacto perpetuo por todas sus generaciones.

Muchas veces, durante el transcurso de la historia de Israel, han experimentado una falta de fidelidad a su alianza con el Señor. Su historia está llena de adoración de ídolos y regresión a la vieja naturaleza. Pero la historia también tiene muchas páginas de inspiración de hombres y mujeres que creyeron en el pacto de sus antepasados. Lo mantuvieron a toda costa. Gracias a estos fieles santos, el pacto ha durado una eternidad. Algunos de estos santos son pocos en número, pero han marcado la diferencia al estar en la primera línea de batalla para mantener viva su herencia y llamado divino. Hombres como Moisés, Josué, Gedeón, Samuel, el rey David, Nehemías, Isaías, Jeremías, Ezequiel, Daniel, Pablo y otros en el Nuevo Testamento. Las mujeres que mantuvieron vivo el llamado divino fueron Rebeca, Rut, Débora, Betsabé y Ester. En el Nuevo Testamento, María, Isabel, Priscila, Eunice y Elodia fueron mujeres en primera línea de batalla que tomaron su rica herencia y lo que Dios las llamó a hacer. Estar en primera línea de la batalla es muchas veces la única manera de ganar una batalla.

¿Eres como la tribu de Judá, que está en la línea del frente para la batalla? Somos llamados a ser soldados del Señor, y al usar toda la armadura de Dios, podemos estar en la línea del frente para pelear (Efesios 6:13–18). El Señor nos dice: ***"Vengo pronto. Aférrate a lo que tienes para que nadie te quite la corona. Al que salga vencedor lo haré columna del templo de mi Dios"*** (Apocalipsis 3:11–12; NVI). ¿Tienes una corona de vencedor? Úsala con honor hasta la eternidad.

¿Pero qué es la primera línea? Estar en la batalla con tu pastor si eres miembro de una congregación es estar en primera línea. Ayúdalo a orar por la custodia de la iglesia, y ayudar en la iglesia trabajar la obra es estar en primera línea. Además, alentar a las personas a asistir a los servicios y no hablar mal de su pastor o de la iglesia es la primera línea. En todo lo que hacéis, hacedlo para el Señor.

Si eres líder o pastor, pastorea el rebaño con amor y sacrificio. Tu trabajo es entrenar y discipular a tus miembros para que puedan llegar a ser productivos en sus vidas espirituales produciendo fruto de treinta, sesenta, y cien por ciento. No vayas contra el redil del Señor tratando de ser un tirano o deseando construir tu propio pequeño reino. Es el reino del Señor lo que estás tratando de enriquecer.

En el Antiguo Testamento, hay una historia desgarradora. El rey Saúl tenía un espíritu de envidia y de contienda contra David. David se cansó de la persecución del rey Saúl que decidió ir a la tierra de los filisteos. El filisteo incircunciso representaba a alguien que tenía un acto de ritualismo sin sentido de ningún poder de regeneración o santificación. Un incircunciso Filisteo era alguien que no tenía conocimiento del pacto del sacrificio expiatorio del Señor, el perdón de los pecados, o la promesa de salvación. Cuando las Escrituras simplemente hablan sobre filisteos, representa los deseos de los ojos y de la carne. David, estando cansado y fatigado de pelear contra la carne, se rindió y decidió vivir en la carne.

"Dijo luego David en su corazón: Cualquier día de estos voy a morir a manos de Saul; por tanto, lo mejor será que me fugue a tierra de los filisteos, para que Saúl no se ocupe más de mí y no me siga buscando por todo el territorio de Israel; así escaparé de sus manos. Se levantó, pues, David, y con los seiscientos hombres que lo acompañaban se pasó a Aquis hijo de Maoc, rey de Gat. Y vivió David con Aquis en Gat, él y sus hombres, cada cual con su familia; David con sus dos mujeres, Ahinoam, la jezreelita, y Abigail, la que fue mujer de Nabal, el de Carmel. Saúl recibió la noticia de que David había huido a Gat, y no lo buscó más" (1 Samuel 27:1–4; RVR95).

El rey Aquis decidió hacer de David su siervo para siempre. Un día los filisteos se prepararon para la batalla contra los israelitas. El rey Aquis le dijo a David que tendría que pelear contra los israelitas. Necesitamos recordar que David fue ungido para ser el próximo rey de todo Israel. Hizo algo mal cuando decidió ir a vivir con los filisteos. Iba a embarcarse en una tragedia que resultaría en la muerte del mismo pueblo israelita al que Dios lo había llamado a servir. No fue llamado a pelear contra su pueblo, sino a conducirlo a destruir a todos los que se opusieran a la santidad y la justicia de Dios.

Dios evitó que ocurriera la tragedia cuando los otros cuatro reyes temieron que David se volviera contra ellos en medio de la batalla. David y sus hombres tuvieron que regresar con sus familias y ocuparse de los asuntos.

¿Estás cansado de luchar contra las tentaciones y las obras de la carne? Aprende a ser de la tribu de Judá. Camina en el Espíritu y no por la vista. Jesús dijo: ***"Venid a mí todos los que estáis trabajados y cargados, y yo os haré descansar. Toma mi yugo sobre vosotros, y aprended de mí; porque soy manso y humilde de corazón; y hallaréis descanso para vuestras almas, porque mi yugo es fácil y mi carga es ligera"*** (Mateo 11:28–30, NVI).

No luches contra los santos del Señor que han sido puestos en tu vida. Estos incluyen a su pastor, líderes y otros hermanos y hermanas lavados en la sangre del Señor. Debes estar con ellos y pelear la buena batalla. No importa lo difícil que se ponga, mantente enfocado en el Señor de los ejércitos (Josué 5:14). Si lo haces, irás a la eternidad.

Dato sobre los diamantes: la mayoría de los diamantes que se encuentran en la naturaleza han existido de entre uno y tres millones de años.

PABELLÓN FACETA SIETE:

UN DESTELLO DE FUEGO

EDWARD V. GONZALEZ

Un Destello de Fuego

Para que una buena marca (diamante) produzca un destello de fuego, se requiere varios pasos para estar en su lugar. Pero primero, ¿qué es el fuego? El fuego se refiere al parpadeo de los colores del arco iris cuando un diamante tallado adecuadamente se mueve bajo una fuente de luz, como resultado de su dispersión. ¿Qué es la dispersión? La dispersión es el resultado de cómo un diamante descompone un rayo de luz blanca en los muchos colores del espectro entrando por la parte superior o la mesa de una buena marca. Un destello de fuego es el resultado de que ciertas cosas estén en su lugar. Una buena marca necesita las cuatro C nostálgicas básicas (color, corte, claridad y peso en [carat] quilates). Además, es crucial tener una proporción ideal en un diamante. La proporción ideal debe ser precisa en todos sus ángulos y grados **(vea figura 11, página 132)**. Este tipo de corte ha llegado a ser llamado el "Corte Ideal Americano". Sin los ángulos y grados necesarios, el fuego se perderá. Un tercer paso es el centelleo, que es fuego producido en una forma diferente y para un ambiente diferente. Finalmente, la luz es muy crucial. Sin No hay luz, no hay fuego, aunque tengas un diamante de corte más perfecto con todas sus necesidades básicas.

Para que un santo produzca un destello de fuego, debe haber todos estos pasos espirituales básicos, pero el ingrediente más importante es el amor. Donde no hay luz, no hay amor (1 Juan 2:9–10); por lo tanto, no hay fuego. Sin embargo, hay marcas malas que no producen fuego. ¿Qué produce el destello de fuego en un santo? ¿Cómo se puede mantener el destello de fuego ardiendo? Estas son preguntas básicas que deben abordarse o se deben tratar.

No solo tenemos santos que carecen del fuego del amor por un mundo atribulado y familias rotas, sino que también nos falta el fuego del amor en las iglesias por las muchas almas agonizantes que necesitan el amor y la luz de nuestro Señor Jesucristo. Ustedes son Sus manos, brazos y pies. Caminen en la luz y tengan un amor ardiente por los perdidos.

• CUADRAGÉSIMA FACETA •

Las Cuatro Cs

La calidad y el valor de un diamante se miden por cuatro características conocidas como las cuatro C's. Estas cuatro C's se refieren al corte, el color, la claridad y el peso en [**carat**] quilates de un diamante. El peso en [**carat**] quilates de un diamante se mide por su tamaño, y el corte, el color y la claridad miden la calidad de un diamante. De las cuatro C's, solo el corte es hecho por el hombre. El color, la claridad y el peso en [**carat**] quilates son creación de Dios a través de la naturaleza.

Hoy en día el corte de un diamante es muy sofisticado. Se realiza mediante láser u otros medios. Muchas inclusiones pueden repararse con láser y luego rellenarse con un relleno similar al vidrio. Este tipo de reparación pasa desapercibido a simple vista y sin experiencia, el consumidor. Es muy fácil comprar un diamante tallado y rellenado con láser y, sin embargo, pagar un alto precio por él. Se puede determinar un buen corte por la luz que refleja hacia el espectador, lo que se denomina dispersión.

<u>Color</u>. El color determinará el valor de un diamante. No es el único factor sino uno de los factores. Los diamantes incoloros son extremadamente escasos en la naturaleza, y están en la cima de los grados de color. Algunos han dicho que un buen diamante tiene que ser blanco o claro, pero ni siquiera el blanco está bien porque el mejor color es transparente e incoloro. Algunos diamantes tienen color, y el valor se basa en la cantidad

de color que irradia, ya sea rojo, ámbar, azul o rosa. Los diamantes se han "encontrado en todos los colores del arcoíris, desde piedras claras, incoloras y transparentes hasta negras como la tinta."[19] Los diamantes que tienen color se llaman diamantes de fantasía. Estos diamantes son de mayor tamaño, tienen un precio más elegante y los coleccionistas de todo el mundo los arrebatan rápidamente.

Hace algún tiempo, General Electric reveló un nuevo proceso para alterar el color de un diamante. Se le llamó tratamiento de alta presión/alta temperatura (ingles-HPHT). Este proceso convirtió diamantes tipo IIa de bajo color (N-O) o incluso de color castaño elegante en formas incoloras/casi incoloras (D-H). Se realizó a través de un proceso de recocido que involucraba alta presión y temperatura. Algunos creían que estos diamantes con colores mejorados podrían aparecer en el mercado sin ser detectados, pero a través de equipos muy costosos y sofisticados, los proveedores podrán detectar estas mejoras. También se han mejorado varias piedras de colores: elegante verde amarillento, amarillo verdoso, castaño, rosa y azules.

Dios también tiene sus diamantes de colores claros hasta de su fantasía, espiritualmente hablando. Los santos pueden alterar su color por la alta presión/alta temperatura en la vida. A veces los santos pasan por momentos difíciles y terreno rugoso. La vida se vuelve insoportable. Las pruebas y las aflicciones uno pasa pueden cambiar fácilmente el color de la piedra, al igual que el nitrógeno, que invade un diamante natural durante su crecimiento en las profundidades del subsuelo, puede cambiar su apariencia tiñéndolo un poco de amarillo. Así también los santos que pasan por numerosas tentaciones alteran su apariencia de blanco a negro al caer en el pecado y permanecer en el pecado. Los conceptos extraños, las enseñanzas, los hábitos, el comportamiento no bíblico y la actitud pueden cambiar quién eres en Cristo. Estas cosas pueden prevenir el destello de fuego en su vida.

Cuando Jesús entró en tu vida, tu vida estaba saturada con el rojo carmesí de la sangre del Cordero que lavó tus pecados. Ahora eres redimido y salvo. No dejes que la negrura del pecado te transforme. El Señor desea que los santos sean santos como Él es santo. Muchos han venido para ser limpiados (santos), haciendo posible el destello de fuego a través de sus vidas. Sed santos, y dejad que salga de vosotros un destello de fuego por medio de Jesucristo.

En la industria del diamante, el color es el más difícil de juzgar de los tres factores de calidad de un diamante. Es completamente subjetivo. El clasificador determina un diamante de otro por su tinte, normalmente llamado blanco. Sin embargo, el precio refleja la rareza. Muy pocos diamantes tienen el color incoloro perfecto, "D", y la claridad perfecta, "Sin defecto." Recuerde, por cada quilate de diamante "D" y "Sin Defecto", se debe eliminar una montaña de tierra (250 toneladas).

Para graduar el color de una piedra, tiene que estar suelta y desmontada en posición invertida (mesa abajo, culet arriba) y bajo condiciones de iluminación y fondo precisos. La distancia y el ángulo del espectador en relación con la piedra también es una condición primordial en la calificación.

Otro factor en la clasificación del color es que los diamantes se clasifican comparándolos con un conjunto de Piedras Principales. Esto se hace para determinar si la piedra que se está clasificando tiene mayor o menor tinte que la piedra principal en la escala numérica (AGS) o de letras (GIA).

EDWARD V. GONZALEZ

• CUADRAGÉSIMA PRIMERA FACETA •

La Piedra Principal

En el cristianismo, todos tenemos una Piedra Principal y Piedras Principales en nuestras vidas mediante las cuales somos comparados y calificados. La Piedra Principal es Jesucristo. Con razón, se le llama *"La Piedra viva...Dios escogió y es preciosa...Una piedra que es principal"* (1 Pedro 2:4, 6; NBV), y un poco más abajo, dice que somos *"como piedras vivas."* Las piedras se utilizan como ejemplos para ser comparados (Heb. 13:7).

Se nos manda a ser como Cristo. Ya que Jesús es la Piedra Principal para todos los que son salvos, debemos ser como Él. Se nos dice innumerables veces que seamos como Él.

En dos instancias diferentes, Pablo le dice a la iglesia de Corintios: *"Por tanto, os ruego que me imitéis"; "Así que sigan mi ejemplo,*[20] *como yo sigo el ejemplo de Cristo"* (RVR1960; 1 Corintios 4:16; TLA 11:1, se usa "sigan" que da entender seguidores). La palabra "imitar" proviene de la palabra griega mimeomai, "un imitador, un actor." Es una persona que actúa como otra persona. Se compara a sí mismo con otra persona. Debemos imitar o actuar como Cristo, Pablo y otras Piedras Principales en nuestras vidas. Es una acción continua a lo largo de nuestra vida ser como ellos. No es cuestión de algo que sucedió en el pasado sino un condicionamiento continuo, un hábito o práctica constante.

Debemos imitar o actuar como la Piedra Principal y las Piedras Principales que Cristo ha puesto en nuestras vidas. Sabremos si no estamos a la altura de su imagen o si incluso se pueden comparar al mismo valor. Si no hemos sido obedientes al Señor, podemos ser puestos o valorados en un grado más bajo en la escala incolora. Nos podemos ubicar en cualquier nivel que elijamos, sin embargo, el Señor preferiría un honor muy elevado. Por eso las Escrituras dicen: *"Ahora bien, en una casa grande no solamente hay vasos de oro y de plata, sino también de madera y de barro, y unos para honra y otros para deshonra. Por tanto, si alguien se limpia de estas cosas, será un vaso para honra, santificado, útil para el Señor, preparado para toda buena obra"* (2 Timoteo 2:20–21; NBLA).

A lo largo de su vida, se le colocará al lado de una o más Piedras Principales. Estas Piedras Principales: pastores, maestros, líderes, o cualquier hombre o mujer piadosa será vuestro ejemplo para una vida fructífera.

En un tiempo, trabajé por el distrito de nuestra escuela de nuestra ciudad. Trabaje por diez años. Durante ese tiempo, me dieron una oportunidad de tomar una prueba que determino mi carácter y como funciono con los demás en mi vida. Esta prueba tiene que ver con cuatro colores: naranjado, oro, azul, y verde. Cada uno de nosotros tiene los cuatro colores, pero todos tenemos un rango más alto en un color particular de los cuatro. El color que exhibí más alto fue el oro. Los de color oro son tipos que son muy responsables. Son los tipos que siempre tienen dinero en las cuentas bancarias. Pueden ser muy aburridos y rígidos conforme al color naranjado. El color naranjado cree que los de oro no saben cómo tener un buen tiempo. Las personas de color naranja son animadas, no pueden controlar sus finanzas hasta cierto punto; son algo espontáneas y mucho más. Los azules son básicamente tus seguidores y personas tranquilas. Son buenos en contabilidad y otros meticulosos trabajos. Los verdes son los que suelen volverse más inteligentes y son los más dotados del mundo. Entonces, incluso en los círculos educativos, las personas pueden determinarse en color.

Tradicionalmente, en los cuatro evangelios, ciertos colores están asociados con Cristo. El púrpura se le da a Cristo debido a Su reinado. Mateo dice que los magos vinieron buscando al ***"Rey de los judíos"*** (Mateo 2:2). El púrpura se asocia con reyes, realeza y otros de estatus significativo. El color asociado con el evangelio de Marcos es de color rojo carmesí porque Jesús dio su vida como en rescate por muchos (Marcos 10:45). El color del evangelio de Lucas es blanco porque algunos de los demonios llamaron a Cristo como el Santo de Israel (Marcos 4:31). El Evangelio de Juan menciona que Cristo vino del cielo y el Evangelio da la idea de azul (Juan 3:13, 31; 6:32–33). Estos mismos cuatro colores se mencionan en la puerta antes de entrar al atrio del tabernáculo (Éxodo 27:16).

En el Antiguo Testamento, Dios ordenó a Moisés que construyera un tabernáculo y todos sus utensilios para uso y gloria de Dios. El sumo sacerdote estaba adornado con vestiduras especiales, y en frente a su pecho se colocó una coraza. Este peto o coraza tenía doce piedras diferentes. Cada piedra era una buena marca que caracterizaba a diez de los doce hijos de Jacob. Los otros dos representaban a los dos hijos de José. Cada piedra y su ubicación representaban el carácter y la posición de cada hijo de Jacob y también de los demás ante Dios. El diamante estaba asociado con Gad y su tribu. ¿Quién era Gad y que significa su nombre? Gad fue el octavo hijo de Jacob. Su nombre significa *"tropa o multitud"*[21] (asaltara, LBLA) según Génesis 49:19. Cada nombre de las doce tribus indica algo dado a Cristo o habla de la posición de Cristo. El nombre antes de Gad es Simeón que significa oír, y Cristo oiría una gran multitud venir a Él. Nosotros somos esa multitud (Mateo 13:2; 24:31; Juan 10:14-16; Apocalipsis 19:1, 8, 14).

Hay dos razones por las que la Biblia frecuentemente da referencias de ciertos objetos que tienen designaciones de color. "Primero, un escritor puede querer usar el color en un sentido descriptivo para ayudar a identificar un objeto o aclarar algún aspecto sobre el objeto. La segunda razón de las designaciones de colores en la Biblia involucra un uso más especializado" (Holman Bible Dictionary, 1991, 276).

Un uso de describir o aclarar un aspecto de un objeto son las condiciones reveladoras de la vida espiritual de una persona. Por ejemplo, cuando la Biblia habla de la pecaminosidad en la vida de una persona, es de color escarlata o rojo como el carmesí. Entonces el Señor dice: **"Serán blancos como la nieve. . . como la lana"** (Isaías 1:18, NVI). El blanco puede ser un símbolo de pureza, limpieza o incluso alegría. El color negro simboliza el juicio o la decadencia. Otros colores pueden representar un nivel social, especialmente la prosperidad. El púrpura es representativo de la realeza y se usa en los muebles del tabernáculo y los vestuarios de los sacerdotes en el Antiguo Testamento (Éxodo 26:1; 28:4-6).

Los escritores de la literatura apocalíptica (Daniel, Apocalipsis) proporcionan ciertas verdades de los últimos tiempos con colores. Juan, el escritor del Libro del Apocalipsis, describe a los cuatro jinetes en diferentes colores. El jinete blanco era representante de conquista o victoria. El jinete rojo trajo la guerra y el derramamiento de sangre a muchos. Se decía que el jinete negro traía hambre o pestilencia. Las cosas se pondrían muy caras e inasequibles. El último jinete estaba pálido. La muerte brotaría de la guerra y el hambre. Así, incluso en los últimos tiempos, estos cuatro jinetes de colores revelan los estratos de deterioro progresivo y eliminación de las naciones, la naturaleza y los pueblos. Debido al mal en este mundo, Dios debe eliminarlo o, de lo contrario, finalmente destruirá Su creación.

Jesús enseñó que dentro de la iglesia habría trigo y cizaña. La cizaña no es el grano de trigo real. Es una hierba herbácea parecida al trigo. Incluso en Su iglesia, el Señor tiene que separar los diamantes industriales y los de valor de mercado. Los diamantes industriales son aquellas personas en la iglesia que son similares en acciones y apariencia, pero que no son santos ni creyentes en Cristo. El valor de mercado o los diamantes de buena fabricación son los santos que han sido redimidos por el Señor. No solo confiesan, sino que también profesan a Cristo en sus vidas. Así como el hombre saca una piedra en bruto de la tierra y es capaz de determinar si será para uso industrial o un ideal (de buen hecho) a través de la "claridad", el Señor también puede determinar si el alma que Él ha salvado tendrá Su "C" de "consagración" o no. Consagración es santidad para el Señor. Es ponerse en separación de lo que se opone a las Escrituras. Esto nos lleva a nuestra próxima "C".

Claridad. La claridad es el grado en que un diamante está libre de imperfecciones en la superficie e inclusiones en el interior. Cuanto mayor sea la claridad, menor cantidad de inclusiones tendrá la gema. Determinar dónde se encuentran las inclusiones, su tamaño y su tipo determinará el valor de la gema. Puede leer la calificación de una piedra en la página 49 (**vea la figura** 7). Se eligió la palabra claridad no solo porque comienza con una "C", sino que aparentemente es una palabra mucho mejor que pureza para que la use un joyero. Donde una gema es diferente en claridad o color, en realidad se trata de una gema creada de forma ligeramente diferente por la naturaleza. Las inclusiones que reducen el precio de una piedra se llaman manchas de carbono, pero en realidad no son nada del tipo. Muchas son pequeñas fisuras (grietas, hendiduras, fracturas) que se produjeron durante el crecimiento natural del diamante. Este es Dios a través de la forma en que la naturaleza coloca sus huellas de autenticidad.

Según el Instituto Gemológico de América (IGA), hay once grados de claridad (vea la figura 7 tanto para claridad como para escala de colores). Estos determinan la apariencia visual que muestran las inclusiones de un diamante en relación con el tamaño y la forma de la piedra. No solo hay once grados de claridad, sino que también hay veintitrés grados de color. Esta clasificación varía desde incoloro hasta un amarillo elegante. El IGA se introdujo en la década de 1930 y se convirtió en un estándar mundial. Hoy existen otros institutos que también determinan la escala de calificación.

No es una coincidencia que el IGA haya propuesto estos números de clasificación. En la Biblia, el número once se refiere a la imperfección o al desorden. En Génesis 32:22, Jacob había estado en Padan Aram y regresaba a la tierra prometida de su abuelo Abraham y su prodigio. Él, Jacob, vino con sus once hijos; Benjamín aún no había nacido. Su nombre, Benjamín, significaba "hijo del dolor" y hablaba sobre el sufrimiento de Jacob estando lejos de su familia. Cuando nació Benjamín, vino a completar la casa de Jacob. Poco después de esto, leemos nuevamente acerca de la familia de Jacob retrocediendo al número once. José fue vendido por sus hermanos. Ellos inventaron una mentira y le dijeron a su padre que un animal había matado a su hijo. José pasó muchos años lejos de su familia. Pasó por muchos sufrimientos e incluso prisión. Pero Dios levantó a José para que fuera segundo al Faraón por su fidelidad y a través de los medios de interpretación de los sueños. Se convirtió en un salvador para su familia durante la sequía y el hambre que azotó a Egipto y todas las regiones circundantes. Esto incluía Palestina, donde vivieron Jacob, sus hijos y sus familias.

Una vez más, José regresa con su familia para restablecer el orden y completar la casa de Israel. En Génesis 37:9, encontramos que los sueños de José hablaban de las once estrellas que apuntaban hacia un tiempo en el que el pueblo de Israel aceptaría el gobierno y la realeza de nuestro Señor, a quien una vez rechazaron como su rey.

En la cima de la vida de José, se convirtió en un destello de fuego. En un poco tiempo, todos sabían quién era este hombre. Fue el segundo después de Faraón. Me imagino que cuando andaba o paseaba en su carroza, los egipcios se decían unos a otros: **"Mira, ahí va el que estaba en la cárcel, y su Dios lo ha puesto junto a Faraón porque él fue el único que interpretó los sueños del Faraón."** Nadie pudo objetar que trajera a su familia a Egipto. Pudo salvar a su familia y bendecirlos. Era el destello de fuego, gloriosamente radiante, brillante y sorprendentemente diferente.

Jesús, como José, fue vendido y un día vendrá y cambiará el desorden y el caos del mundo en un gobierno de perfecta paz durante el reinado del milenio y luego en el tiempo final. Él es el único en la historia que ningún desorden o imperfección ha sido parte de Su vida, *"Al Hijo, hecho perfecto para siempre"* (Hebreos 7:28; RVR1960).

Cuando los israelitas salieron de la esclavitud, Dios se los llevó a través del Mar Rojo y hasta el Monte Sinaí. Su viaje a la Tierra Prometida fuera tomado por lo menos once días. Sólo un día más, y el pueblo de Dios podría haber entrado en la Tierra Prometida. En el libro de Deuteronomio 1:2, dice que el camino de once días fue de Horeb a Cades-barnea. Pero a causa de su desobediencia e incredulidad (cf. Números 14:23), tuvieron que vagar por el desierto. Sus cuarenta días de exploración de la tierra eran fútiles porque la gente se negaba a creer que era posible vencer a los cananeos incluso con la ayuda del Señor. Sus cuarenta días se convirtieron en cuarenta años vagando por el desierto.

Once, incompletitud y desorden, está siempre presente en nuestras vidas. ¿Terminas lo que empiezas? ¿Están las cosas fuera de orden en su vida? ¿Tu jornada está tardando más de lo que se debe para recibir la(s) promesa(s) de Dios? ¿Por qué? ¿Hay incredulidad, desobediencia? O tal vez solo está teniendo problemas para mantener la fe. Sea lo que sea, necesitas ir al Señor en busca de ayuda. Pídele a Dios que cambie tu vida para que puedas aceptar las promesas de Dios y vivir de acuerdo con ellas. Entonces beberás la leche y comerás la miel de la Tierra Prometida (la herencia que tenemos en Jesucristo.)

Otro ejemplo que podemos leer sobre la incompletitud y el desorden en el hombre se produjo unos siglos después de

EL DIAMANTE Y SU CREADOR

la división de la nación de Israel. Las diez tribus del norte se habían exiliado antes; ahora, era el turno de Judá. El reino del sur de Judá se volvió rebelde y terco ante Dios, al igual que su hermana, el reino del norte. Los envió al exilio. Dos de los últimos reyes, cada uno reinó once años. Sedequías se negó a escuchar la Palabra de Dios a través de Jeremías, como lo hizo Joacim, quien rompió la Palabra de Dios. Jeremías sintió en lo profundo de su corazón la rebelión y la desobediencia de su pueblo. Estaba desconsolado e intimidado por el futuro de Israel. Cuando terminó el gobierno de estos dos reyes malvados, la nación fue puesta en cautiverio por el rey Nabucodonosor. Empezó a llevar a la gente en el undécimo año de Joacim y acabó de llevárselos en el año undécimo de Sedequías.

Dios tuvo que eliminar cualquier defecto o inclusión en estos reyes y gente. Se necesitaron setenta años de cautiverio para mejorar, en su mayor parte, la claridad, pero el destello de fuego no fue tan ardiente. Podemos ver esto en los resultados.

Cuando algunos de los israelitas regresaron a su patria en tres olas grupales, se preocuparon más por cuidar sus propias necesidades que sus prioridades espirituales. En lugar de reconstruir inmediatamente la casa de su Dios para adoración y la Palabra, se centraron en su sustento. No había mucha preocupación por las cosas de Dios. Las cosas mejoraron un poco más después de la llegada de Nehemías, Esdras y otros en la ola del tercer grupo.

El único diamante que iba a dar un ejemplo de lo que debería percibirse como el "Destello de fuego perfecto" se introdujo en la venida de nuestro Señor Jesucristo. Juan el Bautista dijo de Cristo: ***"Yo los bautizo a ustedes con agua como señal de su arrepentimiento. Pero el que viene después de mí es más*** *poderoso que yo. . . Él los bautizará con el Espíritu Santo y con fuego"* (Mateo 3:11; NVI). Y en el libro de Apocalipsis, Jesús se describe como alguien que tiene ojos como llamas de fuego (Apocalipsis 1:14). La carta de Hebreos habla del Señor como *"fuego consumidor"* (Hebreos 12:29; NVI). Jesús se convirtió en ese destello de fuego para el mundo perdido. El Amor de Dios se hizo carne. Este fue el fuego que trajo un gran avivamiento a judíos y gentiles, primero en Jerusalén luego al resto del mundo. La iglesia ardía en fuego y poder, cambiando vidas, sanando a los enfermos, resucitando a los muertos, y las naciones fueron cambiadas, las personas salvas se convirtieron en mejores ciudadanos, y las fortalezas se derrumbaron en las vidas de los pecadores arrepentidos. Todo esto sucedió por el destello de fuego de un hombre. Las personas pueden estar incompletas, pero Jesús puede cambiar nuestras vidas y hacernos completos en Él.

Un quinto ejemplo, en referencia a la incompletitud, se representa por el número once. En el libro de los Hechos, comienza con once discípulos. Para hacerlos completos, tuvieron que echar suertes para determinar quién iba a reemplazar a Judas. *"Y oraron así: Señor, tú que conoces el corazón de todos, muéstranos a cuál de estos dos has elegido para que se haga cargo del servicio apostólico que Judas dejó para irse al lugar que le correspondía. Luego echaron suertes y la elección recayó en Matías; así que él fue reconocido junto con los once apóstoles"* (Hechos 1:24–26; NVI). Mi opinión personal es que creía que se suponía que Pablo ocuparía el duodécimo puesto. Fue Jesús quien llamó a los discípulos a su obra, no el hombre. En el capítulo noveno de los Hechos, Cristo se aparece a Saulo (el nombre romano). Pablo escucha Su voz y obedece al Señor. De ahora en adelante, no perseguiría al Señor; por el contrario, debía predicar el Evangelio de Jesucristo.

Es asombroso que hay once grados de claridad para un diamante. La claridad muestra si un diamante es imperfecto y en qué medida. El hombre es imperfecto debido a la caída del primer Adán. El hombre puede llegar a ser completo y tener orden a través del último Adán, es decir, Jesucristo, el Diamante Perfecto. Jesús, el Diamante Perfecto, bruta (frotar) nuestro diamante para eliminar cualquier imperfección. Al igual que un cortador que trata de salvar la mayor parte del diamante debido a dónde se encuentra la inclusión o el defecto, Jesús intenta de salvar la mayor parte de nuestras vidas (carácter, talentos, habilidades o actitud) como sea posible a través de Su proceso de desbaste. El brutal es el frotamiento de un diamante con otro para redondearlo y prepárelo para las facetas y otras características importantes. En la vida de un santo, esto se puede tomar toda una vida.

Como pensamiento final sobre once, hablando de incompletitud o desorden, podemos mirar el libro de Jueces para una inquietante percepción. El capítulo doce resuena con orgullo más allá del cielo hasta llegar al trono de Dios.

Jefté era un galaadita. Fue despreciado por sus medios hermanos y se le dijo que abandonara su casa porque era **"hijo de una ramera"** (Jueces 11:1). Se convirtió en un bandido y un "poderoso guerrero". Cuando los amonitas avanzaron contra los israelitas, el pueblo de Jefté vino y le pidió que regresara y peleara y los guiara. Salvó a su propio pueblo y se convirtió en uno de los más grandes jueces de la Biblia. Jefté fue aclamado por el autor de la carta a los hebreos como un héroe de la fe (hebreos 11:32).

Cuando los efraimitas oyeron lo que Jefté había hecho, se enojaron con él. Estos hermanos tenían un espíritu contencioso. Tuvieron un problema acerca de aceptar a los galaaditas como personas que podrían rastrear su linaje hasta José (12:4). La exaltación orgullosa de Jefté se presenta como un vehículo de humillación a los que venían a contender con él (Jueces 12:1-2), y otros dicen que tenía mucha confianza en sus habilidades como guerrero. Empleó el pronombre "yo" o "mi" once veces en su responder a sus hermanos.[22]

Todos estos ejemplos mencionados anteriormente muestran que el hombre era y está en necesidad de cambio. Aunque no todos eran impecables en su claridad, Dios aún los usó para Su gloria. Todos estaban en el proceso de ser desbastados, cortados, facetados, pulidos e incluso clasificados para Su propósito.

Pedro negó al Señor; actuó con hipocresía incluso después de que el Espíritu Santo había venido sobre él. Sin embargo, el Señor lo usó para traer salvación a un grupo de tres mil personas con su primer mensaje. Entonces cinco mil fueron salvados por un segundo mensaje. ¿Y qué de Pablo? Persiguió a la iglesia, metiendo a algunos en la cárcel y matando a otros. De este hombre defectuoso, pero salvo, el Señor le reveló el misterio de la iglesia que ha sido una bendición para millones de santos durante casi dos milenios. Los ejemplos siguen y siguen y siguen. Muchos hombres miserables han sido levantados de la arcilla cenagosa y luego brutados, sólo para ser colocado en un fresco de una obra maestra. El Señor quitará cualquier o todas las inclusiones y defectos de ti. Su voluntad es que seas un diamante perfecto y sin defectos. Tal vez no en esta vida, pero seguramente será en la eternidad.

• CUADRAGÉSIMA SEGUNDA FACETA •

Los Veintitrés

Al principio les dije que el IGA había dado once grados a la claridad y veintitrés grados al color. Leíste cómo el número once en la Biblia representaba la incompletitud y desorden ¿Qué representan los veintitrés grados en la clasificación de colores? Estos grados hablan de cómo un diamante es similar a un hombre, pero en una variación diferente. El hombre está hecho de cromosomas que determinan nuestro color de ojos, color de cabello, altura, tamaño de pie, rasgos faciales y muchas otras cosas. El hombre está formado por veintitrés pares de cromosomas, que en realidad componen cuarenta y seis cromosomas, veintitrés de nuestra madre y veintitrés de nuestro padre. ¿No es esto un milagro? ¿revelación? Dios, en su infinita sabiduría, nos dio un plano de lo que somos y podemos ser a través de un diamante. ¡Qué grandes y maravillosas similitudes!

Hay muchas otras cosas significativas en este mundo que tienen que ver con veintitrés. Recientemente, me encontré con un sitio web que proporcionó mucha información sobre este número. Como once determina que el hombre está incompleto y en desorden sin el Señor en su vida, veintitrés representa la composición de este individuo. Es un ser humano ante los ojos del Señor. Probablemente estas preguntándose a sí mismo: "¡Pensé que seis representaba al hombre!" El seis representa al hombre en el día en que el Señor lo creó. El numero veintitrés muestra al hombre necesitado del

Señor, o de lo contrario va por un camino diferente que conduce a la oscuridad y la destrucción. ¿Alguna vez has leído el Salmo 23? Cristo es nuestro Pastor guiándonos por la vida. Somos capaces de andar por la "senda de justicia" y no caer en lo malo porque **"Hay camino que al hombre le parece derecho, pero su fin es camino de muerte"** (Proverbios 14:12; RVR1960). Dado que Cristo es nuestro Pastor y dijo en su oracion, **"No permitas que cedamos ante la tentación, sino rescátanos del maligno"** (Mateo 6:13; NTV). ¿Has leído el Salmo 46 últimamente (46/2= 23)? ¿Te ha abrumado recientemente el poder, la presencia y la paz de Dios a través de este salmo? Once y veintitrés son números que representan al hombre siendo incompleto e incapaz de funcionar de forma independiente. El hombre fue creado para depender del Señor; desafortunadamente, el estrés, la preocupación, el miedo, la ansiedad y otros problemas de salud son signos de dependencia en uno mismo y no completamente en el Señor.

Déjame mostrarte otros ejemplos que tienen que ver con "23" que pueden arrojar algo de luz sobre lo que acabo de explicar. Los ejemplos empiezan desde nuestro "Alfabeto" hasta "Extraterrestres". La lista es larga y no puedo poner todos los ejemplos en este libro. Estas recopilaciones no son mías. Fueron formados por Christopher Street en un sitio web. No los he revisado todos, pero tomé solo aquellos que parecía importante para mostrar relevancia. En otra nota sobre su sitio web, parece estar colocando 2, 3 y 5, que se usan en ecuaciones matemáticas.

> **<u>Biblia</u>: Ángeles Caídos:** 2/3 de los ángeles decidieron estar en el lado de Dios después de la rebeldía de Lucifer, y el otro 1/3 cayó (Apocalipsis 12).
>
> **Jesús dijo:** *"Porque donde están dos o tres (2, 3) reunidos en mi nombre, Yo estoy en medio de ellos"* (Mateo 18:20; NVI).

Biblia: Revelaciones: No hay un capítulo veintitrés en Apocalipsis. ¿Cuál es la conclusión o el punto de los capítulos 21 y 22? Estamos con el Señor en Su misma presencia. El pecado de la independencia del Señor es eliminado para siempre. Pablo dijo que él había sufrido de 23 diferentes maneras (2 Corintios 11:23–28).

Biología: Teoría de la evolución: La teoría de Darwin apareció en 1859 (1 + 8 + 5 + 9 = 23).

Historia: Como en 4–19. . . 4 + 19 = 23. El 19 de abril es la fecha de la Batalla de Lexington, Waco y el atentado de la ciudad de Oklahoma (4+19=23).

11 de septiembre de 2001. Ataque al WTC (World Trade Center). 9 + 11 = 20 + 2001 (2+1=3) = 23.

23 de septiembre. Yom Kipur. Día de la expiación. Pascua.

El Titánico se hundió. 15 de abril de 1912 (4 + 1 + 5 + 1 + 9 + 1+ 2 = 23) o 15-4-1912 (15 + 4 = 19, 1 + 9 + 1 + 2 = 13). 19 + 13 = 32 es 23 al revés.

Película: En la película Bruce Almighty, el número en su localizador cuando Dios llama es 776–2323 (776 y 23 dos veces). Además, el edificio donde luego encuentra a Dios está en la calle 23rd. World Wide Web 23+23+23=WWW. W, por supuesto, ocupa la posición 23 en el alfabeto.

Dinero: Hay exactamente 23 caracteres claramente visibles (letras y números) en el anverso de las monedas estadounidenses.

Música: el rapero de hip-hop Tupac Shakur, a la edad de veintitrés años, recibió cinco disparos en el vestíbulo de un estudio de grabación en 723 7th Ave en la Cuidad de Nueva York.

Artista anteriormente vivo, Kurt Cobain. Nacido en 1967: 1 + 9 + 6 + 7 = 23. Murió en 1994: 1 + 9 + 9 + 4 = 23.

Clinton: Las iniciales numéricas de expresidente Bill Clinton son B=2 C=3. Los números de letras en William Jefferson Clinton es 23. William, W siendo la letra 23 del alfabeto.

Dr. Pepper: Está escrito en su lata de refresco que tiene 23 ingredientes.

¿Qué tienen todos estos en común? Aunque todos tienen algo que ver con el número veintitrés, demuestran el deseo del hombre de estar a cargo, independiente de Dios, por lo que dicen que no lo son, o dejaron una impresión duradera a través de su manera de vivir, negativa o positiva. Algunas cosas, como el dinero, que tiene un número total de letras y números que suman veintitrés, contradicen la forma en que las personas lo usan en su vida diaria. En la moneda, dice: "En Dios confiamos". Muchas personas, que no viven una vida confiando en Dios, en realidad confían más en el poder del dinero que en Él. El dinero es su forma de vida.

Once significa que el hombre está incompleto sin el Señor en su vida. Veintitrés representa al hombre que depende de sí mismo y está contaminado con el pecado haciéndolo imperfecto como un diamante que no se le puede sacar brillo. Solamente Cristo puede cambiar un diamante de este tipo en un diamante que puede ser pulido. Él, Cristo, es capaz de hacer un buen diamante con el fuego de su pasión que quema profundamente dentro de un diamante (usted) a través del proceso de hendir (partir) o aserrar, cortar, desbastar y finalmente pulir. ¿Te sientes incompleto en tu vida?

EL DIAMANTE Y SU CREADOR

¿Juegas al balancín con tu vida espiritual? ¿Vienes a la iglesia para escuchar la Palabra de Dios y luego no vienes por unas semanas? Entonces el juego comienza de nuevo. ¿Cómo se sabe si alguien es independiente del Señor o no? Esta persona no creerá que venir a la iglesia a escuchar la Palabra de Dios y ponerla en práctica es una prioridad en la vida. Tiene la tendencia de fallar los días de servicios, especialmente durante la semana. Creer que otras cosas en la vida toman prioridad poniendo al Señor abajo en la lista. Esta persona tiene una conducta espiritual muy baja en la vida. Si esta persona continúa así y no se arrepiente de su tibieza, muy pronto se rebelará. Sin embargo, el Señor puede cambiar esto si uno depende y confía completamente en Él.

Peso en [carat] quilates. El peso/tamaño de un diamante se mide en quilates. Un quilate se divide en cien segmentos llamados "puntos." Es muy parecido al sistema decimal. Si un diamante tiene un peso en quilates de 3.50, equivale a trescientos cincuenta puntos.

El peso en quilates era originalmente la semilla de un árbol que es común en el Medio Oriente llamado algarrobo. La semilla parece un frijol negro. Dentro de este frijol, hay muchas semillas y jarabe dulce. En la antigüedad, los comerciantes dc perlas del Medio Oriente descubrieron que las semillas, cuando se secaban, tenían un peso bastante uniforme. Esto fue aceptado y se convirtió en el estándar de medida de unidades para la medida de perlas.

La palabra griega para quilate es keration, que significa "cuerno pequeño", al que se parece su vaina de frijol. Bruton, en su libro "Diamonds", afirma: "Fue el jarabe de estas algarrobas lo que Juan el Bautista probablemente comió en el desierto, no los saltamontes voladores llamados langostas". Es incorrecto suponer que Juan el Bautista comió el jarabe de estas algarrobas.

La palabra que Marcos y Mateo, los escritores de los Evangelios, usan para "langosta" es akris; este es un animal utilizado como alimento por los árabes que los guisan en mantequilla después de quitarles la cabeza, las alas y las patas. El Antiguo Testamento permitía al judío en su Ley dietética comer la langosta (Levítico 11:22). La keration o cuerno pequeño proviene de la langosta o del algarrobo. Ambas palabras se refieren a la langosta, pero se escriben diferente y significan cosas diferentes.

Los diamantes se cotizan por quilate, según su tamaño y calidad. Pero no solo porque un diamante tenga más peso que el otro significa que es más caro. También está determinado por la calidad que refleja. Por lo tanto, donde dos diamantes tienen el mismo peso en quilates, el que tiene la mejor calidad tendrá un precio por quilate mucho más alto.

En la vida de un santo, es importante comprender la necesidad de la espiritualidad. La cercanía a Dios a través de Cristo es un tema importante. No es cuánto tiempo uno ha estado yendo a la iglesia, y si perteneces a cierta iglesia u organización, es la calidad de la espiritualidad que muestra que el Señor ha estado obrando en la vida de un santo. No estoy en contra de ir a la iglesia o pertenecer a una organización, pero lo que estoy diciendo es que uno debe crecer espiritualmente. Dos personas pueden haber estado yendo a la iglesia toda su vida, pero cuando se trata de sopesar a ambos en términos de calidad espiritual, se aceptará al que tenga la mejor calidad. ¿No es este el mensaje de los evangelios?

Jesús habló sobre dos hombres que oraban. El pecador oró en humildad, y Dios escuchó su clamor, y el otro oró con tanta exaltación, y su oración no fue aceptada. ¿Qué de las dos casas construidas sobre cimientos diferentes? Uno está construido sobre arena (estándares mundiales) que termina en destrucción, y la otra sobre la roca (Cristo) que se mantiene firme sin importar lo que se le presente. Se pueden comparar con las enseñanzas de las prácticas religiosas de los escribas y fariseos y el nivel de vida de

Cristo en Su reino (Lucas 9:10–14; Mateo 7:24–27; 23).

Dos diamantes pueden tener el mismo peso en quilates, pero en última instancia, el de mayor calidad determinará el mejor precio. En comparación con dos santos, ambos podrían haber estado sirviendo al Señor, pero finalmente, el que tenga la mejor calidad de vida espiritual será honrado por Dios como un vaso mejor. Conocí a dos jóvenes que fueron salvos y bautizados en el Espíritu Santo casi al mismo tiempo. Ambos ingresaron al ministerio y se convirtieron en pastores varios años después. Ambos lucharon mucho en el ministerio. Sin embargo, uno pagó un precio más alto en su vida espiritual que el otro. En los años que pasaron, uno dejó la posición pastoral porque se le hizo muy difícil, mientras que el otro seguía luchando por aferrarse a las promesas del Señor. Dios honró al pastor que luchó por aferrarse a las promesas de Él. Eventualmente tuvo éxito en el ministerio más allá de todas las probabilidades.

¿Por qué la mejor calidad? Algunos diamantes tienen menos inclusiones, imperfecciones, y por su composición natural, permiten ser cortados sin arruinarse. Es lo mismo con un santo. El santo que tiene menos actitudes, comportamientos, hábitos de la vieja naturaleza es más fácil de moldearse a la imagen de Cristo y su servicio.

Corte. Se describe un diamante en su estado original y sin tallar como un "diamante en bruto." Cualquiera que pase junto a un diamante en su estado natural podría confundirlo con un cristal sin valor o una piedra de vidrio. Es el trabajo de un cortador hábil descubrir el brillo en un diamante. Hay algunas formas y cortes distintivos. Algunos de los más populares son: Brillante Redondo, Esmeralda, Pera, Corazón, Oval y la Marquesa. De hecho, dentro de cada una de estas formas, hay diferentes cortes que determinan la calidad de la piedra.

Hay al menos siete cosas que sabemos en la historia de corte de diamantes. En primer lugar, los diamantes se conocen desde hace varios milenios y no se utilizaron hasta el siglo XI en su forma sin cortar. Se pensaba que eran algo mágico, sagrado y que poseían algún tipo de poder. En segundo lugar, no fue hasta el siglo XIII cuando los diamantes dieron un giro en su apariencia. La gente comenzó a moler y pulir diamantes a lo largo con las cuatro caras octaédricas (como dos pirámides conectadas en la base, uno mirando hacia arriba y el otro hacia abajo). Es en este momento cuando la mesa y el culet (el punto debajo del diamante) se cortaron en el diamante. En tercer lugar, debido al avance moderno, una rueda para pulimiento, llamada Scaife, se introdujo a mediados del siglo XIV. El Scaife preveía la fabricación de diamantes más brillantes con un patrón de facetas más complejo. Básicamente, abrió el camino para diseñar el "corte de rosa", que tenía una cúpula facetada parte superior e inferior lisa. Luego, un par de siglos más tarde, se desarrolló un diseño diferente llamado "corte único antiguo", que marcó el camino para el "corte de la mina antigua." El "corte rosa" tenía un aspecto forma general redondeada. Luego, en el siglo XIX, el diseño se volvió aún más complejo. Ahora el "corte redondo inglés" había cincuenta y ocho facetas en su diseño, muy parecido al "viejo corte europeo." Este diseño ayudó a producir los otros dos cortes. En 1919, Marcel Tolkowsky introdujo el sexto tipo de corte. Escribió un libro titulado Deseño del Diamante (Diamond Design): Un Estudio de Reflexión y Refracción de la Luz en Diamante. Determinó cuáles serían las mejores proporciones en un diamante para lograr un retorno equilibrado de luz (brillo) y dispersión (fuego). Se convirtió en el "American Ideal Cut" a pesar de que comenzó en Europa. El último de los cortes ideales es el "Modern Brilliant Cut." Es similar al corte de Tolkowsky pero con las facetas de la faja inferior cortadas más profundas (75 por ciento) en los pabellones.

• CUADRAGÉSIMA TERCERA FACETA •

El Sello Distintivo de una Iglesia

El cristianismo comenzó con el mensaje de Cristo y sus apóstoles. Primero fue llamada la iglesia primitiva y evolucionó hacia otras seis etapas por las que pasó la iglesia. Creo que la iglesia pasó por un cambio significativo para su bien. En un tiempo, se decía que la iglesia había pasado un período llamado "La edad oscura." Parece ser un tiempo de ignorancia de la Palabra de Dios por su pueblo a causa del analfabetismo y otros asuntos. Pero, sin embargo, la iglesia se integró desde un período a otro como escribe Cairns, "La Era Moderna está profundamente endeudada a la Edad Media. En la Edad Media, los hombres intentaron instaurar una civilización cristiana en la que se integrase el pasado con el presente en una síntesis significativa" (Cairns, 1993, 166). El Señor formó la Iglesia (cuerpo de creyentes en conjunto) y la ha ido preparando como novia a lo largo de los siglos para Su venida.

Como el diamante ha pasado por algunos cambios, también lo ha hecho la iglesia. El sello distintivo de una iglesia madura es la manifestación del carácter de la fe, el amor, la esperanza y la plenitud de Cristo (Colosenses 1:4–5; 1 Tesalonicenses 1:3; Efesios 4:13).

Hoy en día, la iglesia se puede comparar con el diamante "Corte Redondo Brillante". La iglesia brilla con la pasión para anunciar al mundo acerca de Cristo. Con los avances de la tecnología, viajes en avión, satélites, computadoras y bendiciones financieras, la iglesia está ardiendo con el amor (fuego) del Señor para alcanzar un mundo agonizante.

No solo el diamante y la iglesia pasan por cambios o madurez, pero también creo que el creyente pasa por cambios para llegar a la edad adulta. Los escritos de Pablo ofrecen una idea de la perfección o madurez del santo. "Para Pablo la meta es la perfección, tanto a nivel individual como corporativo. Y la perfección tiene dos etapas: un tipo relativo de perfección que los cristianos se esfuerzan por alcanzar en esta vida, y un estado final de perfección absoluta sin pecado que se realiza solo en la vida venidera" (Klien, 1993, 188). Así como la iglesia ha pasado por una metamorfosis a lo largo de su historia, así también el creyente ha pasado por diferentes etapas en su vida. Comenzamos como niños en Cristo, nuestro primer amor, y nos desarrollamos a través de diferentes medios y trabajadores hábiles para convertirnos en una persona madura, un soldado de la Luz.

Hay por lo menos siete pasos que el creyente da en su crecimiento espiritual. Primero, el creyente comienza su vida en Cristo como un niño recién nacido que desea la leche de la Palabra de Dios para crecer (1 Pedro 2:2; Hebreos 5:12–14); es la nutrición requerida para las enseñanzas simplistas de las Escrituras. Es en este momento cuando el creyente es más vulnerable ante el enemigo. Es en los primeros seis a doce meses que la firmeza es crucial para el recién nacido, pero también puede ser desalentado por el enemigo. Él o ella apenas tiene armas de guerra. Es en este momento que los santos espiritualmente maduros necesitan cuidar y proteger al infante. El lado positivo de esto es que en este primer año es cuando traen más gente al Señor. Una de las razones es que están estrechamente asociados con muchos incrédulos como familiares, amigos y enemigos. Los creyentes no solo comienzan en esta etapa infantil, sino que desafortunadamente, algunos creyentes nunca crecen de esta etapa (1 Corintios 3:1–3; Hebreos 5:12–14).

Una segunda etapa en la que crece un creyente es un niño (1 Corintios 14:20; Juan 21:5; Efesios 4:14). No son tan vulnerables como un infante, pero requieren constante cuidado y discipulado. Es un momento en que un adulto maduro acompaña al niño a través de sus años difíciles. Necesitamos tomar el ejemplo de Cristo como un hermano espiritual y manifestar cuidado, amor y ternura a un hermano comenzando su vida espiritual.

La tercera etapa que creo que existe en la vida de un creyente es juventud. Cuando David fue ungido siendo joven, el Espíritu vino sobre él. Algún tiempo después, llegó al frente de la batalla donde Goliat desafiaba a los israelitas; David fue lleno de celo piadoso por el desafío de Goliat. Cuando los hombres llevaron a David ante el rey Saúl porque David estaba dispuesto a subir contra Goliat, *"Dijo Saúl a David: No podrás tú ir contra aquel filisteo, para pelear con él; porque tú eres muchacho, y él un hombre de guerra desde su juventud"* (1 Samuel 16:13; 17:33; RVR1960). No solo creo que David era joven físicamente sino también espiritualmente. Su fe en su Dios era mayor que los que tenían experiencia en la guerra y en su fe en el Señor. La fe de los soldados mayores había sido contaminada por sus circunstancias y experiencias en la vida. La mente y el corazón de David todavía estaban frescos y tiernos, no contaminados por el mundo que lo rodeaba. Es en esta etapa que estamos más dispuestos para servir al Señor con la mayor pasión y fervor.

Otro ejemplo que me viene a la mente es la exhortación de Pablo a Timoteo para que nadie lo menosprecie a causa de su juventud (1 Timoteo 4:12). No creo que Pablo estuviera hablando solo de su edad física, sino también de su edad espiritual. Timoteo debía actuar como alguien que había sido entrenado por Pablo para realizar el trabajo de un pastor o líder de la iglesia. Si Timoteo iba a enseñar la doctrina, también tenía que vivirla, o de lo contrario derribaría con una mano lo que había construido con la otra.

Una cuarta etapa es la carnalidad. A medida que uno madura físicamente, un santo comienza a perder parte o, a veces, todo el fuego. Algo pasa cuando se asienta con el tradicionalismo y el ritualismo. El fuego disminuye después de un tiempo. Pronto se estanca y cae en un limbo de carnalidad (1 Corintios 14:20). Él hace cosas que no hubiera hecho en el pasado y en su primer amor. El santo lucha con la tibieza y, a veces, va y viene en su espiritualidad. Yo lo llamo el efecto balancín. Es un momento en que un santo está tratando de fijarse (enfocar) en una fe firme en el Señor. El lado oscilante de la fe es alto un día y bajo al día siguiente, sacando a relucir el lado carnal. Es el momento en que aceptamos las emociones como guía. Las emociones pueden compararse con la locomotora que conduce los vagones de un tren. O tus emociones guían tu vida o tu fe en Cristo. El objetivo es despojarnos de nuestras emociones como tutor y llevar una vida de total confianza en el Señor. Se puede tomar toda una vida para dominarlo, pero no es imposible.

Una quinta etapa es la del hombre viejo o lo que algunos llaman la naturaleza vieja (Colosenses 3:9). Esta etapa es algo cercana a la carnal. Pero en esta etapa, el santo vuelve y practica aquellas cosas que están prohibidas por lo que Cristo hizo en la cruz (Romanos 6:6). Esta persona ya sabe lo que está bien y lo que está mal a través de la Palabra y la experiencia. Pero él está decidido a vivir la vida de destrucción que una vez se practicó antes de la redención o salvación. Es este tipo de persona la que trae problemas a la iglesia a través de sus muchas practicas distorsionadas del viejo hombre, el Adán caído (Efesios 4:17–22, 25–32; Gálatas 5:19–21).

La sexta etapa es el hombre nuevo. En esta etapa es guiado por el Espíritu y se manifiesta el fruto del Espíritu. Él, el Espíritu Santo, es la conciencia de su vida en el Señor al vivir la persona nueva que Cristo ha creado en el convertido (1 Corintios 5:17). Es la vida crucificada y resucitada en Cristo. Ya no tenemos una relación en Adán, pero ahora tenemos una nueva relación en el nuevo Adán—Cristo. En Colosenses 3:9–11, Pablo explica a los creyentes que se han despojado de la "persona [naturaleza] vieja" con todas sus prácticas y se han puesto la "persona nueva." Lo que estuviera asociado con la humanidad corrompida y distorsionada debe ser condenado a muerte (Colosenses 3:5–8); la razón es que usted ha sido transformado según el ejemplo perfecto, que es Cristo (1 Pedro 2:21).

Sin embargo, la culminación última y final en la relación del santo con su Señor es llegar a ser un adulto maduro o perfecto (1 Corintios 2:6, 15; Efesios 4:13). Es importante entender que solo podemos alcanzar u obtener un tipo relativo de perfección en esta vida (Romanos 12:2; Colosenses 4:12). La perfección absoluta sin pecado sólo puede realizarse en la vida venidera (Filipenses 1:6). Es en el punto anterior que, después de muchos años maravillosos de lucha, prueba, batalla, períodos de paz y aprendizaje, que el santo ha venido a producir fruto para su Señor, no solo treinta, sesenta, sino ciento por uno (Mateo 13:8). Ya no es un niño zarandeado de aquí y para allá por enseñanzas falsas o nuevas que son antibíblicas. Los examina o los prueba si se aferran a la Biblia antes de tomar la decisión de creer o no. También se convierte en un ejemplo como mentor y maestro para los santos más jóvenes. ¿Cuál es una señal segura de que uno está alcanzando la perfección? Cuando uno persigue el amor.[23] A aquellas iglesias que habían ejercitado el crecimiento, Pablo los describió como teniendo fe, amor e incluso esperanza (Efesios 1:15; Colosenses 1:4–5; 1 Tesalonicenses 1:3; Filemón 5). En este nivel, se podría decir que el santo maduro puede funcionar en cualquiera o en la mayoría de estas siete áreas:

1. **Maestro** (Mateo 8:19; Hebreos 5:12; Tito 2:3). Estoy hablando de un maestro que habla y actúa a su debido tiempo y edifica a otro a través de su sabiduría y experiencia.

2. **Soldado** (1 Corintios 2:6; Filipenses 2:25; 2 Timoteo 2:3–4). Un soldado que diariamente usa su armadura preparada para cualquier batalla. Un santo que reconoce conscientemente que su batalla no es contra sangre y carne sino contra un enemigo mucho más fuerte. El que conoce las estrategias de su enemigo y sabe cómo combatirlo.

3. **Siervo** (Mateo 10:24–25; Filipenses 1:1; Tito 1:1). Aquel que no se busca a sí mismo sino a Aquel que lo redimió del servicio del diablo. Un siervo renuncia a sus derechos anteriores y posee el nivel de vida de su Amo, esclavo pero libre (de pasiones, pecados, fortalezas, etc.) en Cristo.

4. **Rey** (Apocalipsis 1:6). El rey es aquel cuya autoridad es atar a los impíos y combatir la función de pastor protegiendo a sus ovejas.

5. **Sacerdote** (Filipenses 2:22; 1 Pedro 2:9; Apocalipsis 1:6; 5:10; 20:6). Cristo es el Sumo Sacerdote; somos según Su orden. Intercesores para los incrédulos, los reincidentes, para la victoria, para que se haga la voluntad de Dios en nuestras vidas y para comunicarse con el Señor en un nivel íntimo.

6. **Padre** (Romanos 4:11; 1 Corintios 4:14–15, 17; 1 Timoteo 5:1). Los padres espirituales maduros proporcionan una guía para

muchos de los hombres más jóvenes e incluso damas. Con hogares rotos y la falta de supervisión de los padres para entrenar a un niño, es muy importante que los padres espirituales ayuden a proporcionar una buena crianza saludable. Si algo ha faltado en nuestras iglesias, ha sido hacer discípulos. Incluso los pastores no se toman el tiempo para capacitarse o trabajar estrechamente con su círculo interno de líderes.

7. **Anciano** (1 Timoteo 5:1-2; 1 Pedro 5:1; 2 Juan 1:1; 3 Juan 1:1). El anciano asume un papel muy diferente. Se convierte en un líder espiritual que ayuda a gobernar y administrar la iglesia. No estoy hablando del oficio de anciano sino más bien de la función. Puede ayudar a las iglesias y a los pastores en situaciones muy complejas y en diferentes áreas a lograr el plan divino del Señor.

Como dice el viejo refrán, "de vuelta a la tabla de cortar", el corte del diamante se ha refinado a una fórmula matemática precisa. El diamante redondo de talla brillante tiene cincuenta y ocho facetas. Existen muchos otros cortes que tienen menos o incluso más facetas que el corte brillante. Un buen corte vendrá determinado por su índice de refracción. El índice de refracción se puede usar para demostrar qué tan visible la luz se puede dividir en los muchos colores diferentes del espectro cuando pasa a través de una sustancia transparente. Cuando la luz blanca entra en una sustancia incolora, ciertos colores se doblarán más que otros, creando una dispersión o separación de colores. Esto se puede comparar con un espectro visible de un prisma.

Cuando las piedras no tienen la proporción necesaria, se les dan cortes "extendidos" haciendo que los diamantes sean demasiado anchos y poco profundos. Esto da la impresión de piedras más grandes, pero disminuye el brillo. Los diamantes que se han tallado de manera deficiente producen "ventanas", que filtran la luz en lugar de reflejarla el espectador. Una buena marca está correctamente proporcionada cuando un tercio del peso total de un diamante está por encima de la faja y dos tercios por debajo de la faja. Uno de los objetivos al cortar una piedra es dar brillo y fuego con la mínima pérdida de peso (el objetivo es dejar la mayor cantidad de diamante posible). Es importante cortar un diamante correctamente para conservar su mayor valor.

Desde el principio, cuando la gente empezó a usar diamantes, el brillo no estaba principalmente en mente. Había otros efectos que se pensaba que era más importante. Pero los diamantes pueden producir un grado muy alto de brillo. El criterio dado a los diamantes fue la capacidad de producir el máximo brillo. Este brillo dependerá de dos fuentes: la vida y el fuego. La vida es el grado de luz que, después de atravesar la gema desde el frente, es reflejada de vuelta al espectador. El fuego es la cantidad de color que destella causada por el diamante que divide la luz blanca en un espectro de colores. Esto solo puede venir de un diamante que ha sido tallado en sus proporciones.

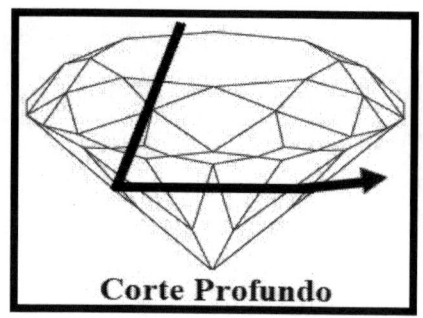

Figura 16 — Corte Profundo

Figura 17 — Corte Ideal

• CUADRAGÉSIMA CUARTA FACETA •

Proporción que Afecta al Fuego

En gemología, la proporción correcta afectará el precio. Con frecuencia no todos los diamantes tendrán el mismo peso y proporción (vea figura 11 para la proporción). Cuando los diamantes se han cortado incorrectamente, los cortadores de diamantes, a veces, cortarán los diamantes, haciéndolos parecer caros y más grandes a través de un imagen más ancha y superficial que causa la disminución de las piedras preciosas brillantez. Otro error en el corte radica en las "ventanas" o facetas mal cortadas, que terminan dejando escapar la luz en lugar de reflejarla al consumidor. A veces fajas y facetas mal cortadas son un estorbo porque no se alinean correctamente; esto también reduce el precio de una piedra. Estos cortes incorrectos hacen que un diamante apenas produzca fuego o no produzca fuego en absoluto. El fuego es el brillo que se produce por la dispersión de la luz blanca. Muchos de nosotros hemos comprado diamantes en racimos a un precio muy bajo, por lo que parece. Llamo a estos diamantes blancos lechosos. No tienen brillo en absoluto. Son solo piedras llamadas diamantes, pero no producen asombro para el espectador.

El primer paso para crear un diamante de talla brillante es marcar la piedra preciosa en bruto después de haberla examinado. Esto es para decidir cómo se debe cortar para producir el mayor valor.

El marcador primero determina todas las ubicaciones y el número de inclusiones o defectos a considerar. Las facetas deben ir en la dirección del grano o hendidura (**figura 6, página 34**). Una vez que estos se toman en cuenta estos factores, el diseñador decide cómo se debe cortar el diamante y lo marca para designar dónde se debe partir o aserrar la piedra. Este es un trabajo muy crítico. Si el marcador crea un error donde debe ser aserrado, cortado, o entablillado, el diamante puede romperse porque algunas gemas tienen demasiados puntos de estrés y podrían fragmentasen si se le aplica este procedimiento. Participan varios individuos bien entrenados, no novatos en este proceso.

En la vida de un santo, el fuego es muy importante. Es por eso que es importante el corte (moldeando a través de pruebas, enfermedades, el enemigo y otras formas). Si al santo no se le dan los ángulos correctos y los grados, no reflejará el fuego en él. A veces, los santos que no han pasado por los pasos necesarios para producir este tipo de corte serán similares al diamante que es como el corte "extendido", haciendo que el santo parezca un personaje muy espiritual. Estos santos apenas producen fuego. Aquellos que caminar en la carnalidad o han estado sirviendo al Señor por muchos años pero no han madurado reflejan el tipo de un diamante más ancho. En el libro de Génesis, se dice que Matusalén vivió 969 años y tuvo hijos. Es una asombrosa cantidad de años que casi parece poco realista. Pero esto es todo lo que la Biblia dice acerca de él. No hizo nada grande, heroico, valioso, extraordinario o piadoso. Todo lo que la Biblia dice acerca de él es que vivió 969 años. Casi todos los demás mencionados tuvieron hijos, así que no hay nada diferente en él a este respecto. Parece haber sido un diamante ancho, enorme, pero durante todos esos años, casi nada salió de él que fuera sorprendente. Hay muchos santos como él que pasan por muchos años maravillosos de vida, pero el público en general no los habría notado si no hubieran ocupado espacio.

Luego hay otros santos que han sido tallados en una pobre moda. Producen "ventanas" o facetas, que filtran la luz en lugar de reflejarla al espectador. Lo que estoy diciendo es que, en realidad, filtran más la luz del Señor de lo que la reflejan hacia el pecador. Son los que *"...Actuarán como religiosos pero rechazaran el único poder capaz de hacerlos obedientes a Dios"* (2 Timoteo 3:5; NTV). A estos santos les hicieron un mal trabajo. O no había mucho discipulado, tutoría, enseñanza de la Palabra, o no eran estables en ninguna iglesia. Muchos creyentes saltan de una iglesia a otra, creyendo que no tendrá ningún efecto sobre ellos. Se necesita un cuerpo de creyentes con todos sus ministros efectivos, obreros calificados y mucho tiempo para colocar cada faceta en un santo. Si el santo filtra luz en lugar de reflejarla, se le llamará un diamante, pero le faltará el fuego. Será un diamante muy económico, pero sigue siendo un diamante. Él o ella es un santo sin fuego, pero sigue siendo un santo. En la Biblia, hay muchos individuos que tomaron esta forma. En la iglesia, también hay muchas personas producidas en esta forma.

Un diamante bien cortado con una proporción precisa mostrará una forma limpia y simétrica, y las proporciones debajo y por encima de la faja serán precisas. Cuando un tercio del total peso en quilates está por encima de la faja y dos tercios están por debajo, equivale a una proporción precisa. Este diamante bien tallado será extravagante, ardiente y deslumbrante. Un tercio y dos tercios es igual a uno. El Padre, el Hijo y el Espíritu Santo obran como Uno en la vida de estos hombres. Están igualmente proporcionados.

EDWARD V. GONZALEZ

• CUADRAGÉSIMA QUINTA FACETA •

Sin Fuego

Nunca ha sido la intención de Dios producir un santo con malos cortes en cualquier parte del diamante ni en los pabellones, culet, faja, mesa o facetas. Llamaremos a estas áreas la mente, el alma, emociones, fuerza y corazón. Pero a veces, un diamante viene muy defectuoso de la naturaleza por las inclusiones creadas en la fabricación. Hay varios ejemplos en la Biblia donde los diamantes (personas) tenían inclusiones que impedían al Diseñador y el Marcador, Dios, formar un corte brillante y ardiente. Un ejemplo es el rey Saúl. Antes de que Saúl fuera elegido para ser rey, tenía la ocupación de ser un domador de burros. El burro representaba orgullo y prestigio, ya que aparentemente eran los animales de montar para líderes y para la nobleza (Jueces 10:4; 12:4). Testarudez, la humildad, la carga y el trabajo duro también caracterizaron al burro. Era evidente que Saúl reflejaba muchos de estos rasgos, una notable diferencia entre Saúl y sus asnas y David y sus ovejas. Un día, Saúl y su sirviente fueron a perseguir algunos de los asnos de su papá que se habían perdido. Se hizo tarde y no estaban seguros de su paradero ni de sus animales. Entonces su sirviente le habló de un vidente de Dios que podría ayudar. Saúl no sabía quién era Samuel, el profeta. Saúl no era un hombre piadoso, ni parecía que tenía grandes intereses en asuntos piadosos.

El pueblo de Israel estaba cansado de los ataques del enemigo, por lo que le dijeron a Samuel que querían un rey como el resto de las naciones. Dios no estaba complacido con el rechazo del pueblo hacia Él, pero les permitió salirse con la suya. Porque pidieron un rey, Dios les dio a Saúl, su nombre significa 'pedido', y la gente lo quería por su altura y otras cualidades humanísticas. Los israelitas eligieron a un hombre como su rey en lugar de Dios. Es interesante que el noveno capítulo de 1 Samuel menciona seis generaciones, incluyendo a Saúl. Es una versión abreviada del relato porque, esencialmente, transcurrieron varios siglos entre Benjamín, el padre de los benjamitas, y Saúl. Seis es el número para el hombre. El libro de Proverbios aconseja, ***"Mejor es confiar en el Señor que confiar en el hombre"*** (Salmo 118:8; NBV). Una debilidad de la humanidad es que siempre quiere poner confianza en el hombre. El Señor les advirtió de las severas cargas que el rey les impondría (1 Samuel 8:7–20). No les importaban ni se oponían.

Una vez que Saúl fue elegido, mostró atributos carnales. Una y otra vez, el rey Saúl se presentó como un hombre conforme a su propio corazón y no al corazón de Dios como lo haría el rey David durante su reinado. La vida de Saúl resultó ser un diamante que requirió no solo de Dios como diseñador, sino también de otros en el diseño de la vida de este rey. Samuel fue consejero y sacerdote de este Rey. Samuel trató de moldear la piedra preciosa (Rey Saúl) en lo que el Señor quería, pero fue en vano. Incluso el mal, representado por la nación de los filisteos, era en cierto sentido un instrumento de hechura u obra al líder de la nación hebrea. ¿De qué manera eran un instrumento? Dios obró a través del mal en su vida para labrar la claridad deseada (el grado en que un diamante está libre de imperfecciones o inclusiones). Dios usa al enemigo para dar forma a nuestras vidas porque algunas inclusiones como cavidad (lujuria), cristal (envidia), pluma (odio), agujas (celos), nubes (descontento), puntos (orgullo) y manchas (desobediencia) han sido incrustadas desde el nacimiento o de alguna otra manera. Algunos diamantes no se dejan moldear ni brillar, por lo que se utilizan con fines industriales. Incluso los santos que no dejan que sus vidas sean moldeadas en el diseño de Dios son usados para algún otro propósito y no para Su Gloria. Es un hecho que el 80 por ciento de todos los diamantes no son aptos para la joyería, pero para uso industrial.[24]

Los filisteos comenzaron a atacar las ciudades israelitas. El rey Saúl reunió sus fuerzas para la batalla, pero sabía que lo superaban en número. Había pedido la ayuda de Samuel, y la respuesta fue que el rey Saúl preparara todos los elementos necesarios para un sacrificio al Señor, pero tenía que esperar siete días hasta que viniera Samuel (1 Samuel 13:8–13). Mientras tanto, sus hombres abandonaban sus puestos debido al miedo a la enorme infantería que se les acercaba. El desánimo se estaba instalando en el campamento. Saúl se inquietó y comenzó a hacer el sacrificio que le correspondía sólo al sacerdote, Samuel.

El rey Saúl sufrió muchas fallas en su desarrollo; Dios lo hubiera perdonado y lo hubiera ayudado a convertirse en el rey que debería haber sido, pero no funcionó. El rey Saúl no aprendió a confiar en el Señor. Esto no sólo fue un factor, sino el número de los filisteos incircuncisos eran como el grano de la arena multitudes y multitudes. Su prueba fue confiar en el Señor con paciencia; no confió en el Señor sino en sí mismo, por lo que ofreció el holocausto. En este preciso momento llegó Samuel. El rey Saúl se había vuelto impaciente. Fracasó miserablemente en la prueba; Samuel le dijo: ***"Has actuado locamente"*** (v. 13; NBV).

El Señor nos prueba constantemente para ver nuestro compromiso con Él. Cuando Saúl se vio abrumado por grandes dificultades y no tenía a dónde ir, le pidió al sacerdote, no a Samuel sino a Ahías, que hiciera el sacrificio. ¿A veces te dicen que esperes una respuesta, no siete días sino semanas, meses o incluso años? En una ocasión en mi vida, había orado continuamente por una sanidad. La respuesta llegó cinco años después. Si no hubiera esperado la respuesta o la sanidad, en este caso, habría sufrido de una enfermedad llamada sinusitis por el resto de mi vida. Samuel vio que no había esperanza en el rey debido a la desobediencia de Saúl. Dios le había dicho a Samuel que iba a quitar a Saúl del trono. Desafortunadamente, Ahías no tenía la misma capacidad espiritual o relación íntima con el Señor que Samuel. Samuel sabía que había un final para su trono; Ahías no sabía la diferencia. Él simplemente siguió los deseos del Rey. Hay tantos pastores, ministros o miembros que no pueden leer las señales, los tiempos o las escrituras en la pared. Pueden estar en la iglesia o un ministerio equivocado, o bajo alguien que no está disciplinando o pastoreándolos.

Mientras tanto, en el frente, Jonatán, hijo del rey Saúl, y su siervo fue a la batalla confiando en que el Señor entregaría a los filisteos, contrariamente a la falta de fe de su padre. Cuando Jonatán y su criado habían matado a varios filisteos, estalló una conmoción en el campamento de los filisteos. Dios no solo hizo que el miedo se extendiera por todo el campamento, sino también un terremoto que sacudió la tierra. Mientras estando en el campamento de los israelitas, el rey Saúl le pidió a Ahías, el sacerdote, que buscara la voluntad de Dios usando el efod (Unger, página 381). Tan pronto como el sacerdote estaba a punto de meter la mano en el efod, el rey Saúl escuchó una conmoción y

EL DIAMANTE Y SU CREADOR

vio a los filisteos que huían desesperados. Rápidamente le dijo a Ahías que quitara su mano. Su fe no era sincera. Tan pronto como las cosas mejoraron, abandonó su esperanza y la guía del Señor. Hay muchos santos que son así. Se acercan al Señor cuando los problemas, enfermedades, y otras calamidades les aporrean. Pero tan pronto como las cosas mejoran, abandonan su confianza en el Señor y comienzan a confiar en sus habilidades, trabajos o conocimientos. A lo largo de la vida del rey Saúl, la piedra preciosa no se podía tallar hasta que brillara. Finalmente termino suicidándose. Su mundo se derrumbó sobre él. Ningún fuego o manifestación de la gloria del Señor salió de este diamante. El rey Saúl demostró traer oscuridad espiritual a todo Israel durante sus cuarenta años de reinado. Sin embargo, Dios estaba preparando a un joven pastor, David, para reemplazar la oscuridad con la luz para que todos vean la gloria del Señor. La oscuridad se negó a salir del pueblo de Israel por muchos años, pero finalmente, la luz entró a través de Rey David.

He tenido muchos creyentes que vienen al Señor y se quedan en la iglesia por un tiempo. Son congruentes con el rey Saúl. Manifiestan las mismas características. Van de un extremo al otro en muchas cosas. Adoran al Señor con gran pasión y al día siguiente están extremadamente callados. Están llenos de fe una semana y dudan como Tomás en lo siguiente y se rinden después. Son inconsistentes y muchas veces manifiestan obras carnales. Estas personas tienen dificultades para ser discipulados porque no saben cómo quedarse quietos y recibir el consejo de aquellos con más experiencia y conocimiento en el Señor.

Otra persona que dio ejemplo como el Rey Saul en el Antiguo Testamento fue Sansón. Fue usado grandemente por el Señor, pero vaciló en obedecer las órdenes o consejos de sus padres.

Jugo con fuego demasiadas veces, y al final, le sacaron los ojos, y murió con los filisteos. A lo largo de la vida de Sansón, el Señor usó diferentes situaciones para preparar todas las ventanas y reflejar la luz hacia el Señor. Sansón se negó a ser cortado. Tuvo tres mujeres distintas durante su vida, y todas resultaron ser destructivas fuerzas para él. Al final de su vida, el Espíritu del Señor lo dejó a causa de su desobediencia. Finalmente recuperó el poder del Señor solo para destruir a muchos filisteos y a él mismo. Sansón Hizo grandes cosas y podría haber hecho más si hubiera vivido más tiempo. La vida fue cortada en su mejor momento a causa del pecado. Sin luz, sin gloria. Si Sansón hubiera sido obediente al Señor, el mundo habría visto el poder del Señor en toda su gloria. Las naciones alrededor de Israel no dudarían del poder del Dios verdadero. Se habrían inclinado y servido al Señor de los israelitas.

En el Nuevo Testamento, vemos la vida de Judas, quien traicionó al Señor Jesús. Estar tan cerca y caminar con el Señor, sin embargo, su diamante tenía demasiadas inclusiones que finalmente termino traicionando al Señor y luego suicidándose a causa de la terrible decisión que había tomado. Malos cortes. Malas inclusiones. No fuego.

Todos estos hombres y muchos más fueron usados por el Señor. A lo largo de sus vidas, el Señor colocó los eventos, oportunidades, y la gente para preparar el diamante para recibir la luz y fuego. Desafortunadamente, la luz los había atravesado a todos, pero ningún fuego o amor sacrificial salió de sus vidas. Jesús es la luz, y el fuego es el poder del Espíritu Santo obrando en todos nosotros. La Luz puede entrar en nosotros, pero podemos negarnos a hacer Su voluntad y apagar el Espíritu (el fuego) para que no obre en nosotros.

• CUADRAGÉSIMA SEXTA FACETA •

Centelleo

El centelleo es el parpadeo de un diamante mientras se mueve. La mayoría de los diamantes centelleantes muestran un efecto de estrella, con ocho estrellas de punta negra que irradian desde el centro de un diamante. Algunos dicen que es un destello o pequeños destellos de luz que se notan en un diamante cuando el espectador mueve la cabeza. Diamantes con los cortes adecuados son perceptibles para cualquier persona de una sola fuente directa iluminación o pequeños focos sobre exhibidores de joyería.

El centelleo no es el fuego del arco iris en una fuente de luz única. No es como el de una exhibición de joyas donde se ilumina con una luz de una sola fuente. Por el contrario, el centelleo está involucrado en un lugar donde hay mucha luz. La buena marca no irradiará fuego, pero un efecto de estrella de ocho estrellas de punta negra se desprenderá de ella debido a tanta iluminación.

Hay una diferencia en el ambiente del santo y sus efectos sobre la sociedad. Hay dos lugares a los que está expuesto. Uno está en un lugar oscuro y pecaminoso donde la gente vive en hostilidad y rebelión hacia el Señor. En este lugar, puede que no haya muchos santos para ayudar a mostrar el fuego del amor a los pecadores no arrepentidos. Es muy crucial, en esta localidad, que los santos sean irreprensibles, y vivan con rectitud ante Dios. Este lugar oscuro y pecaminoso puede estar en su trabajo, en reuniones, clubes, escuelas, en el hogar y en deportes. Debemos producir un destello de fuego dondequiera que el Señor nos ponga. Recuerde, hay muchos ojos observando cada paso que hacemos y escuchando cada palabra que decimos.

    Un segundo lugar para que brillemos podría ser un lugar donde haya mucha luz, como una iglesia o donde se reúnan muchos santos. En este tipo de lugares, la iluminación excesiva no produce fuego sino sólo un centelleo con efecto de estrella negra. En un capítulo anterior mencioné que la Biblia nos llama estrellas. Dependiendo del número de estrellas en un conjunto se determinará la cantidad de luz que transmita entre ellas. Las estrellas negras que brillan son solo un recordatorio para todos los reunidos de que todos somos arrepentidos, pecadores. El efecto estrella negra es un constante recuerdo de lo que solíamos ser y que este diamante está brillando con la luz de una vida que estuvo una vez en la oscuridad. La luz que damos no es nuestra sino del Señor.

    Los santos que hayan sido cortados y pulidos correctamente por el Señor a través de diferentes medios y por una variedad de métodos serán diamantes de talla brillante que muchos valorarán más allá del precio que valen. Hay varias piedras preciosas de valor incalculable mencionado en el Antiguo Testamento. Job es una de ellas. Su experiencia de vida ha dado esperanza a muchos santos en medio de la crisis. Sin duda, Job nunca conoció la conversación entre Dios y Satanás. Nunca supo por qué tuvo que pasar por su calvario. La prueba de Dios para Satanás de que Job amaba y obedecía al Señor estaba en la evidencia de la confianza de Job en Él hasta el final. Aunque el vaciló en su fe, dudó que Dios hiciera algo tan doloroso actuar sobre él, acusó a Dios de injusticia por su mal sufrimiento, y creyó que él tenía la razón y que Dios estaba equivocado, al final vino a aceptar ante Dios que no lo sabía todo en la vida. Dios tenía un plan divino, y el trabajo de Job era confiar en el Señor pase lo que pase.

Había varias cosas en la vida de Job que estaban mal. Primero, se había formado una imagen mental de quién era Dios realmente, lo cual Dios no era. Sus amigos, que eran muy sabios, no pudieron demostrar dónde o cómo estaba equivocado Job. Lo acusaron de estar en pecado y que esa era la razón por la cual Dios estaba castigando a Job. En el décimo capítulo, Job se encuentra en confusión, sin saber qué creer más acerca de Dios. Su error sobre quién él pensaba que era Dios chocó con la verdad de quién es Dios en realidad. Al final de la historia, Job es honrado por Dios por confiar en Él sin importar por qué y cómo Dios permitió que cosas sucedieran. Perdonó e intercedió por sus amigos por sus actos ilícitos contra él. Dios bendijo a Job al final dándole el doble de lo que tenía al principio. El diamante de Job centellea con el fuego blanco y negro. Se convirtió en una piedra de forma elegante.

Todas las cosas necesarias para crear este elegante diamante estaban en su lugar: la formación, la constancia, la presión y calor intenso, prueba y tamizado, eliminación de las inclusiones, el corte, desbaste y pulimiento. Brillaba como las estrellas sobre los cielos y se convirtió a lo largo de la historia en un diamante que es eterno. El Diseñador y el Marcador crearon una piedra definitiva que se escogió no como cualquier diamante lechoso, sino como una gema impecable e incolora. Dios, el Tasador Jefe (el Jefe que da valores), pensó que su experiencia de vida no sería en vano; por lo tanto, el Hacedor (Creador) colocó a Job en el libro más importante, la Biblia, para ser una fuente de inspiración a muchos de nosotros. ¿A cuántas personas ha ayudado el libro de

Job? Probablemente millones, ¿y de qué manera? A través de la esperanza, la fe, la persistencia, el amor, el perdón, la intercesión y la humildad. ¿Eres cómo Job? ¿Se mantiene fiel hasta que Dios haga un cambio? ¿Ha pasado por todos los pasos necesarios que Dios ha puesto en su vida, o ha ido por atajos y evitado cosas en su vida para escapar del proceso?

Tenía un amigo que ministraba desde muy joven y poco después se casó con una joven que no era creyente. A lo largo de su matrimonio, ambos lucharon y lucharon. Su esposa no le mostró benevolencia, así pensó (1 Corintios 7:2–5; NVI); la benevolencia se refiere a una mujer que tiene relaciones sexuales con su esposo y lo ama. Decidió abandonar el ministerio y no servir a Dios. Echó a perder su vida y la salvación de su familia. Se suicidó ministerialmente. *"¿Puede alguien echarse brasas en el pecho sin quemarse la ropa? ¿Puede alguien caminar sobre las brasas sin quemarse los pies?"* (Proverbios 6:27–28; NVI). Se enamoró del dinero y las mujeres hasta su caída. Él no quería y deseaba no pasar por todos los pasos necesarios para convertirse en un diamante de talla elegante. Su diamante tenía demasiados puntos de tensión, por lo que cuando llegó el momento de probar y zarandear, su piedra se rompió en las grietas. ¡Sin confianza! ¡Sin fe! ¡Sin esperanza!

José fue otro ejemplo perfecto de una piedra tallada en brillante. Dios le dio sueños más allá de las expectativas de sus hermanos. Sirvió como salvador para toda su familia. Su formación como inocente niño en presencia de sus diez hermanos mayores sólo sirvió como un recordatorio de su estado humilde. Fue vendido como esclavo y se aventuró a través de los años como una vid de fructificación para su amo Potifar solo para ser acusado más tarde por la esposa de Potifar de acoso sexual y encarcelado por un crimen que no cometió. Había soportado las avenidas de sufrimiento necesarias para desgastar las facetas, mesa, pabellones y cualquier otra parte de su diamante. Dios elevó a José a una posición muy alta, sólo superada por el Faraón mismo. Como dice el dicho, "de la pobreza a la riqueza", así fue la historia de José. Pasó de una posición humilde, fue encarcelado, pero después, su estatus como uno de altura a una de las naciones más grandes del mundo. Jesús es un tipo de José; él también era un favorito de su Padre, vendido por sus hermanos, acusado de un crimen que Él no cometió, castigado por ello, y luego elevado a la diestra de Su Padre en el cielo. Este diamante impecable e incoloro, José, fue exhibido por Dios en el salón de la fe en el capítulo once de la carta a los hebreos. Al final, el diamante de José brillaba con el destello del fuego. Sus propios hermanos no pudieron reconocerlo. Ellos nunca pensaron que José alguna vez podría ser colocado en una posición tan gloriosa y exaltada.

Todos estos individuos tenían las 4 C's para determinar el valor de su diamante. Tanto Job como José practicaron la confesión (color) por los pecados en sus vidas y la consagración (claridad). Ellos creían en ser santos ante su Creador. Su compromiso (peso en [c]quilates) a sus creencias y su Dios proporcionó los medios para soportar las dificultades y luchas para convertirse en la joya casi perfecta. Característica (corte) les dio los implementos necesarios para superar cualquier cosa y ser moldeado a la misma imagen de Dios (Génesis 1:26; Romanos 8:29; 11:7b; Colosenses 3:10).

Nosotros también tenemos las cuatro "C" espirituales. La Biblia nos dice que confesemos nuestros pecados ante el Señor y entre nosotros (1 Juan 1:9; Santiago 5:16). Hay algo en la confesión sincera que lo libera a uno. Hace algunos años, estaba enganchado a lo dulce. Sí, así es, ¡enganchado! Así como un drogadicto, pero con algo dulce. No pasaba un día sin que necesitara mi dosis de algo dulce. Tenía que comer algo dulce. Un día, le confesé el problema que tenía a mi esposa y hermana. Algún tiempo después, noté un cambio en mis hábitos alimenticios. No había comido nada dulce durante en casi dos semanas. Ahora, si quiero comer algo dulce, tengo la libertad de hacerlo. Creo que la confesión y la ayuda del Señor me trajo la libertad.

• CUADRAGÉSIMA SÉPTIMA FACETA •

El Amor es Fuego

El amor es fuego. Para continuar en el fuego, hay que vivir en el amor de Cristo. Pablo dijo: "Ahora existe la fe, el amor y la esperanza, pero el mayor es el amor." No podemos hacer nada sin que el amor esté presente. El fuego seguirá ardiendo si lo que estamos haciendo en el Señor lo hacemos por amor. Veo que muchos creyentes dejan de hacer algo en el Señor porque se ofenden o a veces no están de acuerdo con lo que está pasando en la iglesia. El amor no conoce la ofensa (Mateo 18:35) ni condiciones. Uno es capaz de decir si lo que uno está haciendo es por amor o por voluntad propia. Podemos determinar sí fue por voluntad propia por ciertos factores. Si una persona es ofendida porque alguien le dijo o le hizo algo, entonces sabrá que no fue para Cristo lo que hizo sino por sí mismo. Otro factor puede ser cuando uno se frustra con los resultados porque las cosas no salen como uno espera que salgan. Un ejemplo de esto podría ser cuando uno está intentando recibir reconocimiento por ocupar una posición determinada. Esto sería ser considerado un intento de tomar la gloria que pertenece sólo a Cristo. Los santos pueden confesar que lo que están haciendo es para el Señor, pero en el fondo, puede ser para ellos. Y luego están aquellos que no se salen con la suya, y simplemente se dan por vencidos. Parecen creer que saben más lo que es mejor para el ministerio o la iglesia que lo que Cristo conoce. Es inmadurez espiritual en lo máximo.

El amor es la pasión que brilla dentro de un creyente enamorado de Cristo. Es un alma enfocada enteramente en Él y dedicando su vida al único propósito del reino. El amor, a lo largo de la historia y en la Biblia, ha reflejado un sentido de amor ardiente.

Una cosa que necesitamos saber sobre el amor es el fuego. El amor tiene su parte en la mitología, en el anillo de compromiso, y lo que la Biblia dice sobre el amor y el fuego. Desde el principio de la humanidad, el amor fue creado en la humanidad. Ha sido parte del matrimonio entre hermanos y hermanas, padres e hijos, sociedad, o Dios y su pueblo. Pero el Amor de Dios que es mencionado en la Biblia es diferente de lo que el mundo ofrece. Ágape-el amor de Dios. Es de sacrificio, apasionado, generoso y no piensa en sí mismo.

Sin embargo, el amor en la mitología tiene un significado diferente. Desde el comienzo del descubrimiento de diamantes, se han registrado asociado con el romance y el amor. Los griegos creían que el fuego en el diamante reflejaba la llama eterna del amor. Para otros, los diamantes se consideraban una poción para lanzar hechizos de amor. El Cupido romano, ángel infantil del amor romántico, se dice que inclinó sus flechas de pasión con diamantes antes de arrojárselos a los amoris. Los diamantes estaban asociados con amor.

En el siglo XIV se produjo un giro singular cuando los diamantes se conjugados con el amor. La idea del anillo de compromiso fue asimilado a la sociedad. En 1477, el archiduque Maximiliano de Austria estaba enamorado de María de Borgoña y le regaló un anillo de diamantes. Fue en este momento cuando se introdujo el anillo de compromiso de diamantes. Colocó el anillo de diamantes en su tercer dedo de la mano izquierda. Esto se remonta a la antigua teoría egipcia de que la Vena Amoris, la vena del amor, corre completamente desde el corazón hasta la punta del tercer dedo de la mano izquierda.

Desde hace siglos, millones de parejas han compartido en esta alegre ocasión llamada el compromiso, un paso que nos acerca a la idea del matrimonio. Muchas culturas alrededor del mundo no comparten esta práctica. El judaísmo del Antiguo Testamento no practicaba el compromiso dentro de su pueblo. Sus matrimonios estaban todos arreglados de antemano.

En el Antiguo Testamento, el pueblo de Israel estaba casado con Dios. Pero en el Nuevo Testamento, Jesús y la iglesia están comprometidos. La iglesia y Jesús están comprometidos en un compromiso que ha durado más de 2.000 años, el compromiso más largo registrado en la historia (2 Corintios 11:1–3; NVI).

Es interesante que la piedra que representaba a Gad era el diamante. Su nombre significa "multitud" o "tropas", como he dicho en un capítulo anterior. La iglesia, tú y yo, somos la multitud, el diamante. Somos ese anillo de compromiso que nuestro Señor le dio a la iglesia. No es un anillo cualquiera. Es el diamante más precioso, impecable e incoloro jamás comprado por nadie. Nadie ha podido comprar un anillo de diamante tan exquisito e invaluable. Le costó la vida a mi Señor en la cruz comprarte a ti y mi (1 Corintios 6:20; 7:23). De ti y de mí, debemos producir una pasión ardiente por Él. Quienes os rodean necesitan ser testigos de un amor inquebrantable e intransigente hacia Jesús.

La palabra griega "fuego" es un cognado de "pureza" y "purga". Además de que la palabra "fuego" se usa literalmente, su significado simbólico sugiere algo siendo purificado que es inmundo. Usted y yo estamos siendo constantemente purificados. A medida que el fuego (amor) corre a través tu corazón, mente, alma y voluntad, estás constantemente siendo limpiado. ***"Buscar la paz con todos y la santidad, sin la cual nadie verá al Señor"*** (Hebreos 12:14; NVI). Es importante retener el fuego en ti. Usted puede preguntar, ¿cómo continúo este fuego en mí? Siempre oren y adoren al Señor. Escuche perpetuamente la Palabra de Dios. Cante canciones piadosas en casa o en la iglesia. Habla con personas piadosas y comparte el mensaje de Cristo a los impíos. Estudie para la clase matutina del domingo o cualquier servicio que ofrezca estudio bíblico. Estas son algunas sugerencias para mantener el fuego encendido.

En las Escrituras, "fuego" tiene varios significados simbólicos. En Salmo 39:3 y 119:139, se dice que el santo tiene un celo como el fuego. ¿Qué es el celo? Es pasión, fuego, dedicación, entusiasmo o afán. Debes estallar con esta característica de celo ante el Señor y un mundo perdido. El celo no es sólo como el fuego, sino que el poder también es como el fuego (Hechos 2:3; 1:8). El fuego que procede de ti es del Espíritu Santo, que da el poder de ser un diamante de fuego. Este poder se da para brindar la oportunidad a la misión que Dios te ha llamado a hacer. Debes tener valor (Josué 1:9) porque el santo ya tiene la victoria sobre sus enemigos. Fuego simboliza la derrota de nuestros enemigos (Abdías 18). ¿Que hemos aprendido sobre el fuego? Su significado simbólico indica purificación, celo, poder y victoria del santo. Tu salvación en Cristo provee también la santificación y, con ella, la liberación de los muchos enemigos contra el santo.

En el Antiguo Testamento, el fuego sobre el altar del sacrificio debía arder continuamente como señal visible de la continua adoración a Dios. A nadie se le permitía encender el fuego del altar sino al Señor mismo. Cualquier fuego extraño que se trajera para encender la leña en el altar fue considerado incorrecto. Dos hijos de Aarón, Nadab, y Abiú, fueron castigados en un instante por el juicio divino. Nadie puede encender vuestro fuego a menos que sea el Espíritu de Dios. El fuego extraño se puede considerar como los caminos del hombre: la religión falsa, empujarte a hacer algo en contra de la voluntad del Señor, venir a la iglesia por culpa o por la fuerza, dar por obligación (diferente a la responsabilidad), o la manipulación. Si el Señor no te enciende en fuego, el hombre mucho menos puede encenderte. Dios puede encenderte; solo se toma una fricción o chispa. El Talmud decía que sólo una fricción podía encender el fuego del altar. Cuando se está tallando un diamante para que parezca una forma de cono, se hace por el roce (fricción) de un diamante de corte anterior con otro. Sólo a través del poder del Espíritu Santo puede usar a un santo para frotar (causar fricción) a otro y producir fuego. Otra vía para encender el fuego en ti es a través de la Palabra de Dios (Jeremías 5:14). La Palabra de Dios es como el fuego que puede encender a cualquiera. Es la razón suprema por la que un santo debe leer la Palabra de Dios. Es el fuego para encender el altar de sacrificio, tú. Si el Señor te ha guiado a leer este libro, es porque eres ese diamante tallado para dar gloria (fuego) al Señor para que todos puedan ver tan hermosa obra.

Si has leído hasta aquí es porque Dios te está diciendo que eres ese "centello de fuego", fuego que consumirá a todos en tu amor por Dios. Has estado preparado y listo para decir:

EDWARD V. GONZALEZ

¿Dónde puedo ser útil, Señor?

PABELLÓN FACETA OCHO:

¿DÓNDE PUEDO SER ÚTIL, SEÑOR?

EDWARD V. GONZALEZ

• CUADRAGÉSIMA NOVENA FACETA •

Soy Asombrosamente y Maravillosamente Hecho

La razón de ser moldeados por el Señor a través de diferentes medios y personas es para que podamos aprender a someternos a la voluntad del Padre. Su voluntad es hacer Su servicio. Somos llamados siervos del Señor. Una vez que reconozcamos cuán maravillosamente fuimos formados por innumerables personas altamente capacitadas y se nos dé el toque final, podremos decirle al Señor: "¿Dónde puedo ser útil?"

La dureza de un diamante es la más fuerte de todas las gemas. Una de las razones es que el enlace químico entre cada átomo de carbono es muy, muy fuerte. Una segunda razón es que un átomo está conectado con otros cuatro. Esto forma una estructura rígida muy fuerte. Los átomos en un diamante están íntimamente conectados, pero aun así dispuestos en un patrón que es simétrico en esencia. Si un cortador corta un diamante por la mitad sin importar en qué dirección, tendrá el mismo valor en ambas mitades. Lo dividirá por sus hendiduras. A diferencia de un átomo de carbono que une tres de sus cuatro electrones de valencia con átomos de carbono vecinos, el diamante comparte sus cuatro electrones disponibles con átomos de carbono adyacentes, formando una unidad tetraédrica. Este par de electrones compartidos forma el enlace químico más fuerte conocido, el enlace covalente, que es responsable de muchas de las propiedades superlativas de un diamante. La unidad de estructura repetida del diamante consta de ocho átomos que básicamente están formateados en un cubo.

Debido a su forma cúbica y la formación simétrica de los átomos, los cristales de piedras preciosas se desarrollarán en una diversidad de formas conocidas como "hábitos de cristal". Por ejemplo, el octaedro (forma de ocho lados, dos pirámides unidas cada una en su base vea figura 20 pg. 336), cubo y dodecaedros (forma de doce lados) solo por nombrar algunos. Una definición simple de un cristal es la idea de un cuerpo sólido que se forma por la unión de elementos o compuestos atómicos en un diseño repetido.

Lo anterior suena muy científico y complicado. Pero si uno tuviera que caminar a lo largo de una pista de depósito aluvial, no sería capaz de distinguir un cristal típico de un diamante en bruto que estuviera tirado en el suelo. Lamentablemente, muy pocos propietarios desearían usar un diamante en bruto que salió de la tierra y que no tiene forma. Para convertir una gema poco impresionante y hacerla hermosa y brillante, se requeriría cierta habilidad e intervención humana.

Un diamante en bruto no es demasiado impresionante, como una persona antes de venir al Señor. La Biblia nos llama gusanos y trapos sucios (Job 25:6; Isaías 64:6) no muy bien hechos si se considera que nos ensuciamos con todo el exceso de equipaje (obras de la carne) que llevamos. Es posible que el diamante en bruto no le parezca demasiado rico a nadie; sin embargo, para el Diseñador, Marcador y Cortador, ven la perspectiva de ser una Estrella Sudafricana o un Diamante Esperanza. Tiene el potencial

EL DIAMANTE Y SU CREADOR

de convertirse en una piedra exclusiva y reluciente. Dado a que Dios es el Diseñador y Marcador de la humanidad y el santo, Él ve algo único en todos nosotros que puede resultar impresionante.

El Señor dice que somos creados asombrosa y maravillosamente por Él. Se ha tomado el tiempo y la sabiduría para formarnos para convertirnos en un diamante brillante, alguien que transmita la gloria del Señor. ¿Por qué el Señor tomó tanto tiempo para hacernos maravillosos? Porque en nuestra vida pasada no éramos demasiado atractivos. Nadie daría dos centavos por nosotros, y mucho menos el mundo. El hombre del cementerio que Cristo liberó estaba a veces encadenado, confundido, deformado, destrozado y rígido. La gente lo había colocado fuera del perímetro de la sociedad. Era demasiado difícil de manejar y un caso imposible. Cuando Jesús llegó a tierra, el hombre demoníaco se acercó a Jesús para ser sanado. El Señor lo liberó de la legión de demonios. Los dueños de los cerdos en los que entró la legión de demonios vieron al hombre sentado en paz (Marcos 5). Muchos de los que han venido al Señor fueron como este hombre, desdichados y expulsados por los que estan a su alrededor.

El Salmo 139:13–18 dice cómo Dios estuvo siempre presente en nuestra formación. Desde el vientre de nuestra madre, Dios estaba en cada detalle y hebra. Creando en nosotros nuestra forma, y aun cuando salimos del vientre, Dios continúa. Desde el principio de la vida, a través del desarrollo y la consumación de todas las cosas, *"Estoy convencido de esto: el que comenzó tan buena obra en ustedes la ira perfeccionando hasta el día de Cristo Jesús"* (Filipenses 1:6; NVI). Dios está con nosotros, y sus pensamientos están siempre sobre nosotros. El salmista continúa en su meditación sobre Dios. "¡Cuán preciosos también son tus pensamientos a mí, oh, Dios! ¡Cuán grande es la suma de ellos! Si los contara, son más numerosos que la arena: Cuando despierto, aún estoy contigo" (versículos 17–18). Los pensamientos del Señor son abundantes para con nosotros. Él es consciente de lo que está haciendo en nuestra vida. El Señor no solo te formó y luego te abandonó. Sepa esto: el Señor estará con el santo y lo ayudará a lo largo de su gema de vida.

El Pabellón 7, el capítulo anterior, se trataba de ser el "Destello de Fuego". Amor en toda su plenitud a Dios, a su pueblo y a un mundo perdido. Es posicionar al santo para que sea el brillo de una estrella. A medida que Dios obra en usted [durante toda su vida], Él crea el diamante de talla brillante (usted) para estar hecho de manera asombrosa y maravillosa y para sorprender, no solo a quienes te rodean, sino incluso de ti mismo. Estarás de acuerdo con el salmista en la hermosura que Cristo ha hecho en ti. Con razón David estaba tan asombrado por la obra de Dios en él; era más de lo que David podía imaginar. Alabó a Dios por toda la obra en su vida.

Cuando Jesucristo vino a esta tierra, Él era Dios-hombre. En el sentido físico, no era demasiado atractivo. Isaías dice: ***"No tiene apariencia ni hermosura; y cuando lo vemos, no hay hermosura para que lo deseemos"*** (Isaías 53:2; NVI). Al mundo que no lo deseaba y no era de sus expectativas, Jesús era simplemente conocido como ***"El hijo del carpintero"***, o de la boca de Natanael, ***"¿De Nazaret puede salir algo bueno?"*** (Mateo 13:55, Juan 1:46; RVR2020). Aunque para muchos, Jesús no parecía muy agradable ni cumplía ninguna de sus expectativas, sin embargo, era un Salvador glorioso. Físicamente, Él fue hecho asombrosa y maravillosamente por Su Padre celestial. Espiritualmente, Su preeminencia existía desde la eternidad pasada.

En el Antiguo Testamento, el tabernáculo presentaba una prefigura de Cristo. Había cuatro cubiertas de pieles que cubrían la tienda. La cuarta cubierta que era visible para todos era piel de tejón. No era un espectáculo agradable para los transeúntes (para los que pasaban). No creó un sentido de curiosidad. La aparición de Jesús a muchos fue tan poco impresionante que Juan dice de Él tres veces: *"Pero el mundo no le conoció... De vosotros está uno a quien vosotros no conocéis... Ni yo mismo lo conocía..."* (Juan 1:10, 26, 31; RVR2020).

La piel de tejón era de color insípido, pero brindaba protección contra todo tipo de clima adverso para el tabernáculo porque estaba en movimiento. Los israelitas se mudaron de un lugar a otro durante los cuarenta años. La belleza no estaba en lo externo sino en lo interno del tabernáculo. Una vez dentro de la carpa, la belleza fue grandemente magnificada. Esta belleza estaba reservada para aquellos que luego vendrían en el camino del Señor. Cuando la gente miraba a Jesús, lo veían como un maestro, un idealista, un ejemplo y, a veces, un loco. Pero para aquellos lavados por Su sangre y redimidos, Él es conocido como *"La rosa de Sarón"*, *"El lirio de los valles"* y *"La estrella resplandeciente de la mañana"* (Cantar de los Cantares 2:1; Apocalipsis 22:16; RVR2020). *"¡Él es todo un Amor!"* (Cantar de Cantares 5:16; NBV). Juan dice de la iglesia, *"Lo cual es verdadero en él y en vosotros"* (1 Juan 2:8). Cualquier cosa que sea verdad de Jesús será verdad de nosotros. Jesús fue incomprendido, criticado y despreciado. ¡Adivina qué! Será lo mismo contigo y con todos nosotros. Sin embargo, a la iglesia le basta ser conocida y amada por nuestro Señor Jesucristo. Somos una gran cosa de belleza para

Él. ¿Alguna vez has leído cómo nos describe? La gran perla, el buen pez (hermoso en griego), el tesoro escondido y la estrella de la mañana. Hay tantos títulos dados al santo que describen la asombrosa y maravillosa obra del Señor en todos nosotros. No es de extrañar que el rey David estuviera tan abrumado por la obra creativa y hermosa del Señor en su vida. ¿Te ves a ti mismo como la obra maestra (principal) de Dios? ¿Han sido todos estos años productivos para que el Señor diseñe su diamante? ¿O el Señor ha estado constantemente despojando tu diamante de fallas y defectos porque no te sometes a Su voluntad?

EL DIAMANTE Y SU CREADOR

• QUINCUAGÉSIMA FACETA •

Los Artesanos Altamente Capacitados

Dios no solo ha estado involucrado en la fabricación del diamante, sino que también ha proporcionado artesanos altamente capacitados con suficiente experiencia en su habilidad para crear una obra maravillosa en nuestras vidas.

Para obtener el mejor brillo de un diamante, se necesitan personas altamente capacitadas con paciencia y tiempo para fabricar el diamante. Para el laico que no tiene experiencia o conocimiento en el reconocimiento de cualquier defecto o incluso un indicio de color en un diamante, no podrá notar la diferencia de un grado a otro. Su incapacidad o falta de orientación en este campo no puede ayudarlo a detectar entre varios grados diferentes.

Una gran cantidad de diamantes incoloros y elegantes proviene de la región de Kimberley, en el noroeste de Australia. Las minas de Argyle producen uno de los diamantes más raros y elegantes del mundo. La producción australiana cuenta con una fuerza laboral de artesanos altamente capacitados: empleados que utilizan una variedad de artesanías métodos e implementos modernos para desbloquear el brillo de las gemas en bruto. Argyle utiliza tecnología avanzada en forma de dispositivos láser, pulido automático y equipo de pulido computarizado. Una versión mucho más antigua de pulir y cortar consistía simplemente en frotar un diamante contra otro después de derramar aceite de oliva y polvo de diamante sobre él. Uno se fijó a una pequeña copa de hojalata con un dispositivo de sujeción especial sostenido contra una rueda de acero o un torno, y el otro se soldó a una varilla, llamada dop, sostenida bajo el brazo del artesano (el pulidor de las ultimas 40 ventanas, transversal, el que pone la faja o bloqueador). No importa si se trata del antiguo método tradicional o moderno, todavía se necesita gente altamente capacitada para crear un diamante de talla brillante.

Dios ha tenido sus artesanos altamente calificados para moldear a su pueblo a la imagen misma de su Hijo a lo largo de la historia de la iglesia. Hoy en día, muchos santos han entendido mal la importancia de la tutoría y el discipulado. Pocos santos permanecen en una iglesia en particular el tiempo necesario para participar en una posición y obra para el Señor. Otros se marchan en el mismo momento en que algo no les parece agradable. Pero el Señor ha puesto a Su pueblo capacitado para pulir a todos los que invocan el nombre del Señor. Pulir es sacar los cortes necesarios que permitirán que la luz entre en el reflejo del diamante y refracte la luz hacia el espectador con un destello de fuego. De las cuatro C's, el corte es el más importante en una piedra porque determinará su belleza total.[25] El plan divino de Dios es que el santo brille con tal brillo que el mundo pueda ver la luz de Dios en nosotros. Muchas cosas determinan, como he dicho en los capítulos anteriores, qué grado de diamante seremos para el Señor. El diamante impecable e incoloro es algo raro de encontrar en la naturaleza, pero no imposible. Así es ese tipo de santo que Dios ha preparado por medio de siervos altamente capacitados.

Estos siervos hábiles se pueden encontrar en los vastos ministerios del cuerpo de Cristo y fuera de sus perímetros, como organizaciones para-eclesiásticas. Su polvo de diamante (experiencia en la vida y ministerio) proporciona la capacidad para que un santo se convierta en el instrumento que Dios desea. Sin embargo, es crucial que los novatos no asuman que son como sus predecesores en el momento en que se desarrollan. Se necesitan muchos, muchos años maravillosos bajo la dirección de alguien con experiencia y unción para que un novato llegue a ser como su maestro. ¿Está dispuesto y puede sentarse el tiempo necesario para recibir orientación? Mi hermano me dijo una vez que, en los primeros años de su ministerio, su pastor sería su mentor a él y algunos otros. El pastor tenía una forma de zarandear a los que realmente fueron llamados por el Señor y los que no tenían el calibre que se necesitaba para estar preparados para una obra. Un día, el pastor le dijo a uno de los ministros que viniera a las doce de la noche y lo esperara afuera en el frío dentro de su automóvil hasta que el pastor estuviera listo para hacer una visita. Cada ministro tenía su trabajo y tenían que ir a trabajar temprano a la siguiente mañana. Mientras el pastor bebía su taza de café calientito y leía su Biblia, el novicio se impacientó. El joven ministro no sentía que debía quedarse más tiempo del debido, por lo que tocaba la bocina del auto desesperado debido a su cansancio y somnolencia. El pastor continuó bebiendo su café una taza tras otra en la cálida sala con la luz encendida durante toda la tutoría. El joven ministro se cansó de esperar largas horas tan tarde en la noche, por lo que decidió irse. Este pastor de experiencia vio que el inexperto carecía de varias cosas necesarias para cumplir la obra de un pastor. El hombre de Dios había estado asesorando a este novicio durante mucho tiempo. El siervo del Señor conocía muy bien al neófito. Cuando llegó el momento de la evaluación ante la junta, el pastor recomendó que el joven ministro no fuera colocado en el ministerio todavía. La junta no prestó atención a las palabras del pastor. Algún tiempo después, al joven ministro se le dio una iglesia para pastorear. Causó destrucción espiritual y moral a la iglesia y fue disciplinado. Había un defecto en su diamante, y el pastor de experiencia que lo conocía muy bien quería cortar ese defecto antes de que causara su caída. Jesús dijo: "El discípulo no es superior a su maestro, ni el siervo superior a su amo. Basta con que el discípulo sea como su maestro, y el siervo como su amo" (Mateo 10:24–25; NVI). El propósito de la persona capacitada es cumplir las palabras del Señor: *"De cierto, de cierto os digo, el que cree en mí, las obras que yo estoy haciendo también las hará. Él hará obras aún mayores que estas porque yo voy al Padre"* (Juan 14:12; NVI).

Una cosa debemos tener en cuenta es que no todos los diamantes tienen varios quilates de peso. Incluso un diamante de un cuarto de peso puede tener la oportunidad de ser brillante. Pero algunos diamantes, por pequeños o grandes que sean, no se prestan a las manos de artesanos o mujeres hábiles para pulirlos. ¿Te dejas maquillar (que obran en ti)? ¡Es más fácil decirlo que hacerlo!

Si dos diamantes indistinguibles se colocan uno al lado del otro, y un diamante es menos brillante y resplandeciente que el otro, la falla radica en el corte. Esa gema en particular no exigirá un precio más alto en el mercado que el diamante bien cortado.

¿Qué rasgos personales podría tener un artesano o una artesana que podrían ser beneficiosos en la vida del santo? ¿Cuáles son sus objetivos? ¿Qué razones específicas habría para su objetivo?

Uno de los elementos esenciales más importantes y vitales en un artesano es su vocación. El llamado es de Dios y no del hombre; por lo tanto, es capaz de soportar muchas más oposiciones, obstáculos, cargas y aflicciones que un santo típico. No es un llamado a la salvación sino a una obra específica. Es ungido para realizar la obra y alcanzar ciertos niveles de espiritualidad. Son muchas las cosas que hace el artesano en la vida de un santo. Una es cuidarlo como un pastor cuida a una oveja. El artesano ve al santo no como es, sino como lo que Dios puede hacer en él en los próximos años. El artesano no ve al santo como un vaso roto con muchos problemas y complicaciones, sino como alguien que puede ser usado por el Señor como un instrumento de oro.

La experiencia, ya sea buena o mala, puede ser un activo importante en la vida de cualquier creyente, especialmente cuando ha aprendido cómo la experiencia ha proporcionado un instrumento importante en la gracia y el cuidado amoroso del Todopoderoso (El Shaddai). Pablo, escribiendo a la iglesia cristiana en Roma, expresó una profunda convicción y una confianza inquebrantable en el Señor. Pudo denunciar cualquier cosa tan exigente que pudiera apartarlo del amor del Señor (Romanos 8:35–39). Utilizamos las palabras de Pablo y las aplicamos a nosotros mismos como un medio de aliento. La experiencia de Pablo o la experiencia de cualquier otro siervo es inspiradora porque podemos meditar sobre su éxito y triunfo sobre las dificultades de la vida y las *"estratagemas del diablo"* (Efesios 6:11; BLP). Si pudieron hacerlo con gran alegría, nosotros también podríamos aprender de ellos y de sus experiencias.

El artesano que sirve a los demás está cumpliendo el mandamiento. Él está allí para enseñar con el ejemplo a los que son llamados por el Señor. Su misión no es enseñorearse de su rebaño sino guiarlo al servicio de Aquel que lo ha llamado. Se requiere paciencia y mucho amor para trabajar con personas rígidas y toscas. No es un trabajo fácil administrar a personas que han sido salvas y apenas están creciendo en el Señor. Además de esto, cargan y operan en las obras de su carne. El objetivo del artesano es entrenar al santo para que aprenda y sirva a los demás de la misma manera que el artesano ha servido tanto al Señor como a Su pueblo.

El objetivo en la vida del artesano es múltiple. Como Moisés abrió el camino para Josué y Elías comenzó el ministerio profético de Eliseo, el artesano debe discipular al santo para dejar a alguien más en su lugar para el día en que se vaya con el Señor. Esto no solo es vital en una iglesia, sino que es importante para ayudar en la iglesia. Si la iglesia va a crecer, el artesano tiene que enseñar a otros a trabajar el ministerio. Si no, la iglesia se queda pequeña o tiene problemas para crecer.[26]

Otro objetivo es ayudar en el estado carnal/espiritual del Santo. Él debe enseñar al santo a reemplazar cualquier aspecto carnal con una entidad espiritual. Se pueden establecer algunos ejemplos. El Señor no simplemente se deshizo de Pedro por sus errores. Pedro estaba lleno de autosuficiencia y negación en el Señor. Jesús tuvo que eliminar estos aspectos en él y reforzarlo con Su amor (Juan 21:15–17). Tomás tuvo problemas para creer que el Señor realmente había resucitado hasta que se le apareció y lo llenó de fe (Juan 20:24–28). Saulo persiguió a la iglesia con celo religioso. Graciosamente, se encontró con el Señor y fue transformado en un alma celosa por el Evangelio de Jesucristo.

Innumerables veces he recibido santos que vienen a la iglesia con algún tipo de comportamiento que no es agradable ante el Señor. Algunos vienen con ira derivada de una relación familiar. Papá o mamá tienen problemas que afectan a los hijos e hijas. Hay una guerra que ruge en la familia y en el alma interior. El enfado (enojo) tiene que ser reemplazado por la paz, el odio por el amor, o cualquier tipo de obra de la carne con el fruto del Espíritu. Es muy difícil de hacer esto porque toma tiempo y mucha consejería y la ayuda del Espíritu Santo para hacer la mayor parte del trabajo. Este proceso puede tomar años, pero tiene que comenzar en algún momento.

Un tercer trabajo importante del artesano es ayudarnos a encontrar y conocer nuestra identidad en Cristo. La identidad es crucial en la vida del creyente. Determina si el creyente sobrevivirá a los ataques del enemigo o no. Si el enemigo destruye la comprensión de nuestra identidad en Cristo, entonces tiene un punto de apoyo en la vida del creyente. El creyente perderá su sentido de autoestima en Cristo. El enemigo tratará de quitar la posición que un creyente tiene en Dios a través de Cristo para disuadirlo del propósito por el cual Dios lo ha salvado. La Identidad es quién es él en Cristo y qué tan firme puede permanecer en él. Esto determinará que toda su vida cristiana no dé fruto o dé fruto de treinta a ciento por uno (Mateo 13:4–8).

La cuarta obra que un artesano proveerá en la vida del creyente es encontrar un lugar en el ministerio del Señor. Cualquier persona que viene al Señor encontrará que tiene un lugar en el ministerio. Al principio, al creyente le resultará difícil saber cuál es su lugar en el ministerio. Una cosa segura que cualquier creyente puede participar es en el don de las "ayudas." En la carta a la iglesia de Corinto, Pablo dice: *"A algunos ha puesto Dios en la iglesia. . . [como ayudantes] ayuda"*. Como pastor, puedo decirles lo útil que es el don de la "ayuda" para mí. Reduje mucho trabajo de mí agenda y se lo pasé a otra persona, dándole la sensación de ser necesitado. No importa si estas comenzando en el servicio del Señor o tenga muchos años en el servicio; siempre hay algo para que hagas si le pides al Señor y le pides al artesano que te enseñe cómo hacerlo. Tengo una técnica simple para determinar si Dios te está llamando en donde servir. Si ve algo que debe hacerse o que no se está abordando, y nadie lo está haciendo, despiértese y huela el café. El Señor ha abierto tus ojos para ver lo que hay que hacer porque es Él quien te está llamando a hacerlo. Si esto le sucede a usted, hable con su pastor o el líder a cargo, y dígales lo que sientes que Dios te está diciendo dónde sirvirle. Deja que te enseñen qué y cómo hacer con una estrecha vigilancia para asegurarse de que esa es la forma en que el Señor quiere que lo realices. No asumas solo porque el Señor te hizo saber que no necesitas ayuda para hacerlo. El orgullo ha destruido más novicios que el propio trabajo del ministerio. Sé humilde ante el Señor y sus líderes.

Hay pruebas que te guían en qué don(es) te está guiando el Señor. Una se llama "El Inventario de Dones". Recuerde, los dones o ministerios no son un fin en sí mismos, sino un medio para hacer el trabajo. El amor es el fundamento de todo lo que hacemos para el Señor (lea 1 Corintios 13 para entender qué es el amor). Todos necesitamos a alguien y al Espíritu Santo para ayudarnos a hacer lo que Dios nos ha llamado a hacer. No hay necesidad de orgullo, envidia, celos o disensiones si sabemos quiénes somos en Cristo y si estamos viviendo para Cristo. Este tipo de pecados son el resultado de vivir para nosotros mismos y no de Cristo viviendo en nosotros. Lo que estoy diciendo es que necesitamos dejar las obras de la carne que están operando en nosotros. Cuando vivimos en Cristo, y Cristo vive en nosotros, el fruto del Espíritu, la obediencia, la humildad y muchas otras características de Cristo fluirán de nuestro interior. No nos importará quién está haciendo un mejor trabajo y teniendo más éxito mientras el Señor reciba la gloria.

• QUINCUAGÉSIMA PRIMERA FACETA •

El Toque Final

Los diamantes bien tallados capturan una maravilla prismática de los colores del arcoíris. Estos diamantes facetados te hechizarán al reflejar la luz de innumerables planos espejados pequeños. Ningún elemento natural atrapa y es tan mágico como un diamante. Estas gemas son impresionantes y extraordinarias que, durante siglos, han inspirado cautivadores mitos y han sido anhelados en todo el mundo. Algunos creían que eran fragmentos de estrellas y lágrimas de dioses utilizados para lanzar hechizos de amor. Eran el último regalo de amor; un diamante es para siempre. Como dice el eslogan de uno de los distribuidores más grandes del mundo: "Los griegos creían que el fuego en el diamante reflejaba la llama constante del amor."[27]

El santo (diamante), si él (todos incluidos) ha llegado a este punto en su vida y ha sido pulido, será (podrá), en cierto sentido, arrojará su hechizo en la vida de las personas. Su misma vida atraerá a los excluidos de la sociedad, pecadores, los quebrantados de corazón, los indigentes, los enfermos, los padres solteros, drogadictos, solitarios, religiosos, impíos y el enemigo de la iglesia al amor de Cristo. Su luz brillará para que todo el mundo pueda ver que en él o ella vive el gran tesoro del amor que viene del Padre, y de su Hijo, Cristo Jesús. La gama de colores que procede de un diamante tan bien tallado es como la pasión ardiente del fuego (el amor), que abrazará al que está sin el amor de Cristo. Debemos ser como Cristo, amando al pecador y odiando su pecado, y deseando que ellos vengan a Dios a través de Su Hijo. Hemos sido creados con este propósito para que el mundo vea al Hijo en nosotros y a través de nosotros. Si los griegos creían que el fuego en el diamante reflejaba la llama constante del amor, cuánto más nosotros, que hemos sido pulidos, no con un mito de amor, sino con el verdadero amor eterno, podemos aniquilar el espíritu frío en la vida de las personas. Si las personas en la época de Cristo se sentían atraídas por Él, era porque Él las amaba y realmente se preocupaba por ellas. Había amor genuino, amor ágape. Dios es amor. Cuando Jesús llegó a la tumba de Lázaro, derramó lágrimas y los judíos dijeron: ***"¡Mirad cuánto lo amaba!"*** (Juan 11:36; NVI). El amor de Jesús sacó a Lázaro de la tumba, una vez muerto ahora vivo.

La Biblia dice que Dios amó tanto al mundo que le dio su Hijo unigénito. El amor debe darse, no aferrarse o atesorarse en una botella de amargura. Pablo dijo que existía el amor, el gozo y la esperanza, y el más grande era el amor. Si hemos sido creados de manera única, porque no hay dos diamantes (usted y otros) iguales, tocaremos y cambiaremos nuestro mundo.

• QUINCUAGÉSIMA SEGUNDA FACETA •

Doblada Más la Luz

La luz viaja a gran velocidad, alrededor de 186.000 millas por segundo a través del espacio, sin que nada abstraiga su paso. Pero cuando la luz atraviesa el agua, se frena a una fracción de su velocidad. El diamante ralentiza la luz aproximadamente dos veces y media que la de la velocidad a través del espacio. Solo viajara alrededor de 77,000 millas por segundo. Reflectancia, o la cantidad de luz reflejada por una sustancia transparente, puede también deducirse del índice de refracción de un material. El índice de refracción compara la velocidad de la luz en una sustancia con la del vacío. El diamante reduce la velocidad de la luz en un grado notable y ocupa un lugar alto en el índice de refracción.

La luz es muy importante para un diamante para que el brillo pueda aparecer. Sin luz. No hay fuego. No hay vida. Los diamantes son piedras sin vida. El fuego producido por una piedra depende de la dispersión del color del material y de la cantidad de luz blanca que se refracta o desvía la luz que entra en la piedra (consulte la última página). Cuanta más luz se dobla, más fuego. Por otro lado, cuanto más se reduce la vida de una piedra, más se refracta la luz. Es imposible, por lo tanto, obtener la máxima vida y el máximo fuego al mismo tiempo. El objetivo del corte es obtener un equilibrio óptimo de vida y fuego, lo que ocurre cuando la vida multiplicada por el fuego es un máximo. Una gema con el máximo brillo es inmediatamente identificable para cualquiera que maneje diamantes debido a su precisa apariencia 'afilada' o 'resistente'.

No se crearon los diferentes tipos de cortes para diamantes con un destello en mente porque se pensó que otras áreas eran más significativas, pero, de hecho, dan como resultado un alto grado de brillo. El criterio para un diamante era producir el máximo brillo. El brillo depende de dos factores: la vida y el fuego. La vida es la cantidad de luz que, después de caer sobre la piedra desde el frente, se refleja de nuevo hacia el espectador. El fuego es la cantidad de destellos de color causados por la piedra que divide la luz blanca en los colores del espectro. La cantidad de luz que entra en un diamante puede ser de hasta un 83 por ciento, ya que alrededor del 17 por ciento se refleja desde la superficie, por lo que hay mucho más brillo potencial de la luz que entra en la piedra que de la luz reflejada desde la superficie.

Juan el Bautista dijo: "Él debe crecer, pero yo debo disminuir". La vida de Juan tuvo que disminuir, para que pudiera refractar el fuego que Jesús estaba a punto de llevar a la gente. Fue necesario que Juan perdiera su vida, para que la vida de Jesús pudiera aumentar. ¿Qué tanto se dobló la vida de Juan? Fue doblado hasta el punto de ser decapitado por un rey pagano que estaba cometiendo adulterio con la esposa de su hermano. Durante una fiesta, la hija de la amante del rey Herodes bailó delante de él, y le agradó. El rey le dijo a la hija de su amante que pidiera cualquier cosa, y él se lo daría. Pidió, por concesión de su madre, la cabeza de Juan el Bautista. El eco de estas palabras de Juan no solo resonó a lo largo de los siglos para todos los que querían servir al Señor, sino que fue más allá cuando dijo: *"Yo a la verdad os bautizo en agua para arrepentimiento; pero el que viene tras mí, es más poderoso que Yo... él os bautizará en Espíritu Santo y fuego"* (Juan 3:11; NVI).

Los dos factores de los que depende la brillantez son la vida y el fuego. Esta vida está en Jesús, y el fuego es el Espíritu Santo que obra en nosotros. Gracias a Jesús, nosotros también nos convertimos en la luz del mundo (Mateo 5:14–16). Él dijo: *"Vosotros sois la luz del mundo."* El Espíritu Santo fue dado para ayudarnos mientras estamos en este mundo y también para exaltar el nombre de Cristo. Cuanto más dejamos que Jesús gobierne nuestras vidas, menos somos notados. La flexión de la luz puede ser costosa. Significa que disminuimos en nuestra popularidad, imagen, derechos, deseos y las cosas que pensamos que son más importantes para nosotros. En el Nuevo Testamento, cualquier cosa a la que le prestes más atención se llama idolatría (Colosenses 3:5). La idolatría es la adoración de un ídolo. Pablo dice que detrás de cada ídolo, hay un demonio obrando (1 Corintios 10:20). Cuando robamos de la gloria del Señor, entonces idolatramos nuestra vida y permitimos que los demonios nos engañen llamando la atención sobre nosotros mismos.

Es importante entender la curvatura de la luz en un diamante. Cuanto más se dobla la luz, más fuego sale de ella. Por eso, cuando lleguemos a esta etapa de nuestra vida, no nos importará cuánto se doblegue nuestra vida. Nos negaremos a nosotros mismos como dijo Pablo tan sacrificadamente: *"Ya no vivo yo, sino Cristo vive en mí"* (Gálatas 2:20; NVI). Los santos que viven sus vidas como si Cristo nunca hubiera existido tienen un diamante cuya dispersión (la separación de la luz blanca en los colores del arco iris que la componen. Cuanto mayor es la dispersión, mayor es la separación entre el espectro de colores que se refractan de una gema) no está dividiendo la luz en los colores del arco iris. El diamante es una gema blanca lechosa sin dispersión ardiente. Los malos cortes, demasiado superficiales o demasiado profundos, harán que la luz atraviese la piedra por el fondo o atraviese la piedra, pero salga por los lados de la gema. El objetivo del corte de la piedra es permitir que la luz fluya desde la parte superior (la mesa), rebote dentro de las facetas en forma de espejos y suba de nuevo a la parte superior hacia el espectador (vea la última página).

Job es una buena ilustración de esta desviación de la luz. Su vida fue doblada tan severamente que perdió todo lo que se puede imaginar. Su prueba y aprobación del examen del sufrimiento se han personificado durante siglos. Se mantuvo fiel a pesar de que, a veces, se sintió abrumado. No tenía una Biblia en la que pudiera confiar ni ejemplos que imitar. No tenía idea de la conversación entre el Señor y Satanás sobre su compromiso con el Señor. Pero él tenía sus principios, creencias y conocimiento de un Dios grande y poderoso de sus antepasados. Llegó hasta el final, y Dios le dio el toque final a su vida. Después de todo lo dicho y hecho, Dios restauró a Job dos veces como antes y con más hijos. Sus hijas eran más hermosas que todas las mujeres de la tierra. Su vida es un excelente ejemplo de un diamante que alcanza el escenario donde el destello de fuego demuestra el perfecto y cortes simétricos del diseñador y planificador. No fue Job quien fue exaltado, sino su Dios que sabía sin importar lo que sucediera a la vida de su siervo, se mantendría erguido porque la vida de Job fue elaborada desde el primer día que nació. Se dice que hoy muchos santos se apartan de Dios a la primera señal de problemas y batallas. Tienen una Biblia saturada de ejemplos de santos sometidos a prueba para ayudarlos a confiar en el diseño del Señor para sus vidas. Sin embargo, abandonan sus vidas que están en Cristo. El Espíritu Santo, la oración, los mentores, las personas con experiencia en Cristo deberían ser más que suficiente para subyugar cualquier noción o pensamiento hacer naufragar sus vidas espirituales. Sin embargo, les sucede a muchos santos. Nunca llegan a esta etapa donde el destello del fuego genera interés y ejemplo en la vida de los demás.

José es otro destello de fuego. Sus pruebas y sufrimientos se prolongaron durante un largo período de tiempo. Dios estaba diseñando y planeando su vida desde su juventud, pero nunca supo la dirección divina para su vida. A una edad muy temprana, fue despreciado por sus hermanos y vendido como esclavo. Solo para empeorar a medida que envejecía. ¿Alguna vez has sentido que tu vida empeoró y no mejoró sin importar cuánto intentaste repararla? En lugar de prosperar financieramente o estar más saludable, ¡tocas fondo! ¡Te preguntas cómo puede algo de esto estar en la voluntad de Dios! Dios tiene un plan para tu vida, pero también tiene que ver con el lugar donde recibes orientación y capacitación para comprender la voluntad de Dios. Antes de que mi hermano y mi cuñada vinieran a la iglesia que pastoreo, iban a una iglesia donde la fe era una palabra que se mencionaba, pero no se practicaba. Pensaron que, si Dios no respondía, no era la voluntad de Dios. Pero Satanás y sus demonios pueden detener la respuesta si uno no permanece en la fe hasta que Dios diga sí o no. Aprendieron no solo a confesar la Palabra, sino a mantenerse firmes en ella en oración hasta que Dios responda. Rápidamente vieron una diferencia en la victoria. Este no solo fue un punto crucial en sus vidas, sino que también notaron que el enemigo los atacaba más que antes. Aprenderán a combatir al enemigo y vencerlo a través de la enseñanza de la Palabra de Dios.

José pasó al menos veinte años separado de su familia. Mientras tanto, su familia creía que estaba muerto, especialmente su padre. José, cuyo nombre significa "crecimiento o aflicción", vivió su nombre en agonía. Pero Dios, que *"dispone todas las cosas para el bien de los que aman a Dios, esto es, de los que conforme a su propósito son llamados"* (Romanos 8:28; NVI), llevó a José a su destino final colocándolo en la posición más alta que cualquiera de sus familiares. Ninguno de sus hermanos jamás habría pensado que José podría haber alcanzado un estatus segundo después del faraón.

Su (José) diamante estalló con llamas de fuego para que todos lo vieran. Su sabiduría de Dios para idear un plan de cómo salvar a Egipto de tal calamidad en los años posteriores a la sequía. El plan divino de Dios era salvar a su familia de la muerte y el hambre. Cuanto más se doblaba su luz (vida), más el fuego (gloria del Señor) aumentaba y con brillo. ¿De qué manera se desvió su luz? Su familia dudaba de lo que el Señor iba a hacer en su vida. Sus hermanos querían matarlo, pero luego decidieron venderlo a la esclavitud. Luego, fue acusado de intentar aprovecharse de la esposa de Potifar. Por esto, pasó muchos años en prisión. A su debido tiempo, fue exaltado como Jesús. ¿Recibió Dios alguna vez la gloria a través de José? El Faraón y toda la nación de Egipto estaban asombrados por la sabiduría y la luz que emanaba de José. El Señor es vida, pero nosotros también tenemos vida. Tenemos que aprender a disminuir nuestra vida para que la gloria del Hijo unigénito de Dios irradie aún más en nuestra propia piedra.

El rey David tuvo su parte justa de agonía. Pero en su juventud, aprendió a confiar en Dios. ¡Vaya! Tal artesanía a una edad tan temprana. David fue pastor de ovejas, animales que representan humildad, sencillez, dependencia y obediencia. Qué contraste con el rey Saúl, que era un domador de burros. Un animal que es terco pero fuerte, independiente y desobediente a su amo la mayoría de las veces. Los animales que pastoreaban eran un tipo del carácter y la individualidad que iban a representar.

EL DIAMANTE Y SU CREADOR

David se elevó a la prominencia con la victoria traída por una fe infantil. Fue usado por Dios y entrenado en el reino junto al rey Saúl. Pero el rey Saúl no discípulo a David directamente pero indirectamente. A lo largo de los años, David sufrió bajo el gobierno del rey Saúl. Su diamante estaba siendo elaborado por Dios para producir brillo, a diferencia del rey Saúl, cuyo diamante filtraba la luz por los lados o el fondo debido a una piedra mal cortada. El destello de fuego se ve en la gema preciosa de David cuando Dios lo eleva a la realeza o trono. No se convirtió en un rey malvado sino en un rey de misericordia y gracia. Llevó a su pueblo a la victoria en el nombre de Dios y trajo paz a su reino al destruir al enemigo de Dios que se oponía a la nación de Israel. Aunque David cayó en pecado muchas veces, podemos ver una gema única con muchos defectos cerca del centro del diamante. El Señor tuvo que cortar, desbastar, usar otros diamantes con su polvo (las experiencias de Samuel, Natán y Saúl) y aceite de oliva (Espíritu Santo) para resolver los defectos que obstaculizaban su destello de fuego.

¿Quién y qué se necesitará para que se produzca el destello de fuego en tu diamante? ¿Cuánto tiempo tardará? ¿Cuántos defectos de su diamante tiene que eliminar Dios y dónde están ubicados? ¿En el centro o a los lados? Destello de Fuego es lo que Dios quiere traer a tu diamante: la gloria de Dios.

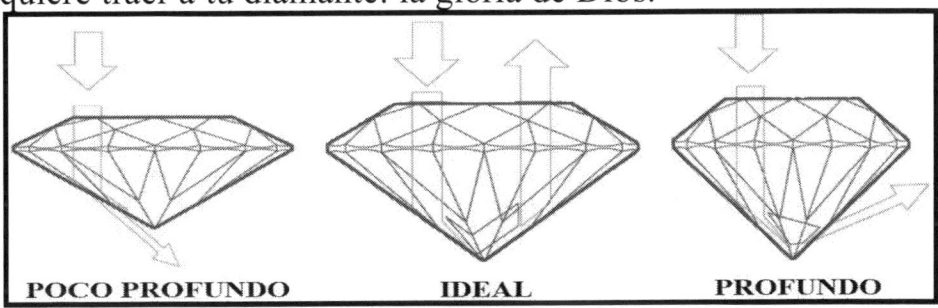

| POCO PROFUNDO | IDEAL | PROFUNDO |

Figura 17

… EDWARD V. GONZALEZ

SOBRE LA MESA:

VISUALIZACIÓN DESDE ARRIBA

EDWARD V GONZALEZ

• QUINCUAGÉSIMA CUARTA FACETA •

El Clasificador (ES) Determina Calidad

Hay varias cosas que debemos entender cuando se trata de la obra del Clasificador de diamantes por el hombre y en la vida del santo por el Espíritu Santo. Lo primero es que el clasificador determina la calidad de una piedra. Luego determina donde se va a colocar este diamante. Finalmente, el clasificador lo hace en una fórmula para valorar el diamante.

Las minas tienen que dar precios a los diamantes antes de que se vendan. El primer paso en la valoración es clasificar las piedras en diferentes grados de utilidad y conveniencia. Muchas de las piedras se clasificarán varias veces durante el curso de su existencia. Toda la clasificación y grado son hechas por el hombre. El resto pertenece a la naturaleza creadora de Dios. La creación de Dios provee una banda continua de tamaños, formas, colores y variedades de inclusiones.

En gemología, el clasificador son hombres y mujeres altamente capacitados que son capaces de identificar, en un momento dado, pequeñas distinciones en los cristales. El clasificador determinará la calidad de un diamante, pero lo ordenará en diferentes montones que ha alineado frente a él colocándolos en papel blanco. Como he dicho anteriormente, los diamantes son clasificados por los mineros, las empresas de diamantes, el cortador, el fabricante de joyas, y finalmente por el detallista. Requiere precisión y juicio; no es un trabajo fácil. Hay muchas categorías diferentes de clasificación y de grado para trabajar y diferentes calidades para elegir. La clasificación se aplica a los cristales, y se clasifican en diez grados de calidad. Los primeros cinco grados se dan para piedras y formas, y pueden variar hasta siete dependiendo de la demanda del mercado. Por otro lado, la clasificación se aplica a las piedras pulidas segmentadas en niveles mucho más altos de calidad. Cuando el clasificador ha clasificado los diamantes dividiéndolos por cualidad, comienza con lo que parecen ser las piedras más limpias y trabaja hace bajo en la escala de calidades formando una fila de montones de cristales de diferentes tamaños para cada calidad. Las divisiones en calidad es otro nombre que usan los clasificadores para mayor claridad (las imperfecciones de la superficie y las inclusiones internas tienen un impacto principal en el valor). La razón de la separación de las piedras es hacerlo de acuerdo con el valor de un cortador. Se puede hacer un ejemplo a partir de un octaédrico[28] (vea figura 19). El cortador regresa a ellos y elimina cualquier cristal que tenga un valor innegablemente más bajo. En un capítulo anterior, escribí sobre la ubicación y el tamaño de las imperfecciones e inclusiones en un diamante. Sin embargo, para aclarar la comprensión, un octaedro puede ser tan bueno como la ubicación de la inclusión. Si la inclusión está en el centro de la piedra, gran parte del diamante se perderá al cortarlo o aserrarlo, causando una pérdida sustancial de valor. "Cada inclusión, según tamaño y la oscuridad, así como la posición, y cada pluma [nombre de un tipo de inclusión] o marca de hendidura dentro de la piedra, así como cualquier macla (tejer hilos o hebras), debe examinarse cuidadosamente para determinar la calidad."[29]

Las gemas de talla brillante se pueden fabricar en todas las categorías, excepto en la última categoría (planos). Los que están hechos de macles o lisos adecuados tienden a ser poco profundos; sin embargo, las baguettes (tipo como barra de pan) y otros cortes pequeños se hacen con planos.[30]

Básicamente, existe una forma estándar de valorar una piedra o un diamante. Porque los diamantes son muy diferentes a cualquier otro producto minero, tienen que ser tratados como mercancías individuales desde el momento en que son descubiertos. La valoración es provista desde el mismo momento en que los diamantes son desenterrados en las minas y continúan incluso en las oficinas centrales de diferentes empresas mineras. Las minas más grandes clasificarán para llegar al valor dividiendo solo los cristales en una gema industrial o separándolos en unas pocas o más clases. Hay un peso en quilates para ser aceptado, sin embargo, hay diamantes de tamaño muy pequeño que pasan a través de un tamiz fino conocido como arena. Se conocen cristales de tamaño demasiado pequeño como Melee. Algunas gemas, aunque buenas en algunos aspectos, pueden ser demasiado pequeñas para convertirlas en gemas. Otras gemas pueden tener mal color o mala calidad, o proyectar una forma demasiada extraña para usarlas.

Muchos diamantes comienzan como piedras, pero no todos terminan como buenas marcas para uso en el mercado. Los santos no son diferentes. Comienzan como pecadores que necesitan a Cristo como su Salvador. Después se dan cuenta de que necesitan nacer de nuevo. Después de mucho trabajo riguroso, algunos de ellos son colocados por el Señor en una alta posición en "La Iglesia." Lamentablemente, otros no pueden aceptar los cambios a lo largo de sus vidas. Toman atajos, no quieren ir a través de algunos de los problemas más difíciles y situaciones amargas solo para murmurar o quejarse de estas cosas (Éxodo 15:22–25).

He tenido amigos que han tomado una posición ministerial, pero son incapaces de tener la capacidad y el compromiso para obtener la victoria, por lo que abandonan su presente cargo ministerial. ¿Estaba el problema con el Espíritu Santo o el siervo? Será más probable que digas el siervo. ¿Cuáles son algunas características que podrían usarse para determinar la cualidad necesaria para ser útiles como instrumentos del Señor? ¿Pueden ser éstos la fidelidad, paz, humildad, paciencia, servidumbre o incluso compromiso? Si se determina la calidad, ¿dónde podría estar el santo puesto en el ministerio? El santo puede ser útil en el S.O.S. [en ingles], Servicios (Romanos 12:6–8), Oficios (Efesios 4:11) y dones de Espiritualidad (1 Corintios 12:8–10).

El clasificador en el cristianismo es el Espíritu Santo. Él elige qué diamante (santo) tiene la cantidad de calidad necesaria para adaptarse a una obra en particular. Él es el que el Señor Jesucristo envió a la iglesia y ayuda a determinar la calidad de un santo. Todos somos llamados por Dios para ser sus hijos e hijas, porque no hay nietos en el Señor. No transmitimos nuestra salvación a nuestro próximo hijo o nietos como de manera paternal. El Espíritu Santo es llamado el consolador o ayudante en diferentes traducciones. Es el que sabe dónde colocar a un santo y en qué ministerio o qué posición en la iglesia. Muchas veces, las iglesias e incluso los líderes cometen grandes errores al elegir individuos para ciertas obras en las que no son aptos o no tienen el potencial para trabajar el ministerio.

La calidad de la que estoy hablando no se refiere a la salvación sino la capacidad de realizar una determinada ocupación. ¿El santo es de buena o mala factura (diamante pulido y presentable)? Si el santo ha llegado hasta aquí, habrá sido de buena obra.

Hay varias características que unen al santo en este tipo de vida. La primera es la fidelidad. ***"Dios es fiel"***, según los escritos de Pablo, ***"Por quien fuisteis llamados"*** (1 Corintios 1:9). Dios ha tratado con su pueblo tanto en el Antiguo y Nuevo Testamentos a través de la fidelidad. No hay nada que la humanidad puede hacer para anular la fidelidad de Dios (Romanos 3:3). Puesto que Dios es fiel, aquellos a quienes Dios ha llamado necesitan "reflejar la cualidad que han aprendido de Él, es decir, en respuesta a su pacto de lealtad."[31] Debemos ser fieles a Cristo como Él es con nosotros. La fidelidad es una cualidad que expresa confiabilidad. Debemos ser fieles al Señor hasta el punto de que Jesús pueda confiar totalmente en nosotros para hacer lo que Él nos ha llamado a hacer. Ningún trabajo es demasiado pequeño o grande. Somos sus siervos (esclavos pero libres) para servir en cualquier área para la que el Espíritu Santo nos haya preparado. No estamos aquí para decirle no a Él, sino para estar listos deliberada y gozosamente para asumir cualquier trabajo que se nos pida que realicemos.

Esta cualidad, la fidelidad, es imperativo que quede grabada en un santo. La "fidelidad" es esencial porque todas las demás cualidades no importan si uno no es fiel hasta el final. Si la fidelidad no es en la parte superior de la lista, el diamante (santo) no será de mucha utilidad. Recuerde que, para un clasificador que trabaja con diamantes naturales, valora un diamante según su utilidad y atractivo. En la historia "El Progreso del Peregrino" de John Bunyan, hay dos personajes que salen del desierto y se detienen en una exposición en el pueblo de Vanidad, una exposición llena de mercadería que no tiene un verdadero valor.

Estos dos personajes son "Cristiano y Fiel", y cuando entran en Vanidad, pronto atraen la atención de las personas que viven allí. El código de vestimenta y el discurso de ambos Cristiano y Fiel difieren de los del pueblo llamado "Vanidad". Las cosas van mal y estalla una pelea, y ellos tienen la culpa. Cristiano es encarcelado y Fiel es golpeado y quemado en una estaca. Al final, Dios libera a Cristiano para que continúe su viaje. A veces en nuestra vida, nuestra fidelidad puede ser quemada en la estaca. Pero no importa lo que pase, continúa el viaje como lo hizo Cristiano. Guarda tu fidelidad de cualidad. Dios es fiel; ¡Se fiel!

La fidelidad también se equipará con la utilidad. El Señor solo puede usar a alguien tan fiel como él que está comprometido. En una de las cartas a las iglesias en el libro de Apocalipsis, Jesús promete, *"Sé fiel hasta la muerte, y yo te daré la corona de la vida"* (Apocalipsis 2:10; NVI). En la parábola de Jesús, los sirvientes y su cuidado por Su inversión son recompensados por su fidelidad. Él dice: *"¡Excelente! Eres un buen sirviente. Ya que puedo confiarte cosas pequeñas, te dejaré gobernar sobre diez de mis ciudades"* (Lucas 19:17; NCV).

El Espíritu Santo obra en la vida del santo para producir una vida digna de ser usado por Él. Otra cualidad es el fruto del Espíritu. Es esencial para hacer al creyente semejante a Cristo. Cuanto más se manifiesta el Espíritu en nosotros, más se demuestran las realidades de la vida en Cristo. Si quieres ver más de Cristo en alguien, se manifestará plenamente un uso más intenso del fruto. Seremos más como Cristo como resultado de la obra del Espíritu Santo en el fruto del amor, la fe, el gozo y muchos otros frutos. El Espíritu Santo no puede colocar a alguien en una determinada ocupación, digamos como pastor, si muchos de los frutos no son evidentes en él. Tener una congregación es una carga. Ser paciente, autocontrolado, tener amor y ejercitar otros frutos es vital al funcionamiento del ministerio. Sin estos, es fácil herido, se agota o incluso se desanima. Es por eso que muchas veces, toma muchos años para moldear a un hombre/mujer de Dios para esta humilde posición.

Pablo no solo usa esta metáfora, el fruto del Espíritu, pero también ve la vida del santo y las iglesias a las que escribió como campos y jardines. El Señor, que es el dueño de los campos y jardines, trabaja sin esfuerzo, dedicando mucho tiempo e invirtiendo su amor inagotable sobre sus redimidos. El propósito es producir resultados eternos, *"fruto para Dios"* (Romanos 1:13; 7:4). Pablo continúa diciendo que este fruto del Espíritu son los vicios y las virtudes generar una vida *"Andando en el Espíritu"* tanto como siendo *"Guiados por el Espíritu"* (Gálatas 5:16, 18).

Al contrario, si uno no da fruto, no es compatible con la ciudadanía del reino de Dios. La falta de frutos en la vida de un santo priva de ser capacitado y motivado por la Espíritu para colocar su instrumento en una posición piadosa definida. Los que no producen fruto son advertidos por Jesús de tener un terrible resultado (Mateo 21:43).

Dar fruto no solo demuestra que estás vinculado a la familia de Dios, sino que también es un resultado directo de ser fieles al Señor. En la historia de Israel, mientras fueran fieles al pacto, sus árboles frutales (literal) darían mucho fruto (Deuteronomio 28:4, 11, 18). Cuánto más es cierto en nuestra vida si somos fieles al pacto de nuestro Señor Jesucristo.

Una tercera cualidad es el compromiso. Una de las palabras griegas para compromiso es ergazomai, que puede traducirse como "trabajar." Un santo no puede tener miedo de trabajar duro para el Señor. Le asignará trabajos que serán abrumadoras, pero no imposibles de cumplir. Jesús fue un gran trabajador para Su Padre, demostrándolo al levantarse temprano para comenzar Su ministerio y terminar tarde en la noche orando al Padre buscando Su voluntad.

En el discurso de despedida del apóstol Pablo a los ancianos de Éfeso, les dijo que nunca fue una carga para ninguna iglesia. Él dijo: *"No he codiciado la plata ni el oro ni la ropa de nadie. Vosotros mismos sabéis que estas manos mías han suplido mis propias necesidades y las necesidades de mis compañeros"* (Hechos 20:34; NVI). Estar comprometido con el Señor es ser un gran trabajador. Si crees que el llamado del Señor implica muy poco trabajo, sentarte detrás de un escritorio, o pensando que todo el mundo te atenderá, piénsalo de nuevo. Estás equivocadamente equivocado. Estar comprometido es ser trabajador. No piense que trabajar para el Señor es un trabajo de ocho a cinco y espere que Él le revele grandes revelaciones y misterios. No se trata de ir a la iglesia una, dos veces por semana, ni de sentir que has hecho tu parte. Es en ese compromiso sacrificial donde el Señor premia a sus santos, con una profunda perspicacia, verdades ocultas, grandes tesoros de sabiduría, y la capacidad de aplicarla en sus vidas.

Si la cualidad del compromiso no está en un santo, el Espíritu del Señor no lo usará tan extensamente como Él desea. Cuanto mayor es el compromiso (trabajo duro, pero con calidad) que desarrolla el santo, cuanto más se le encomiendan mayores responsabilidades. Jesús enseñó esto en la parábola de los talentos. La fidelidad y el compromiso de los siervos de cinco y dos talentos produjo más talentos y mostró iniciativa y arduo trabajo duro. El Señor les dio la responsabilidad de trabajos aún más importantes.

Compromiso significa trabajar intensamente. Cualquiera que quiera ser usado por el Espíritu no debe esperar que las cosas sean fáciles. Prepárate para no ser reconocido por todos sus esfuerzos incansables. Espere que se pasen por alto los elogios y tenga muchas cosas que hacer con muy pocas horas para hacerlas. No serás apreciado y solo esperarás que te critiquen por la mejor forma en que sabías hacer algo. El enemigo siempre estará allí usando a alguien para desanimar tu corazón apasionado, amando las almas y agotado de servir al Señor. Practique el enfoque de Pablo en la vida, *"...Hermanos, no pienso que yo mismo lo haya logrado ya. Mas bien, una cosa hago: olvidando lo que queda atrás y esforzándome por alcanzar lo que esta delante, sigo avanzando hacia la meta para ganar el premio que Dios ofrece mediante su llamamiento celestial en Cristo Jesús"; "Por lo tanto, mis queridos hermanos, manténganse firmes e inconmovibles, progresando siempre en la obra del Señor, conscientes de que su trabajo en el Señor no es en vano"* (Filipenses 3:13–14; 1 Corintios 15:58; NVI).

La cuarta cualidad que es fundamental en la vida de un santo es el amor. No cualquier definición de amor, sino la esencia bíblica del amor ágape. El amor de un santo debe dirigirse primero al Señor. ¿Cómo se puede definir el carácter que definirá nuestro amor hacia a él? El amor de los santos a Cristo debe ser:

1. Sincero—Efesios 6:24 (genuino, honesto, veraz, abierto, directo y franco).
2. En proporción a nuestras misericordias—Lucas 7:47.

3. Supremo—Mateo 10:37.
4. Ardiente—Cantar de los Cantares 2:5; 8:6 (apasionado, entusiasta, devoto, dedicado, ferviente y comprometido).
5. Inextinguible—Cantar de los Cantares 8:7: ***"Ni aun mucha agua puede apagar la llama del amor; las inundaciones no pueden ahogar amor. Si un hombre ofreciera todo en su casa por amor, la gente lo rechazaría totalmente"*** (NCV).
6. Hasta la muerte (Apocalipsis 12:11).
7. En el amor, debemos orar para que aumente. ***"Y esto pido en oración, que vuestro amor abunde aún más y más en conocimiento y en toda comprensión"*** (Filipenses 1:9; RVR95).

La cantidad de agradecimiento por los pecados que han sido perdonados dependerá de su amor hacia el Señor. ¿Hay algo demasiado pequeño o grande que no puedas manejar, que te molesta, que es inquietante, insignificante o desagradable, que te impide amarlo? Es igualmente importante que aquellos que tienen ese amor:

1. Disfrutan de la comunión con Dios y Cristo.
2. Son menos reprendidos que los que han disminuido su amor por Cristo (Apocalipsis 2:4).
3. Tomar la cruz (Mateo 10:38).

Si una familia, una iglesia o una sociedad van a ser fuertes, se requiere ser un tejido resistente de eslabones llamado cadena. El amor puede ser el eslabón perdido. Cuanto mayor es el amor que se ejerce, mayor es el grueso del eslabón y la cadena, haciendo que no se rompa fácilmente por ninguna circunstancia, dificultad o prueba. Al servir al Señor y unos a otros, ya sea en el ministerio o en la familia, el amor es lo único que realmente puede ayudar a construir una mejor relación. Incluso la fe no puede operar de manera efectiva si no se hace a través del amor, *"En Cristo Jesús de nada sirve estar circuncidados; lo que vale es la fe que actúa mediante el amor"* (Gálatas 5:6; NVI). Los dones sobrenaturales no son nada sin el amor (1 Corintios 13:1–2). El amor es una permanencia principal. Según 1 Corintios 13, todo lo demás cesará o será abolido, pero el amor es para siempre:

- El amor es una cadena de eslabones que fortalecen la cadena.
- Primero te tienes que poner el amor, no poner primero a los demás y mucho menos a ti mismo.
- Necesitas dejarte abrazar por el amor. Pablo dice: *"Sobre todo, vístanse de amor, que une todo en unidad"* (Colosenses 3:14; ISV).
- Hay que seguir tras el amor. No sigas nada más que el amor. ¿Quién es amor? Jesucristo.
- Debes continuar en el amor. El amor no es un trato de una sola vez cuando todo lo demás es agradable, pacífico y va muy bien. El amor se ejerce incluso cuando todo lo demás se derrumba hacia ti y la gente te trata como basura. El amor es en todo tiempo. El amor se practica en cualquier lugar y en todo momento.
- Los santos deben tratarse unos a otros en amor cuando se aman unos a otros, no hacen disensión o división. El amor no es provocarse unos a otros para pelear o salirse con la suya. El amor no es para decirle a las demás cosas malas sino para construir y edificar.
- Un santo debe ser sincero en el amor, *"El amor sea sin*

fingimiento. Aborreced lo malo y seguid lo bueno. Amaos los unos a los otros con amor fraternal; en cuanto a honra, prefiriéndoos los unos a los otros" (Romanos 12:9–10; RVR95).
- Todas las cosas deben hacerse con amor: el liderazgo, la enseñanza, el predicar, el cantar, en adorar, en servir, en ministrar, en aprender, en obedecer, en disciplinar, en aconsejar, en crianza, en subordinación, en el trabajo y en el estudio.

¿Cómo se puede hacer más larga la cadena del amor? Cuando cubrimos las faltas de los demás (Proverbios 10:12; 1 Pedro 4:8; NVI). *"El odio es motivo de disensiones, pero el amor cubre todas las faltas."* Reprendiendo a los hermanos y hermanas que están haciendo algo malo (Levítico 19:17; Mateo 18:15). Hay un pasaje que saqué de una Biblia para niños que simplifica la idea de reprender: *"No odies a tu hermano en tu corazón. Corrige audazmente a tu prójimo cuando él hace algo mal. Entonces no compartirás su culpa"* (Biblia de los Niños). El amor es una necesidad para la verdadera felicidad. *"Mejor es una comida de legumbres donde hay amor que la mejor carne donde hay odio"* (Proverbios 15:17; Biblia de los Niños).

Una quinta cualidad es la santificación. Es muy importante en la vida del santo. Andar en el Espíritu ayudará al creyente a ser usado por Dios. No se trata solo de predicar la Palabra, enseñarla, confesarla o compartirla, sino de vivirla en santidad. Dios quiere un recipiente limpio. *"Que cada uno de vosotros sepa poseer su propio vaso en santificación y honra"* (1 Tesalonicenses 4:4; NVI). No deja de asombrarme como estos llamados pastores que viven una vida de pecado: homosexualidad, lesbianismo, adulterio, fornicación o cualquier otra cosa pueden creer que Dios está de acuerdo con eso. Pueden predicar todo lo que quieran, pero eso no significa que el Espíritu Santo esté convenciendo y cambiando vidas a través de lo que están predicando o enseñando.

Cuando Moisés subió al monte Sinaí para ver lo que sucedía, se acercó a una zarza ardiente que no se consumía. *"El Señor vio que Moisés se acercaba a mirar, lo llamó desde la zarza: ¡Moisés, Moisés! Aquí estoy—respondió. No te acerques más—le dijo Dios. Quítate las sandalias, porque estás pisando tierra santa".* La Biblia declara que una persona necesita seguir la paz y la santificación (santidad), porque sin ella nadie verá al Señor (Éxodo 3:4b–5; 2 Corintios 7:1; Hebreos 12:14; NVI). Si quieres ser utilizado, estas dos áreas tienen que cumplirse. La Escritura dice que Dios usó hombres santos para escribir Su Palabra (2 Pedro 1:21; RVR2020).

Estas son solo algunas de las cualidades necesarias para estar en su lugar para que el Espíritu Santo encuentre digno al santo como instrumento. No es una visión exhaustiva. Hay otras cualidades que pueden determinar el propósito de alguien para un trabajo simple. Además, hay otras cualidades particulares que pocos pueden poseer y que son cruciales para sobrevivir a la artesanía. Estas cualidades especializadas se otorgan a hombres especiales que se someten a sacrificios y dificultades muy exigentes. Estos hombres y mujeres son usados por Dios para Su mayor gloria, pero también son atacados más por el enemigo.

Hace algún tiempo, traje un mensaje a la congregación; se llamaba "The F.A.T. (el gordo) santo. Destaqué el título y coloqué una fuerte convicción de que, si un santo quería trabajar en el ministerio, él o ella tenía que ser F.A.T. (gordo). Esto realmente les llamó la atención. Especialmente a mi esposa, cuya misma expresión facial dio varias miradas y gestos de desconcierto y desaprobación al título.

Cuando comencé el mensaje, el primer punto que enfaticé fue la "F" de flexibilidad. Debemos ser como las palmeras que pueden doblarse cuando los vientos fuertes vienen en nuestro camino. La flexibilidad es imprescindible si las palmeras van a sobrevivir en un área de huracanes. Necesitamos ser flexibles si vamos a sobrevivir a los fuertes vientos de falsas enseñanzas, críticas y rechazo. El Espíritu Santo nos llevará a través del terreno áspero en nuestras vidas, y necesitamos ser capaces de doblarnos lo suficiente. La falta de flexión ha causado muchos santos a dejar de ir a la iglesia e incluso dejar de servir a Jesucristo. No aceptan que un hermano a veces diga algo incorrecto, pensar algo incorrecto, o incluso en momentos en que, cansado, hacer lo incorrecto. No se dé por vencido simplemente porque un hermano, pastor, diácono o cualquiera que trabaje en la iglesia haga algo que podría no ser lo mejor para usted (estar en su favor). No todos estarán de acuerdo con usted. No todo el mundo aceptará tus ideas. Podrías creer que estos individuos son los mejores, y tal vez son los mejores para ayudar a la iglesia a seguir adelante. Si estas personas te han rechazado o te han hecho algo mal, no dejes de servir a Jesús ni dejes de ir a la iglesia. Entrégaselo al Señor. No lo tomes como algo personal, o te lastimará, causándote dolor y resentimiento. La iglesia pertenece al Señor, y el Espíritu Santo la guiará y obrará. Es el trabajo del Espíritu, no tuyo.

La "A" significa aprovechable (disponible). Tenemos que estar disponibles cuando el Espíritu Santo nos llama a hacer un determinado trabajo. No puede haber cualquier excusa o "no puedo" mentalidad. En la iglesia del Señor, siempre hay algo que hacer. Pero puedo escuchar a alguien objetar diciendo: "¡No tengo tiempo!" o "¡No sé cómo hacerlo!" Tu empiezas con una pequeña obra y trabaja hasta que el Espíritu Santo te encuentre digno de ello. Entonces añadirá más responsabilidad lo que incitará a un trabajo mayor con más compromiso.

Si decimos que no tenemos tiempo es porque lo invertimos en otro lugar que podría no ser lo que el Espíritu quiere. La televisión, los videos, el trabajo de jardinería, el ocio y otras cosas consumen gran parte de nuestro tiempo. Sé que es importante descansar, pero ve y trata de hacer algo durante su tiempo libre o descanso, y será satisfactorio a tu alma.

La "T" significa (teachable) enseñable. Desafortunadamente, aquí es donde muchos santos comienzan a separarse. A medida que ministre más en el Señor, tenga cuidado de que el enemigo no ponga en su mente una fortaleza que no le permita ser enseñado. Si queremos ser utilizados por el Señor, necesitamos ser enseñables. Una persona que no quiere ser enseñada no puede ser usada por el Espíritu Santo. Pronto esta persona se detendrá en el ministerio y se separará de la familia de Dios. Todos tenemos que crecer, y con ello viene la capacidad de aprender cómo hacer la obra del Señor. No sabes todo en cada área de tu vida y ministerio. Esta es la razón por la que el Espíritu Santo ha elegido vasos en áreas particulares que han sido preparados para enseñarle a usted y a otros. El orgullo se interpone en el camino del aprendizaje y, al ser atacado, hará que el alumno sea humillado con la opción de abandonar su puesto. Recuerde: *"Delante de la destrucción va el orgullo, y delante de la caída, la arrogancia de espíritu"* (Proverbios 16:18; NBLA). Fue por orgullo que Lucifer fue enviado a su ruina. Es importante tener un espíritu humilde ante el Señor. Encontrará la enseñanza como un oasis siempre refrescante. El Señor te revelará cosas que rejuvenecerán el hambre y la sed de la Palabra de Dios que una vez tuviste.

EDWARD V GONZALEZ

• QUINCUAGÉSIMA QUINTA FACETA •

La Colocación de lo Exquisito Buenas Mercancías

Aunque la clasificación de cristales cuando se trata de diamantes es hecha por el hombre, el clasificador en la iglesia o cualquier otro ministerio es el Espíritu Santo. Él determinará una y otra vez a través de los hombres de Dios a quién se debe usar y dónde se les colocará en el ministerio. Pablo nos da una perspectiva clara de esto en la primera carta a la iglesia de Corinto en el capítulo 12:4–11. El Espíritu Santo determina qué ministerios, dones, oficios, liderazgos, y los mensajes que deben ser dados a un santo para edificación. Los santos maduros también juegan un gran papel. Son usados por el Señor para ayudar a otros a alcanzar su mayor potencial para la gloria de Dios. No sabemos y no podemos imaginar lo mucho que un santo puede manejar una carga, por lo que el objetivo es colocarlo en una posición que pueda producir la mayor cantidad de fruto posible. Pablo dijo: *"Pero todas estas cosas las hace uno y el mismo Espiritu, repartiendo a cada uno en particular como él quiere"* (1 Corintios 12:11; RVR95).

Escribiendo a los romanos, Pablo argumenta a favor de los vasos para honra y los de deshonra. Dice que Dios escoge a quién usar y de quién tener misericordia (Romanos 9:10–23). De los dos hijos de Rebeca, Esaú y Jacob, Dios escogió un vaso sobre el otro para Su gloria y voluntad divina. Esaú no tenía lo que se necesitaba para llevar el linaje de donde Cristo vendría. Esaú careció de dominio propio y fue irreflexivo porque no valoró su primogenitura. Jacob era astuto, mentiroso, engañoso, sabio, trabajador y emprendedor. Lo que puso en su mente y el corazón para hacer, siempre obtendría, incluso la retribución. Pablo compara la historia de Esaú y Jacob con un alfarero y su barro, *"¿Acaso no tiene potestad el alfarero sobre el barro para hacer de la misma masa un vaso para honra y otro para deshonra?"* (Romanos 9:21; RVR95). Dios quiere usarnos de una manera poderosa. ¿Pero tenemos lo que se necesita para ser usado por el Espíritu de Dios? Si comienzas ahora y te humillas ante el Señor, Él te usará. Pero debes saber esto, que el Espíritu Santo te seleccionará varias veces a lo largo de tu vida. Puedes comenzar enseñando a niños pequeños, pero a medida que, es diseñado para convertirse en un diamante brillante, tendrá que moverse de un ministerio a otro, de debajo de un siervo a otro, que puede ser tu mentor para una causa mayor.

El Espíritu de Dios determinará cuán útil puede ser uno. Hay varias cosas en la Biblia que determinan esta utilidad. Dios examina el corazón del interior del hombre. En el Antiguo Testamento, cuando Samuel iba a ungir a uno de los hijos de Isaí, vio cuán grandes eran, pero Dios dijo no a los siete. Dios le dijo a Samuel: *"Porque Jehová no mira lo que mira el hombre, pues el hombre mira lo que esta delante de sus ojos, pero Jehová mira el corazón"* (1 Samuel 16:7; NVI).

Antes de la unción de David, Samuel había confrontado al rey Saúl por no esperarlo los siete días requeridos. Él dijo: *"¿Qué le agrada más al Señor: que se le ofrezcan holocaustos y sacrificios, o que se obedezca lo que él dice? El obedecer vale más que el sacrificio, y el prestar atención, más que la grasa de carneros"* (1 Samuel 15:22; NVI). La obediencia y la confianza son subproductos del amor. Si amamos a Dios, obedeceremos y confiaremos en Él. Pablo dice: *"¿De qué me sirve hablar lenguas humanas o angélicas? Si me falta el amor, no soy más que una campana que repica o unos platillos que hacen ruido"* (1 Samuel 15:22; 16:7; 1 Corintios 13:1; NVI).

La deseabilidad de un diamante procede del clasificador al determinar su calidad. Clasificará las piedras restantes en grupos de diferentes calidades. No es tan simple como parece porque lo que realmente está haciendo es separarlos según su valor determinado por el cortador. Cuando un diamante tiene una inclusión cerca de los lados o en algún lugar que no necesita ser pulido tanto, tendrá un valor más alto que uno que tiene una inclusión cerca del centro porque gran parte del material se perderá durante el corte. Cada diamante se examina cuidadosamente para determinar la calidad, considerando cada inclusión, según tamaño y color oscuro, así como cualquier otro entrelazamiento. Es básicamente lo mismo en la vida espiritual. *"Ahora bien, en una casa grande no solamente hay vasos de oro y de plata, sino también de madera y de barro, y unos para honra y otros para deshonra. Por tanto, si alguno se limpia de estas cosas, será un vaso para honra, santificado, útil para el Señor, preparado para toda buena obra"* (2 Timoteo 2:20, 21; DBY-Traducido).[32]

No todos los vasos en el Señor se pueden usar de la misma manera. Pero cada vaso que se pone en Sus manos puede ser usado de la misma manera. ¿Cuánto estás dispuesto a pagar en sacrificio dependerá en cuánto te usará el Señor? Por ejemplo, algunos santos se sienten cómodos simplemente viniendo a la iglesia, pero casi nunca ayudan dentro o fuera de la iglesia en una vocación en particular. No quieren involucrarse porque podrían haber sido lastimados en una iglesia anterior. Algunos nunca han sido entrenados o preparados. Otros sienten miedo de cometer errores que puedan conducir a la ineptitud. Tengo una regla general en la iglesia. Si ves algo que hay que hacer y nadie más lo está haciendo, es porque ¡el Señor te está diciendo que lo hagas! Pero si siente la incapacidad de hacer el trabajo, debe pedir ayuda y algo de entrenamiento. ¡No te rindas! Pero ten en cuenta que el enemigo se opondrá tanto para desanimarlos. El diablo agrava y critica todos tus motivos y trabajos usando tu propia familia, amigos e incluso miembros de la iglesia. ¡No te rindas! ¡Sigue adelante! El Señor ha provisto el Espíritu Santo para darte fuerza y consuelo. Sé siempre humilde sin importar cuanto tiempo tienes para hacerlo. Si hay algo que la mayoría del tiempo que hace caer a un santo es el orgullo que llega a su vida instigado por Satanás. El orgullo te separará de hacer esa obra especial.

Cuando se forman diamantes naturales, muchos vienen en diferentes formas de cristal. La variedad se puede dar en orden descendente como piedras, formas, hendiduras, maclas y planos. Los diamantes de talla brillante pueden ser de todos tipos, excepto los planos (vea Figura 18). Sin embargo, los planos tienen su propósito de ser moldeados en baguettes. Baguettes se parecen a una barra de pan. De hecho, un baguette es como una barra de pan francés (vea Figura 18).

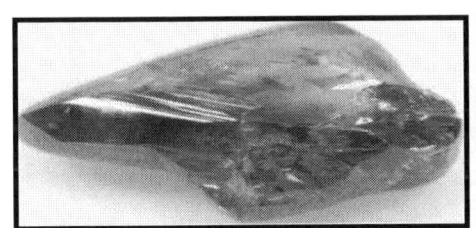

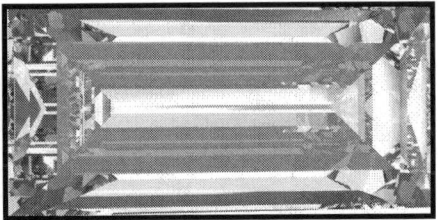

Figura 18

No importa qué forma de cristal seas, hay un lugar para ti en el Reino de Dios y Su servicio. Quizá no te dieron la forma de un diamante de talla brillante porque no tenías el grosor necesario. Dios tiene un lugar para cada santo. El Espíritu Santo tiene un lugar incluso para aquellos con habilidades mínimas. La posición se llama *"ayudas"* (1 Corintios 12:28). Pablo habla de los cuatro vasos en la casa de Dios. Comienza con oro y desciende al barro. Comenzaré desde el menor de los materiales hasta el más alto, el más valioso, para poder mostrar una ascensión al mayor nivel de uso o responsabilidad.

El primer vaso es de barro o arcilla. En tiempos bíblicos, las vasijas de barro o arcilla eran baratas de hacer y muy fáciles de usar. Casi cualquiera podía obtener algunos o incluso muchos de estos vasos. El barro es común y no es necesario excavar demasiado profundo para obtenerlo comparado al oro o a la plata. El barro es una sustancia cautivadora. Rica en variedad, infinitamente flexible en su estado plástico natural, y durable cuando endurecido por el fuego, el barro siempre ha sido un vehículo excepcional para la expresión creativa. En tiempos bíblicos, el arte de la alfarería era una profesión común. Mientras que los ricos podían comprar vasos de oro, plata, piedra tallada o incluso vidrio en la época romana, la gente común usaba vasos de barro cocido para su uso diario (2 Timoteo 2:20). Aunque la cerámica de barro cocido era relativamente frágil y podría romperse si se golpea, era extremadamente duradero. Podía mantener el contenido casi hermético y era resistente a la descomposición y la corrosión. Se han descubierto muchas vasijas de barro que tienen más de 5.000 años. Muchos de los frágiles pergaminos de los Rollos del Mar Muerto se encontraron preservados en enormes tinajas de barro que los habían mantenido prácticamente intactos durante poco más de 2000 años. Incluso fragmentos rotos de cerámica (llamados tiestos o pedazos de vasijas) fueron utilizados como material de escritura para cartas, hacer listas e incluso para las Escrituras.

Pablo dice que en la casa de Dios hay diferentes tipos de vasos. Algunos están hechos de oro, plata, madera y barro. El vaso de barro, aunque duro después de ser puesto en el fuego, sigue siendo frágil en su estructura. Un solo golpe hace que el vaso se haga pedazos. Los creyentes que son como la loza o el barro son instrumentos frágiles. Estos creyentes necesitan remodelarse muchas veces durante su vida. Cada vaso de barro está diseñado por el Creador para su propósito y singularidad. Cada uno tiene un gran tesoro de luz divina, amor y gloria. Este tesoro de luz y gracia del Evangelio fue puesto en este vaso de barro. Dios consideró digno derramar su bondad en vasos débiles y frágiles.

Aunque hay muchas formas diferentes de vasos de barro, cada una tiene una distinción o propósito definido. Algunas cerámicas pueden parecer retorcidos, deformados y con grietas que necesitan arreglo y reparación. Sin embargo, el valor no cambia con cada uno porque el Alfarero Principal conoce las memorias de cada vaso. Los vasos de barro tienen muchas funciones y usos que son útiles y agradables a su Creador.

Muchos creyentes pueden compararse con este tipo de vaso mencionado arriba. Somos débiles, frágiles, endebles y tenemos cuerpos que perecen. En nuestro bajo y humilde estado, nadie hubiera dado ningún centavo por nosotros. No teníamos ningún valor; de hecho, el único valor verdadero es lo que está dentro de nosotros, ***"Pero tenemos este tesoro en vasos de barro, para que la extraordinaria grandeza del poder sea de Dios, y no de nosotros"*** (2 Corintios 4:7; LBLA).

El vaso de barro demuestra fragilidad en su vida. En esta etapa, el santo es nuevo en Cristo y revela una debilidad espiritual. Esta persona no tiene fruto del Espíritu siendo manifestado porque la semilla apenas está creciendo y continuará creciendo como un árbol pequeño (la semilla de mostaza-Mateo 13:31–32) hasta que haya alcanzado todo su potencial. Dado que el santo acaba de salir del mundo de una vida de complacencia en la carne, sus emociones están fuera de control. Pasarán meses e incluso años de una montaña rusa emocional. Un día él o ella es feliz, y al día siguiente está triste o enojado. Sus emociones están guiando a este creyente y no la Palabra de Dios o Su Espíritu. Esto se puede comparar con Israel, que había sido sacado de Egipto porque los israelitas eran esclavos. Mientras el Señor los guiaba a la Tierra Prometida, tenía que mostrarles la dirección por medio de Su Espíritu. En la noche, era un fuego abrasador y, en el día, era una nube refrescante. Sin embargo, el Señor tuvo que enseñarles cómo tomar un día a la vez. Esta lección fue enseñada al confiar en Él con el maná diario. Durante toda una generación, los israelitas resultaron ser un pueblo rebelde; estoy hablando de la generación más vieja. Hay un dicho: "No se le pueden enseñar trucos nuevos a un perro viejo." El Señor trató de enseñarles la fe y la confianza en Él, pero para la generación vieja, se volvió inútil. Los israelitas fallaron la prueba continuamente que Dios dijo que lo habían *"probado diez veces."* Se pueden comparar con la mujer de Lot, que se dio la vuelta para ver lo que sucedía en las ciudades. No podía dejar ir el mundo de dónde venía. Esta generación vieja todavía quería el ajo y los puerros de Egipto, incluso si eso significaba ser esclavos de Egipto de nuevo.

El creyente que todavía está luchando con la opción de volver al mundo porque es demasiado difícil servir al Señor, se encontrará en problemas y en el apuro a no entrar en la Tierra Prometida espiritualmente hablando, finalmente el cielo.

¿Qué determina que un creyente sea como un vaso de barro? Las siguientes son algunas características que demuestran que alguien sea de este tipo de vaso en la casa del Señor:

1. Cuando uno es nuevo en el Señor, quiere tener el control de su vida.

2. Las emociones están bajo control. ¡Quieren que Dios haga las cosas ahora!

3. El vaso de barro está inestable, distraído, pierde el enfoque.

4. Él o ella se ofende fácilmente y se da por vencido(a). Se le compara con la higuera, que tiene hojas, pero no fruto (Muestra promesa, pero no produce fruto).

5. Se rompen fácilmente. Si toman una posición demasiado pronto en su vida cristiana, es posible que no tengan el carácter de sacrificio para ayudarles a darse cuenta de a quién están dando el servicio.

6. El orgullo y la autodependencia son dos elementos que se producen en una vida donde todas las cosas se hacen por sí mismas.

7. El vaso de barro es muy carnal, y el efecto de balancín tiende

a manifestarse en la vida de la persona más a menudo. Un día están demasiado alegres y al día siguiente están deprimidos. En un minuto actúan como Sansón con la fuerza para confrontar y destruir al diablo, y al siguiente minuto actúan como Tomás que duda. Este creyente tiene una vida de dependencia en las habilidades carnales. Cuando el creyente trata de hacer un cambio a una vida de caminar en el Espíritu, su carne tiene un ataque de ansiedad. Tiene problemas para intentar creer en la fe, la esperanza y el amor. El razonamiento no puede computar ese tipo de vida.

8. Al principio, este tipo de embarcación depende demasiado sobre la fuerza física y sus habilidades (Habacuc 1:11, *"La fuerza se convierte en su dios"*).

Después de varios años en esta nueva vida, el nuevo convertido trata de solucionar los problemas y batallas por su cuenta. Solo porque pudo arreglar algunas cosas mientras estaba en el mundo, no significa que será lo mismo cuando se trata de confiar en el Señor. El Señor recibe la gloria, no el creyente. La confianza y creer en el Señor es un deber desde el mismo comienzo de la vida cristiana. Puedo comparar esto con los israelitas en el principio cuando salieron de Egipto (tipo del mundo). Desde el principio, tuvieron que aprender a comer maná todos los días y no pudieron almacenar por más de un día, con excepción del día de reposo. Esta generación refunfuñaba y murmuraba al Señor por este tipo de estilo de vida. Estaban tan acostumbrados a hacer las cosas por ellos mismos y hacerlo a su manera.

El vaso de barro no es diferente de esta generación en el Desierto. Se quejaron mucho al principio. Estaban inquietos e inseguros de la vida. La razón de su inestabilidad es el fundamento en el que se encuentran al principio, el fundamento de arena. Tienen que aprender a construir sobre el fundamento de la roca, pero esto viene a su tiempo.

Pedro, Judas y el rey Saúl fueron personas que se apoyaron mucho en sus habilidades y emociones. Dos de estos tres fracasaron al final y terminaron suicidándose. Que todos los nuevos convertidos aprendan a confiar en el Señor y alcancen el siguiente nivel en sus vidas: el vaso de madera.

El segundo vaso en la casa de Dios es la madera. Algunas veces en la Biblia, una referencia a los árboles es una indicación de la humanidad. Cuando Jesús sanó al ciego, le preguntó al hombre sanado, *"¿Puedes ver ahora?" El hombre alzó los ojos y dijo: "Veo gente; pero parecen árboles que caminan"* (Marcos 8:23–24; ISV). En el primer Salmo, David dice que somos como: *"El árbol plantado a la orilla de un rio que, cuando llega su tiempo, da fruto y sus hojas jamás se marchitan. ¡Todo cuanto hace prospera!"* (Salmo 1:3; NVI).

¿Por qué el Señor compara a alguien con la madera? Pablo dijo que en la casa había vasijas de madera. Ciertas propiedades de madera le dan su densidad. Fortalece la madera y crea una característica que lo vuelve impermeable a la putrefacción y las termitas.

Cuando se construyó el Tabernáculo, todos los muebles y los utensilios estaban hechos de madera de acacia. Esta madera fue fuerte y eterna. Tendría que ser porque se probaría con el tiempo. El Tabernáculo era la morada del Señor y tendría que durar mucho tiempo antes de que Salomón construyera un nuevo templo de un material diferente. Estos muebles y los utensilios duraron casi quinientos años. El nuevo templo construido por Salomón fue construido de madera de cedro. Podría durar cientos de años. La única razón por la que no fue así fue debido a la destrucción por parte de los babilonios. Lo quemaron hasta los cimientos durante la tercera y última invasión.

Alguna madera como la del tabernáculo tenía que recubrirse con plata o bronce, para que la madera pudiera resistir la prueba del fuego; tenía que estar cubierta de oro, plata o bronce para sobrevivir, o se quemaría. La debilidad de la madera es que no puede resistir fuego por sí sola, a diferencia de la arcilla o barro que puede soportar el calor por sí sola. El fuego fortalece el barro y lo hace duro para soportar cualquier uso.

Siendo humano, Jesús tenía todas las características de un humano. Estaba cansado, hambriento, con sueño, enojado y mucho más. Sin embargo, en todo esto, el Señor nunca pecó. No tenía mancha ni defecto. Fue llamado el Santo de Israel. Cuando partió para estar con el Padre, envió al Espíritu Santo para ayudarnos. El Espíritu Santo debía ocupar nuestras vidas. El nuevo templo que iba a ocupar era nuestros cuerpos.

Nosotros, como Jesús, tenemos espíritu, alma y cuerpo. Algunos creyentes actúan como las características de la madera. Los que son como los vasos de madera pueden reflejar, como Israel, la generación más joven que entro a la Tierra Prometida. Ellos fueron la generación que fueron preparados en el desierto por el Señor y Moisés. Conocían la Ley de Dios y habían establecido una imagen de quiénes eran ante Sus ojos. Tenían fuerza y poder. Su habilidad para pelear las batallas en la tierra de Canaán vino del Señor. La generación más joven había aprendido a apoyarse y confiar en Dios. Esos cuarenta años les ayudaron a dejar sus actividades carnales y comenzar a mostrar fortaleza en el nombre del Señor. Esto continuó por algunas generaciones más en el libro de los Jueces. Los que son vasos de madera demuestran lo siguiente:

1. Se manifiesta algo del fruto del Espíritu. No todos los frutos están presentes en sus vidas. El fruto del amor, la alegría y la paciencia comienzan a madurar en sus vidas. El efecto balancín ahora se inclina más a menudo hacia el lado espiritual pero aun así a veces vuelve al lado de la carne.

2. Este vaso ha comenzado a confiar en la Palabra de Dios. Aquellos que nunca llegan a este nivel es por falta de enseñanza. De hecho, algunas iglesias no crean discípulos de sus miembros a través de la enseñanza de la Palabra. Si queremos que nuestros bebés en Cristo crezcan, necesitan enseñanzas sólidas cada semana. Las iglesias que proveen una hora a la semana de la enseñanza bíblica crean creyentes emocionalmente perturbados, lo que significa que todas sus vidas se basan en cómo se sienten.

3. El vaso de madera ha aprendido a confiar en la fuerza espiritual. El viaje en el desierto a lo largo de los años ha demostrado éxito. Este recipiente ha aprendido a dejar de depender en sí mismo y ahora ha aprendido a confiar en la fuerza del Espíritu del Señor. Traerá mucho consuelo y satisfacción a su vida espiritual.

4. Debido a que este vaso ha aprendido fuerza en el Señor, su vida está edificada ahora sobre el fundamento de la Roca, que es la dependencia en la Palabra de Dios. Él está empezando a aprender acerca de las batallas espirituales contra el enemigo. El creyente ahora sabe quién causó todos los problemas y decepciones al comienzo de su vida cristiana.

5. El creyente ahora ha entrado en el sistema mundano controlado por el hermano de Goliat llamado Lajmí (1 Crónicas 20:5). El rey David y sus hombres pelearon muchas batallas. En su juventud, David mató a Goliat. En su mediana edad, él y sus hombres mataron a otros cinco gigantes, incluyendo a Lajmí. En una ocasión, el rey David estaba luchando contra un gigante y se quedó sin fuerzas. Uno de sus soldados vino y lo ayudó a matar al gigante. A veces, también nosotros nos quedaremos sin fuerzas; otros vendrán a nuestro rescate para luchar contra el gigante y vencerlo. Cada uno de estos gigantes representa un enemigo contra el creyente. Jesús, el hijo de David, venció a los seis gigantes, pero no los eliminó. Se necesita fuerza para luchar contra estos gigantes porque las batallas pueden volverse largas y agotadoras (se pueden tomar años y pueden ser muy tediosas).

6. Una cosa importante que se necesita en este nivel es el sacrificio. Ahí será muchas veces cuando tendrás que elegir una cosa sobre la otra. Por ejemplo, para adquirir fuerza espiritual, el creyente necesita ayunar. Una razón para ayunar es romper con la debilidad de la carne cuando se trata de hacer servicio para el Señor. La carne siempre está cansada cuando se trata de un servicio en la iglesia o de trabajar en la obra de Dios. Pero nunca está cansada para ver una película de tres horas o ir a un restaurante y sentarse allí esperando a ser atendido por dos horas.

El nivel de la madera ayuda al creyente a crecer en el Señor. Si el creyente ha madurado hasta cierto punto, estará listo para subir al tercer nivel. Hay un alto número de creyentes que se quedan en este nivel durante muchos, muchos años. Les resulta muy difícil progresar. He visto pastores que no pueden llegar al siguiente nivel porque las presiones son demasiados fuertes para que las superen y terminen divorciándose o cometiendo adulterio. Este tipo de trabajo, como pastor, no es tan fácil como parece.

¿Cómo adquiere un creyente la fuerza espiritual? Una de esas áreas es una iglesia que no solo tiene iglesia, sino que enseña a su gente la Palabra para edificación. Pero la iglesia hoy se ha vuelto teatral con todas las luces llamativas, el santuario oscuro y los oradores motivadores que apenas ofrecen algún fundamento bíblico.

En el libro titulado "The Prodigal Church", Jared Wilson desafía a los líderes de las iglesias a reconsiderar sus prioridades en lo que respecta a la idea de cómo "hacer iglesia" y llegar a la gente en sus comunidades, argumentando que con demasiada frecuencia confiamos en la música alta, las luces llamativas y los pantalones ajustados para conseguir que la gente entre por la puerta.

Escribiendo con la gracia y la amabilidad de un amigo de confianza, Wilson anima a los lectores a reexaminar la enseñanza de la Biblia, no simplemente a volver a un modelo tradicional por amor a la tradición. A continuación, presenta una alternativa a los modelos atractivos y tradicional: un enfoque explícitamente bíblico centrado en el evangelio, basado en la gracia y orientado al fruto (Prodigal Church Book Taken from The Prodigal (Church: A Gentle Manifesto against the Status Quo. www.crossway.org).

En mi vida personal, pasé el nivel de madera muy rápido. Eso debe haber tomado sólo unos pocos años para reemplazar. Lo comparé con un abrir y cerrar de ojos. Fue fácil pasar por esta etapa de mi vida. No luché para volverme fuerte y valiente. ¿Fue mi carácter lo que me ayudó a superar esta etapa? Sé que tuvo mucho que ver. Recuerdo que tenía trece o catorce años de edad y salía muchas veces a cazar en las montañas cerca de la ciudad de Hollister, California. Los padres de mi tío eran dueños de un parque llamado "Hollister Hills". Fue creado como parque de motocicletas allá por los años setenta. Muy alto en las montañas, mis primos me dejaban solo a eso de las nueve o diez de la noche bajo la oscuridad, cielo completamente negro con un rifle para cazar ciervos o venados y otros animales. Tenía una linterna para iluminar donde me escondería entre los árboles. Temprano en la mañana, escuchaba pasos de venados que bajaban al pozo de agua. Estaría listo para hacer brillar mi luz y hacer mi caza. ¿Tuve miedo a veces? Sí, muchas veces, pero aprendí valentía. Sabía que mis primos volverían al día siguiente alrededor de las nueve de la mañana. ¿Me ayudaron estas experiencias? ¡Yo creo que si!

MEDIDOR DE VASOS

HISTÓRICO (Significado)	MATERIAL (Significado)	ESPIRITUAL (Significado)
Reino de rey Solomon/Paz Carne, las fuerzas de Satanás y las naciones conquistadas y sometidas. Israel en el Milenio	**ORO--Brillo** (IMAGEN-COMO CRISTO) Carácter puro Precioso y raro (Isaías 13:12). Todo fruto del Espíritu presente, guiado por el Espíritu y controlado por el Espíritu.	**(Actividad Divina)** Piedra principal del ángulo: Jesús Evangelio - Juan (Jesús Hijo de Dios) Efesios/Pablo/Daniel
Reinado/guerra del rey David Las próximas generaciones después de que Josué y Caleb conquistaron la Tierra Prometida. Son una nación/ sacerdocio real	**PLATA--Prueba** (Reflexión) Fruto de (mayoría) el Espíritu. La imagen de Cristo comienza a aparecer en la vida del creyente. La humildad comienza a aparecer. La integridad comienza a aparecer.	**(Actividades Demoníacas)** Fundación de los Apóstoles Evangelio - Marcos (Jesús redime a la humanidad) Moisés/Abraham Colosenses/Salmo 23
5 Jer. 23:29 Palabra como fuego/martillo Isreal/generación más joven entrando en la Tierra Prometida. Jueces	**MADERA--Fuerza** (Humanidad) Parte del fruto del Espíritu manifestado. Se basa en la Palabra de Dios. Confía en la fuerza espiritual.	**(Actividad del Sistema Mundano)** Fundación la Roca Evangelio--Lucas (Jesús tipo de sacrificio--Buey; Juan 3:16) Filipenses/Sal. 91/Josué
Reinado del rey Saúl Sansón Israel/generación mayor en el desierto. 1	**BARRO: Frágil/Débil** Las emociones están en control. Inestable, distraido, pierde el foco. Se ofende fácilmente, se da por vencido, higuera con hojas (muestra promesa pero no produce frutos). Fácil de romper. Orgullo/autodependencia/carnal/efecto balancín. Depende de la fuerza física, las habilidades, etc. (Hab. 1:11 "La fuerza se convierte en su dios").	**(Actividad Carnal)** Fundación de Arena Pedro/Judas Evangelio - Mateo (Jesús hijo de David) La vida de Job Gálatas/Salmo 139

• QUINCUAGÉSIMA SEXTA FACETA •

DE LA SUSTANCIA AL LINGOTE

¿Por qué la Biblia caracteriza a algunos como la plata? Porque la plata es un metal blando, maleable pero más duro que el oro. Malaquías 3:3 dice: *"Él se sentará para afinar y limpiar la plata: limpiará a los hijos de Leví, los afinará como a oro y como a plata"* (RVR95). El platero trabaja con la plata, y el fuego es el ingrediente principal para refinar la plata. El objetivo del platero es sostener la plata sobre el fuego. No solo la sostiene sobre el fuego, sino que tiene que colocarla en la parte más caliente de la llama en el centro. La sostiene sobre la llama para quemar todas las impurezas. Es muy importante que el platero se siente durante el refinado. Necesita mantener sus ojos en la plata que se refina en todo momento. No debe dejarse en el fuego un momento de más, o perecerá. La forma en que el platero puede reconocer cuando la plata ha sido refinada es cuando puede ver su imagen en ella.

¿Eres como el vaso de plata? ¿Cuánto tiempo te ha puesto el Señor sobre el fuego para refinarte? ¿Has sentido la parte más caliente del fuego? ¿Pueden Dios y el incrédulo ver la imagen de Cristo en ti?

La plata tiene un punto de fusión de 961,78 °C (1763,2 °F) y un punto de ebullición (hervir) de 2162°C (3924°F). No es tan tolerable al calor como el oro. El oro tiene un punto de fusión y ebullición mucho más alto. El oro no es un catalizador, como lo es la plata. Aunque la plata se puede contaminar por otras propiedades como los azufres, tiene su lado bueno. Está es capaz de convertir cosas, y es de beneficio en otras áreas como tratamientos medicinales.

La plata no tiene un valor tan alto como el del oro. Sin embargo, en tiempos bíblicos era superada solo por el oro. El oro se utilizó para reflejar el estado de un rey. La plata cedió el lugar a alguien en el segundo mando o posición. En Génesis, José les dijo a sus sirvientes que colocaran su copa de plata en una de las bolsas de su hermano que contenían alimento. José era el segundo en autoridad después del faraón de Egipto.

La plata es un metal para hacer monedas con un brillo metálico blanco eso puede tomar un alto grado de pulido, pero su desventaja es que se mancha y evita que sea ampliamente utilizada. Sus propiedades catalíticas la hacen ideal para su uso como catalizador. Un catalizador causa actividad entre dos o más personas o fuerzas sin verse afectado. Plata como catalizador se utiliza para convertir de un material a otro, como el etilenglicol a los poliésteres. Se utiliza para fabricar baterías de soldadura de cadmio. El fulminato de plata es un poderoso explosivo. En el pasado, nitrato de plata (líquido) y crema de sulfadiazina de plata (SSD Cream) fueron el "estándar de atención" para el antibacteriano / tratamiento antibiótico de quemaduras graves hasta finales de la década de 1990. Los fenicios solían almacenar vino y vinagre en botellas de plata para evitar que se estropee o echarse a perder. A principios del siglo XX, la gente ponía dólares de plata en botellas de leche para prolongar la frescura de la leche. Los compuestos de plata se utilizaron con éxito para prevenir infecciones en la Primera Guerra

Mundial, antes de la llegada de los antibióticos.

Puede que muchos de nosotros no seamos vasos de oro, pero algunos de nosotros podemos ser vasos de plata. Los vasos de plata son catalizadores en un sentido espiritual. Ayudamos a convertir almas impías en santos a través de nuestro estilo de vida y creencias. Es posible que los vasos de plata del Señor no puedan soportar todo el calor de la vida, pero lo suficiente como para marcar la diferencia de muchas maneras. Los vasos de plata pueden mantener su brillo, la gloria del Señor, pero pueden, a su debido tiempo, si se exponen durante largos períodos de tiempo con personas pecadoras, contaminarse y perder su brillo. El Señor se sienta y mantiene sus ojos sobre ellos en todo momento, asegurándose de que el fuego purifique todas las impurezas que los han manchado y evite su destrucción. Los tres amigos en el libro de Daniel fueron colocados en el horno ardiente. El Señor no solo los estaba cuidando, sino que también estaba adentro con ellos, asegurándose de que no fueran destruidos. José fue vendido por sus hermanos, acusado de violación, encarcelado por un largo período de tiempo y, sin embargo, el Señor mantuvo Sus ojos sobre él hasta que fue purificado de su orgullo y vanidad. Entonces el Señor lo sacó de la cárcel y puso a José en segundo lugar después de Faraón.

Demasiadas tribulaciones y pruebas pueden ser demasiado difíciles para algunos recipientes o vasos. A veces, tratar de soportar una larga, larga sequía financiera o aferrarse a la fe para una sanidad puede ser tan devastador para algunos que se dejan ser vencidos. Estos vasos son valiosos para la iglesia. Necesitamos no sólo a los Moisés, a los Isaías, Danieles, Lucas y los Pablos, pero también Juan Marcos, los Silases y los Timoteos. A veces las cosas en la vida son muy difíciles de superar, y el Señor sabe que los vasos de plata no son tan resistentes como el oro, pero son más duros que la madera o el barro.

Una cosa es segura, y es que la plata representa palabras puras y entendimiento (Proverbios 2:4–5; 3:13–14; 10:20; 25:11; Salmo 12:6). Es el acto de conocer, a través de mucho estudio, la atesorada Palabra de Dios. El santo, al nivel de la madera, se hizo fuerte porque se mantuvo firme en el entendimiento de la preciosa Palabra de Dios. Ahora en el nivel de la plata, su vida depende de la Palabra de Dios. La palabra o hecho se hace por la voluntad de Dios, no por la voluntad humana. Hay varios beneficios debido a la pureza de las palabras y comprensión:

1. La fe en la Palabra fija la atención en el corazón y la cabeza al entender (Proverbios 22:17).
2. Produce una oración ferviente de discernimiento y conocimiento, e inicia una búsqueda de la voluntad de Dios y sus caminos (Proverbios 3:14).
3. Crea un discernimiento del temor (reverencia) por el Señor (Proverbios 1:7).
4. Tal persona encuentra la felicidad (Proverbios 3:13–14). Él/ella se vuelve próspera y abunda en riqueza espiritual.
5. Es como plata escogida porque es redimida y da testimonio de su redención, de la cual la plata es símbolo (Éxodo 26:19).
6. Su discurso es oportuno (Proverbios 25:11). Es una palabra pronunciada a tiempo y con sabiduría aplicable para la vida. Con sus palabras bien dichas, que tienen un efecto encantador, dirige a los que van por el camino de la justicia.
7. El entendimiento en la palabra proporciona un verdadero conocimiento del misterio de Dios, Cristo mismo. Cuanto más entiendas la Palabra de Dios, más sabrás acerca de Cristo.

La plata es un tiempo de prueba; su propósito es traer en la vida del santo una reflexión de la imagen de Jesucristo, pero no la imagen verdadera. O sea, que no puedes ver a Cristo muy claro en tu vida. Esta verdadera imagen aparece en el nivel del oro. Es el tiempo cuando la imagen de Jesucristo comienza a aparecer. Verdadera humildad e integridad empiezan a salir a la superficie, y la manifestación de la mayoría del fruto es presente. Es un tiempo de guerra constante, casi como si fuera a durar para siempre.

Durante esta etapa, el vaso (usted) crea fundaciones en los ministerios. Es un tiempo de iniciar ministerios con éxito y en abundancia, pero no necesariamente con prosperidad financiera. Confiar en Dios es la vida de un vaso de plata. Todo lo que él o ella haga dependerá de la guía y la fuerza del Señor. Si el vaso trata de hacer algo sin consultar al Señor, terminara en un fracaso; si, esto puede suceder en cualquier etapa, pero es más sensible en este nivel. En el nivel del barro, la ignorancia era una bienaventuranza. Por la razón que sea, el Señor te dejó pasar las cosas que hicisteis que no estaban hechas en su voluntad. Hiciste cosas para Él sin orar para ver si estaban permitidas. Incluso si le pediste al Señor su voluntad, no obtuviste un numero de confirmación como aprobación de Él. En el nivel de la madera, también te saliste con la tuya porque tu fuerza espiritual te dio la capacidad de lograr tus metas para el Señor. En este nivel, puede permitirse errores y equivocaciones porque la fuerza espiritual te dio una resistencia sin fin.

En el nivel de la plata, necesitas tu fuerza, no tanto para hacer actividades y lograr metas o hacer trabajo ministerial, sino para soportar las pruebas y las aflicciones. Por eso es tan crucial orar al Señor por dirección y Su voluntad. Un error puede causar un verdadero retroceso y desánimo, pero eso no significa que vas a abandonar al Señor. Sin embargo, es posible que sientas remordimiento.

En el lado histórico, refleja las generaciones posteriores después de la muerte de Josué. Se cansaron de luchar contra las naciones en la Tierra Prometida y se volvieron complacientes, creando una posición que comenzó a aceptar las falsas enseñanzas de las naciones vecinas impías. Después de un tiempo, los israelitas comenzaron a practicar la idolatría y los atroces pecados de los impíos. Esto provocó los seis ciclos en el Libro de los Jueces: Israel sirve al Señor y hay paz, Israel cae en el pecado y la idolatría, Israel es esclavizado, Israel clama al Señor, Dios levanta un juez para salvarlos, y finalmente Israel es entregado. Luego, después de un cierto número de años, el proceso comienza de nuevo.

Durante la época del profeta Jeremías, Judá había caído en la bancarrota espiritual. Durante años habían descuidado la Palabra de Dios y la moralidad. Se habían salido de la voluntad de Dios, y esa preciosa nación que era como la plata estaba a punto de sufrir la ira de Dios. Jeremías profetizó al rey y a su pueblo del juicio venidero, pero no escucharon ni cambiaron. Estaban anclados en sus caminos de pecado. Dios le dice a Jeremías: ***"Te he puesto a ti como probador de metales y a mi pueblo como mineral, para que observes y pruebes sus caminos... Se les llama plata desechada, porque el Señor los ha desechado"*** (Jer. 6: 27-30; NIV-traducido).

Otro ejemplo de esto es el reino del rey David. Un interminable reino de batallas que plagaron la vida de David. De hecho, el rey David casi nunca se quitaba la armadura, y en el momento en que se la quito para un breve momento de descanso, cometió pecado con Betsabé. Nunca bajes la guardia si eres un recipiente de plata. Después de años de continuas batallas, uno se cansa y quiere descansar. Es en este momento que se presenta el error al quitarse la armadura. Esta es una oportunidad para que el enemigo golpee y deje inoperante al soldado de la luz, un error que ha costado la vida espiritual de innumerables creyentes a lo largo de la historia.

Bajo encabezamiento del significado espiritual, la plata indica un tipo de actividad demoníaca constante. Es el momento en que se puede poner en marcha una fundación ministerial con la posibilidad de hacerla triunfar. Abraham, José, Moisés y David fueron todos los catalizadores en el comienzo de algo que iba a durar por muchos, muchos siglos. Con mucha agonía y pruebas que continuaron durante muchos años, debían cumplir un plan divino que no entendían por completo el efecto dominó de su misión. Así es para cualquier creyente en esta etapa. Lo que haga en esta etapa tendrá resultados eternos tanto para usted como para aquellos a quienes ha servido. El Dr. Lester Sumrall lo expresó muy bien cuando dijo: "Planta un árbol donde las generaciones posteriores coman de él".[33]

A lo largo de los años, los académicos y otros han determinado que el Evangelio de Marcos habla de Jesús sacrificando su vida por la redención de la humanidad. *"Porque ni aun el Hijo del Hombre vino para ser servido, sino para servir, y para dar su vida en rescate por muchos"* (Marcos 10:45; NVI). En el Antiguo Testamento, los pilares alrededor del tabernáculo eran de madera y estaban cubiertos de plata. La plata simbolizaba la redención. Jesús no solo era como la plata, sino que en un tiempo también fue como el barro y la madera. Los que son de plata tienen tendencia a ser una especie de redención para muchas almas. Sus vidas son ejemplo y constante evangelización.

Si uno puede superar el nivel plata con todas sus pruebas, entonces esa persona está lista para pasar al siguiente nivel, a saber, el oro. Solamente Dios puede determinar esto. El nivel plata puede durar de diez a treinta o más años. El período de prueba se utilizó para determinar si realmente te graduaste del nivel de madera, fuerza.

Fue en el nivel de plata que me quedé durante aproximadamente veinte años; fue el momento más difícil de mi vida. Sentí que no podía avanzar en la obra del Señor en la iglesia o en el evangelismo ni tener victoria. Experimenté el fuego del Señor como una fuerza consumidora y no tanto como algo que me purifica. Durante treinta y cinco años en el ministerio, nunca estuve bajo un salario de una iglesia. En los últimos quince años siendo pastor, el Señor me dijo que no tomara un salario. De hecho, he tenido el mismo vehículo durante los últimos quince años en lugar de tener uno nuevo cada tres años como en el pasado. Pero el Señor ha sido bueno con mi familia y conmigo. Él ha proporcionado prosperidad de diferentes maneras de una forma u otra.

Estos recipientes de oro y plata se colocan para su uso. Moisés, Samuel, Natán, Elías, Isaías, Jeremías, Daniel, Juan el Bautista y Pablo eran todos individuos que confrontaron a la gente en autoridad. Testificaron del plan y juicio de Dios para todos aquellos que le obedecieron o desobedecieron.

¿Por qué Dios nos compara con estos diferentes materiales? El oro en el Antiguo Testamento representaba algo divino o de Dios. También demostró un lugar de supremacía como el del reino del rey Nabucodonosor. En el libro de Daniel, el sueño de Nabucodonosor de la estatua colosal consistía en oro, plata, bronce y hierro mezclados con barro. La cabeza de la estatua representaba el reino de Nabucodonosor. Fue representado como si estuviera hecho de oro. Una de las razones por las que se representaba como hecho de oro era que cuando conquistaba otros reinos, se apoderaba de todo su oro. Su reino fue reconocido por la enorme cantidad de oro que había acumulado. Su reino tenía esplendor, pero no poder ni fuerza.

El oro no es un metal muy fuerte. Era el metal más pesado conocido por los israelitas y el más fácil de moldear en intrincados diseños artísticos. El oro tiene ciertas propiedades que se prestan para ser moldeado a cualquier imagen o forma. Tiene una resistencia imbatible a la corrosión y su ductilidad. Es el metal más maleable y dúctil que se conoce; un solo gramo se puede batir en una hoja de un metro cuadrado o una onza en 300 pies cuadrados. Dado que el oro tiene un alto punto de fusión, es fácilmente capaz de soportar el calor que se necesita para darle forma. El oro es tan resistente que ni el calor, la humedad, el oxígeno y la mayoría de los agentes corrosivos tienen muy poco efecto químico sobre él.

El oro tiene un punto de fusión de 1064°C y un punto de ebullición de 2808°C. El símbolo químico del oro es "Au", abreviatura de la palabra latina Aurum, que literalmente significa "amanecer resplandeciente." La palabra oro parece derivar de la raíz indoeuropea "amarillo", que refleja una de las propiedades más obvias del oro. El amarillo representa la amistad. Y ser un vaso de oro significa que el Señor y el vaso de oro tienen una relación muy estrecha. En la Biblia, solo ciertas personas tenían el título de amigos de Dios. Abraham era uno de ellos y se decía que era amigo de Dios (Juan 15:13–15; Romanos 5:10; 1 Corintios 1:9; Colosenses 1:22; Santiago 2:23).

El oro se ha utilizado como símbolo de pureza, valor, realeza y particularmente roles que combinan estas propiedades. El oro es un signo de riqueza y prestigio. Se asocia con aniversarios notables, particularmente en un ciclo de cincuenta años, como un aniversario de bodas de oro y el jubileo de oro. Los grandes logros humanos suelen recompensarse con oro en forma de medallas y condecoraciones. Los ganadores de carreras y premios a menudo reciben la medalla de oro (como los Juegos Olímpicos y el Premio Nobel), y muchas estatuas de premios están representadas en oro (como los Premios de la Academia, los Premios Emmy y los Premios de Cine de la Academia Británica). Los reyes usan coronas de oro y las alianzas de boda generalmente están hechas de oro.

En la historia judía (Antiguo Testamento), muchas personas no tenían manera para saber si el metal que tenían era oro o no. Probaron el oro frotándolo sobre una piedra negra llamada piedra de toque y observando el color de su marca. La prueba del Señor a Su pueblo fue hecha a través del fuego. En el libro de Zacarías, un pequeño remanente de la población judía había regresado a la tierra de Israel. Dios dijo que Él *"traerá la tercera parte al fuego... y los probará como se prueba el oro. Invocarán mi nombre, y yo los oiré: Diré: Pueblo mío es; y dirán: Jehová es mi Dios"* (Zacarías 13:9, NVI). Los vasos de oro han sido aprobados por el fuego la mayoría de las veces. Se moldean fácilmente en cualquier cosa que el Señor desee. Estos siervos cuidan muy bien su vida personal y su caminar ante un mundo impío. Desean no manchar el nombre del Señor; tampoco tienen miedo de confrontar las malas prácticas de aquellos en posiciones altas. Hablan en contra de los que quebrantan la Ley de Dios y exigen el arrepentimiento de los infractores de la ley.

El oro, cuando esté purificado, reflejará una imagen que está en su presencia. Como el oro, los vasos de oro del Señor reflejan la imagen de Dios más que cualquier otra persona. Cuando Dios le dijo a Moisés que construyera el Tabernáculo, no había barro, heno, hojarasca ni siquiera piedras costosas. La madera se usaba afuera, pero solo si estaba revestido de bronce. La madera de acacia que se usaba dentro del lugar santo y el lugar santísimo estaba cubierta de oro o plata. El Tabernáculo simbolizaba a Cristo en Su encarnación, Sus actos y Su humanidad. La vida de Cristo fue más como el oro y la plata y no como los materiales menores que representan fragilidad, inestabilidad y destructibilidad.

El oro es un metal precioso universalmente aceptado para el comercio o utilizado en un sistema monetario. El heno, la madera o el rastrojo muy apenas tienen valor en un mercado mundial. Dios usa vasos de oro porque son conocidos universalmente. Un siervo que fue conocido en todo el mundo por reyes, presidentes y líderes mundiales fue Billy Graham.

En la página 316, hay un diagrama que muestra un medidor de un grado del vaso de barro menor hasta al vaso de oro mayor. El oro representa carácter puro, precioso y raro (Isaías 13:12).

El creyente ya no se coloca ni pone su fe en la Palabra, pero en cierto modo, si recuerdan, se convierte en la Palabra. En la etapa del vaso de plata, el creyente se coloca en la Palabra para resistir el ataque del enemigo, las tentaciones de la carne y el mundo. Ya no usa la Palabra de Dios como arma, sino que la vive. El santo se convierte en Dios en Su lugar. No tomes mal lo que te estoy diciendo. Lo que quiero decir es que el creyente, en este nivel, proyecta la imagen de Dios y muchos de sus atributos (Efesios 4:23–24). Pablo dijo: ***"Ya no vivo yo, pero Cristo vive en mí."***

El propósito del vaso de oro es ser una imagen de Aquel que es divino, Cristo. En este nivel, el vaso representa Su imagen. Este era el problema principal con los líderes religiosos en los días de Jesús. Jesús afirmó que Él era el Hijo de Dios, y aunque lo era, los líderes religiosos refutaron esa afirmación porque nadie podía ser el Hijo de Dios. Jesús hizo un buen argumento cuando dijo: *"¡En vuestra propia Ley dice que los hombres son dioses!" respondió. "Entonces si la Escritura, que no puede ser falsa, habla de dioses a aquellos a quienes vino el mensaje de Dios, ¿llamáis blasfemia cuando el santificado y enviado al mundo por el Padre dice: 'Yo soy el Hijo de Dios?'"* (Juan 10:34–36; Salmo 82:6; NVI).

Se suponía que el pueblo judío había sido la imagen y luz de Dios para el mundo impío. Se suponía que tenían que haberse parecido a Dios por su vida santa. El pueblo debió ser misericordioso, amante del pecador, moral, santo, justo, protegiendo y ayudando a los pobres, pero no lo hicieron. Desafortunadamente, fallaron en varias ocasiones.

Es en el nivel de oro donde un santo ha madurado y se ha convertido en más que un vencedor. Ha vencido la carne y todas sus debilidades que, al comienzo de su nueva vida cristiana, lo sometería a pasiones y emociones destructivas. De hecho, los gigantes a los que se enfrentaron los israelitas la primera vez que intentaron entrar en la Tierra Prometida les traía miedo e intimidación. Después de la preparación de treinta y ocho años en la jornada del desierto, tenían fe en Dios. Lucharon con Josué, y algún tiempo después, estos mismos gigantes ya no fueron una amenaza para ellos la segunda vez.

Además, las fuerzas del mal, Satanás y sus demonios, ya no tienen control o poder para inducir al vaso de oro a hacer el mal. El santo elige no hacer el mal por su propia voluntad. Es sencillo porque conoce demasiado bien los planes del enemigo. Él ha leído y entendido las Escrituras para la colocación y el propósito del enemigo en su vida y para el mundo. En el nivel de oro, es un tiempo de paz, como en la época del rey Salomón.

Cuando el rey David tomó el reino después de la muerte del rey Saúl, comenzó a pelear contra todas esas naciones en la Tierra Prometida desde Berseba hasta Dan. Durante algunos siglos, los líderes judíos no libraron a los cananeos de su presencia como el Señor les había instruido al entrar a la Tierra Prometida durante y después de la generación de Josué. No hubo paz debido a la falta de obediencia y cumplimiento de sus instrucciones. Cuando David se convirtió en rey, luchó contra el enemigo dentro y fuera de las fronteras de su reino. Tuvo éxito en subyugarlos porque los había conquistado. Esto dio lugar a la oportunidad para su hijo, Salomón, de construir un templo para el Señor en tiempos de paz. Si Salomón no hubiera tenido esta paz, no habría tenido tiempo para construir el templo debido a las constantes batallas. No hace falta decir que el rey Salomón no era un guerrero como su padre, el rey David. No sabía ni un ápice de cómo crear estrategias, y mucho menos pelear una batalla. Es una pena que algunos pastores, santos o evangelistas no entiendan esta enseñanza. Aquellos que inician una iglesia o un ministerio tienen que hacer la conquista y someter al enemigo por otros que no tienen experiencia en esta área. Los que vienen después necesitan tener la oportunidad de hacer lo que Dios les ha diseñado para hacer. Sorprendentemente, la mayoría de las veces, esto no funciona bien. Los soldados del Señor no pelean la batalla correctamente, y el resultado son divisiones en la iglesia, grupos disidentes, santos heridos y, lo peor de todo, reincidentes. Algunos pastores e iglesias tuvieron éxito en esta lección.

Ahora, permítanme volver y exponer algunos de estos enemigos que los israelitas tenían como aguijones en su carne debido al tipo de vasos (barro) que eran en su etapa inicial.

Cuando los israelitas entraron en la Tierra Prometida para obtener su herencia, tenían que luchar por ella y eliminar a la gente impía. Para el santo, la Tierra Prometida prefigura su experiencia de salvación en su posesión y su posición en Cristo. Ahora, los israelitas no pudieron derrotar a todos los enemigos. Después de algunos años de lucha, se volvieron aburridos y complacientes. Permitieron que el enemigo viviera entre ellos mientras no causara ningún problema. Este no fue el caso porque, después de algunas generaciones, el enemigo (los cananeos) continuó atacando, matando, robando y destruyendo al pueblo de Dios. ¿Quiénes fueron algunos de los enemigos que no fueron vencidos y se les permitió permanecer desde el inicio de la conquista? Eran los filisteos, los gabaonitas, los hititas, los cananeos, los ferezeos, los heveos, los jebuseos y muchos otros. Estos enemigos son las obras de la carne que necesitan ser mortificadas completamente para ascender al próximo nivel, *"Porque si vivís conforme a la carne, moriréis; más si por el Espíritu hacéis morir las obras de la carne, viviréis"* (Romanos 8:13; Colosenses 3:5; NVI). Por ejemplo, los filisteos representaban a aquellos individuos que eran personas religiosas, pero no santificadas y no regeneradas. Este tipo de personas demostraron que adoraban a los dioses y hacían todos los rituales, pero no servían al Dios verdadero.

Otro enemigo era el hitita. El hitita simboliza esa parte de la carne que comete adulterio. Cuando la gente viene al Señor, algunos están plagados de la práctica de cometer adulterio. Así vivían en el mundo. Muchas veces, este acto se convierte en una batalla en la carne. Incluso los creyentes maduros, que tienen muchos años en el Señor, caen en prácticas carnales y mundanas.

Un tercer enemigo era el jebuseo; este tipo de enemigo simboliza orgullo y exaltación propia. ¿Por qué el orgullo es un obstáculo tan grande en la vida del creyente? Hay varias razones. Primero, Satanás es el instigador del falso orgullo que lleva a la destrucción (1 Crónicas 21:1–4, 7, 8, 17; Proverbios 16:18; KJV). Satanás fue expulsado del cielo por solo pensar en tomar el lugar de Dios (Ezequiel 28:12–17; Isaías 14:12–14). Segundo, el pecado de David fue el del orgullo. Cometió el error de confiar en la cantidad de soldados combatientes que tenía en su reino. La autodependencia y la autosuficiencia son pecados ante el Señor porque estás poniendo la confianza en tus habilidades, inteligencia o cosas que tienes y no en Dios. Una tercera razón es que mientras uno estaba en el mundo, las cosas eran hechas por el ego de uno. El orgullo mundano levantó a uno mientras aplastaba al menor hacia abajo. Es tomar el crédito por todo y atribuirlo a nosotros mismos como creadores u originadores. Cuando uno viene a Cristo, ya no podemos tomar la primera posición o el crédito por las cosas que se hacen o se logran. La gloria pertenece al Señor; nos damos cuenta de que es Él quien realmente nos da la sabiduría y la fuerza para hacer las obras diarias de la vida.

Un cuarto enemigo de los israelitas eran los gabaonitas (Josué 9:3–15). En la vida del santo, el gabaonita representa el engaño, la alianza y el compromiso con el mundo (Josué 9:3–15). Los gabaonitas sabían que los israelitas habían vencido algunos de los cananeos. Para evitar ser conquistados y destruidos, engañaron diciendo que eran de una tierra lejana; de hecho, eran de Canaán. Para engañar a Josué y sus soldados, **"Tomaron sacos viejos sobre sus asnos, y cueros viejos de vino, rotos y remendados, y zapatos viejos y recosidos en sus pies, con vestidos viejos sobre sí; y todo el pan que traían para el camino, seco y mohoso"** (9:4-5; RVR09). Como Josué y su pueblo cayeron por la duplicidad de los gabaonitas, él y los israelitas tuvieron que cumplir este pacto hecho con ellos hasta la época del rey David. Un santo debe tener cuidado con los contratos u obligaciones que va a cumplir con el mundo. El mundo es muy engañoso. Cualquier contrato incumplido bajo sus términos puede destruir su puntaje de crédito por siete años. Había una señora que venía a la iglesia. Un día me preguntó si podía pagar su deuda en una casa de empeño. Estaba pagando cien dólares al mes solo de interés por un préstamo de seiscientos dólares. Le presté el dinero con el acuerdo de que tendría que retener el título de su vehículo como garantía. Fui y pagué su deuda, y tardó diez meses en pagarme porque fallo un mes o dos porque no podía pagar. Siempre ore al Señor por dirección y una salida antes de entrar en una obligación que pueda causarle a usted o a su familia dolor y sufrimiento.

Estos enemigos no son una lista exhaustiva. Los israelitas todavía tuvieron que lidiar con los que estaban fuera de las fronteras de su reino. Estos otros enemigos representan las batallas con cosas que intentan invadir nuestra vida espiritual desde una fuente externa y no desde dentro de nuestra carne. Tienen la tendencia de atacar nuestro espíritu y crear un pecado espiritual. Por ejemplo, la primera fuente externa son los amorreos. Representan la idolatría, la contaminación y la ruina espiritual. El santo necesita cuidar su vida espiritual y no bajar su escudo ni quitarse la armadura (Efesios 6:11–18). Hay pecados que pueden contaminar nuestra vida espiritual, lo que dificultará mantenernos fuertes y firmes. Hay una ilustración que involucra a un capataz y un aprendiz trabajando en una casa. El aprendiz está tratando de clavar un clavo en la viga, y luego el capataz de experiencia grita y dice: "Hagas lo que hagas, no dobles el clavo porque nunca podrás enderezarlo." El aprendiz seguramente dobló el clavo y lo sacó, pero no pudo enderezarlo. No prestó atención al consejo del capataz de experiencia. Al clavar el clavo de vuelta perdió su fuerza y se debilitó al doblarse. Nosotros también podemos doblar nuestros clavos o nuestras vidas hasta el punto de que se vuelve muy difícil volver a enderezarlos. Nos volvemos frágiles en esa área, y el enemigo se aprovecha y trata de hacernos caer en el pecado.

El segundo enemigo de una fuente externa son los amonitas (1 Samuel 11:1–15). El amonita en la vida del santo ilustra el compromiso con el mundo y la carne. Trae en alto colateral espiritual y hace que el pueblo del Señor no cumpla con su deber y ni tenga una guerra con éxito. Aunque la guerra con el enemigo es sin fin, podemos estar seguros de una cosa, y es que somos guiados por el Capitán de los Ejércitos, Jesucristo, que ha vencido todas las potestades y principados, y Dios ha puesto todas las cosas bajo sus pies (Efesios 1:20-23). Él es la Piedra Principal del ángulo y, según el Evangelio de Juan, el Hijo de Dios.

¿Qué hay de los asirios, babilonios, medos y persas? ¿Qué simbolizan en la vida del santo? Éstas naciones eran usadas para castigar a los israelitas rebeldes y al pueblo de Judá. ¿Qué representan estos superpoderes en la vida del santo? Trabajan también en el santo reincidente. No tengo suficiente espacio para mencionar a todos los enemigos del santo y hacer un trabajo decente al explicarlos en pocas palabras.

El propósito de la explicación anterior es mostrar que el recipiente de oro ha vencido y derrotado a la mayoría de estos enemigos en su vida. Ya no son un problema. El vaso de oro está en un punto donde él o ella está produciendo una imagen de Cristo con mucho brillo. El espíritu de este recipiente está en control. Es una vida en el Espíritu y llena del fruto del Espíritu. Es un momento en que el fruto está completamente maduro y el éxito está en casi todas las áreas de la vida. Esta etapa de la vida se puede comparar con Israel en la época del Milenio e históricamente, viéndola como la época del Rey Salomón, una época de paz.

Los vasos de mayor valor, como el oro y la plata, se utilizan para ocasiones especiales o personas de preeminencia como reyes, reinas, presidentes, gobernadores, jefes de estado, líderes de organizaciones y personal militar. Alguien tiene que estar en este nivel para testificar de la voluntad divina de Dios para ellos. Estos valiosos vasos se colocan en la misma capacidad que el jefe de estado. Están allí para recordar a los funcionarios sus responsabilidades ante el Dios Todopoderoso, quien, coloco a los líderes para hacer Su voluntad de una manera moral y justa.

No debemos obstaculizar nuestro servicio a Él sin importar el tipo de vaso que somos. Presta servicio a tu Señor y Salvador: no niegues al Señor; si Él os ha llamado a hacer algo, no seáis infiel, no discutáis con la gente sobre cosas que no tienen ningún provecho espiritual, apartaos de las falsas enseñanzas y huid de la lujuria. Pablo dijo que debemos *"Purificarnos y separarnos"* de tales personas para ser *"Útiles al Maestro, preparados para toda buena obra"* (2 Timoteo 2:21; DBY--Traducido).

• QUINCUAGÉSIMA SÉPTIMA FACETA •

La Fórmula para la Valoración de Una Piedra

Uno de los trabajos principales del jefe tasador en la minería de diamantes es evaluar el valor de un diamante. Él fija el precio de la gema. No es un trabajo fácil porque requiere un individuo con un grado de juicio muy extremo y con mucha experiencia. Es alguien que ha estado asociado con estas gemas y las conoce desde su creación hasta su finalización. El jefe tasador "ajusta el valor de un diamante de acuerdo con su evaluación de qué piedra pulida se puede recuperar de un cristal en particular". Dependerá de cuánto defecto haya, y la ubicación de estos defectos influirá en el corte. Sin embargo, el jefe tasador tiene otro deber difícil de cumplir con un diamante en bruto, y tiene que ver con el color de un cristal que mejora en la proporción de cuanto se pierde en el tallado. Las piedras que son octaedros (vea Figura 20), a partir de las cuales es posible una recuperación excesiva, "mejorarán" menos que una piedra de forma inferior a partir de la cual la recuperación es menor.

Cuando Dios escogió a la nación de Israel, implicó una peculiar integración ante ella. Israel se había formado a partir de una serie de patriarcas importantes: Abraham, Isaac y Jacob. Dios llamó su pueblo: *"Pero vosotros sois linaje escogido, real sacerdocio, nación santa, pueblo adquirido por Dios, para que anunciéis las virtudes de aquel que os llamó de las tinieblas a su luz admirable. Vosotros que en otro tiempo no erais pueblo, ahora sois pueblo de Dios..."* (1 Pedro 2:9-10; RVR95). Israel fue elegido a causa de su padre, Abraham. Se convirtieron en una nación poderosa bajo los principales reyes: Saúl, David y Salomón, y debían ser la luz para todos los países, testificando de su poderoso Rey de reyes, Dios. Su lugar de servicio era único y especial. A veces entendían esto, pero en otras ocasiones se endurecieron ante el llamado de su servicio a Dios. El jefe tasador colocó un gran valor en Israel hasta el día de hoy. Cuán valiosa fue esta piedra que el Señor proveyó maravillosos milagros, una columna de fuego, división del mar, sumos sacerdotes, profetas, reyes, escribas, el cautiverio de setenta años, y finalmente el diamante perfecto e impecable, Jesucristo.

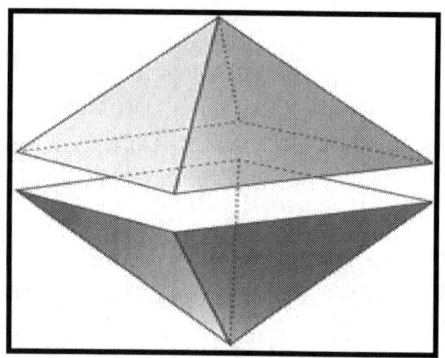

Figura 20

La iglesia del Nuevo Testamento comenzó con los judíos llamados judeocristianismo. En el Nuevo Testamento, a la iglesia se le da importancia invaluable, como la Gran Perla, el Tesoro Escondido, la Moneda Perdida, el Hijo Pródigo y un templo no hecho a mano. Dios le había dado un gran valor a usted, el diamante, cuando envió a Su Hijo a morir en la cruz por sus pecados.

Todas las bendiciones de Jesús han sido derramadas sobre ti. Él no solo te posicionó como hijo de Dios, sino que te colocó en los lugares celestiales donde tiene lugar la gran guerra espiritual. Eres un soldado de Luz para iluminar la mente de aquellos que han sido oscurecidos por el demonio. Ellos no saben lo que les espera al otro lado del túnel, pero tú sí y puedes marcar la diferencia para proporcionarles la luz necesaria para alguna dirección. Como un diamante es la sustancia más fuerte del mundo, puede resistir la presión severa de todos lados. Si puedes identificarte como una piedra a la que se le ha dado brillo, no tu gloria sino la gloria de Jesucristo, tu fuerza servirá para alentar, motivar, levantar y dar fuerza a otros también para salir adelante en tiempos de problemas y aflicciones. Jesús habló sobre el árbol de mostaza que su semilla era la más pequeña en su tiempo. De una pequeña semilla creció el árbol más alto donde los pájaros vendrían y habitarían en sus ramas. Estas aves no son el enemigo como en la parábola del sembrador, sino personas que necesitan ayuda y seguridad. Ellos vendrán a ti en busca de consejo y recibirán fe. Vuestro andar, siendo un ejemplo, enderezará sus pasos en el Señor.

El Señor comenzó en ti con un trozo de carbón y te transformó en una gema fuerte, transparente e incandescente. Aunque los diamantes son los más fuertes de todos los elementos, tienen hendiduras que, si se golpean en estos lugares, pueden tener una gran pérdida financiera. Somos débiles mientras estamos en esta carne, así que cuida tu diamante. Si lo hace, durará una eternidad.

Tu servicio a Dios y a Jesucristo no es solo para adorar sino para destruir las obras del diablo y aplastar su reino. Debes recuperar las almas que él ha llevado cautivas y llevarlas a los pies de Jesús. Almas que estaban destinadas a la destrucción y las llamas eternas, pero debido a que te importa de ellos y haz sido entrenado, preparado, cortado y clasificado para esta misión, traerás almas quebrantadas y magulladas por el enemigo al Padre eterno para una vida eterna.

A lo largo de su vida, necesitará limpieza y pulido. Como he dicho antes, los diamantes atraen la grasa y la mugre y de vez en cuando necesitan ser limpiados y pulidos para brillar como cuando se compró por primera vez. Para que continues brillando, sigue yendo al Señor por limpieza y perdón de tus pecados y errores (1 Juan 1:9).

• QUINCUAGÉSIMA OCTAVA FACETA •

La Conclusión

¡Recuerda la historia al principio en la introducción! Ahora déjame decirte como termina. Un día el sacerdote vino a visitar a la familia. Cuando entró en aquella pequeña y humilde casa, se fijó en una piedra de buen tamaño que había encima de la repisa de la chimenea. Le preguntó dónde la había encontrado. La viuda le dijo que la había encontrado por el río cerca de su casa. El sacerdote, jadeante por la emoción, gritó: "¡Mujer, es un diamante!". Una piedra de la que una vez les había hablado.

No tenemos que salir de nuestras casas o ir a buscar esta joya de valor incalculable. Somos esa joya. Dios nos ha dado una vida de valor incalculable con toda la belleza, dureza y deseabilidad. Aprecia lo que Dios te ha dado y déjate tallar para que seas una gema brillante.

Glosario de Diamantes

1. **Aserrador:** La persona hábil que aserra diamantes.
2. **Baguette:** Se refiere a un corte de diamante en forma de un estrecho barra, a veces cónica en un extremo. Fue nombrado después de la barra larga del pan francés.
3. **Bisel Facetas:** Ocurre cuando el cortador transversal hace las cuatro partes superiores esquina facetas en ocho facetas.
4. **Bloqueador:** Cortador de diamante bloqueador que muele o corta las primeras dieciocho facetas referentes a la mesa, culet, y primera ocho facetas en la corona y el pabellón.
5. **Bloqueo:** El cortador transversal coloca las principales dieciséis facetas.
6. **Brillianteerer:** La persona experta responsable de la final etapas de poner y pulir las cuarenta facetas después del trabajo de transversano. También se escribe "brilliandeer."
7. **Brillo:** La intensidad de la luz blanca cuando un diamante es visto por encima de la mesa.
8. **Brutando:** Brutando es el proceso por el cual dos diamantes son colocados en ejes giratorios que giran en direcciones opuestas, que luego se colocan para moler uno contra el otro para dar forma a cada un diamante en forma redonda. Esto también puede ser conocido como poniendo la faja.
9. **Brillante de Talla Completa:** El nombre correcto para un diamante de talla brillante con cincuenta y seis facetas más la mesa y el culet.
10. **Brillo:** Se refiere a la calidad de una superficie en la luz reflejada. El brillo de un diamante generalmente se describe como adamantino lustre.
11. **Casi Gema:** Una calidad de diamantes en bruto entre gema e industrial.
12. **Calidad:** Mide el grado de excelencia de un diamante por su peso, color, claridad y (pulido) su perfección del corte.
13. **Centelleo:** Se refiere a la chispa intermitente y centelleante de un diamante cuando se mueve bajo la luz. Un diamante es siempre más bello en movimiento porque su centelleo depende del número de facetas visibles a simple vista cuando el diamante se mueve.
14. **Claridad del Diamante:** La claridad del diamante se refiere a la presencia

o falta de inclusiones o defectos en un diamante (así como defectos en el exterior o la superficie de la piedra, que se llama defecto). Los diamantes son como las personas; todos tienen identificaciones características sobre ellos que los hacen únicos en naturaleza.

15. **Clasificador:** La persona capacitada que separa los diamantes pulidos en tamaños y grados de calidad por claridad, color y precisión de corte.

16. **Color del Diamante:** El color del diamante es el tono real del cuerpo de la piedra (no los colores o destellos de luz emitidos por la piedra). Cuanto más blanca sea la piedra, mejor será el color del diamante.

17. **Corona:** La mitad superior por encima del centro o faja de la piedra.

18. **Corte:** La forma en la que se corta un diamante en bruto y pulido.

19. **Cortador:** Hace que el diamante en bruto sea redondo antes de ser facetado.

20. **Corte de Diamante**: Un corte de diamante es una guía de estilo o diseño utilizada al dar forma a un diamante para pulir, como el brillante Corte. El corte no se refiere a la forma (pera, óvalo) sino a la simetría, dosificación y pulido de un diamante. El corte de un diamante impacta en gran medida el brillo de un diamante; esto significa que, si está mal cortado, será menos luminoso. El corte de diamantes proceso incluye estos pasos; cepillado, hendido o aserrado, desbaste, pulido e inspección final. El corte brillante parece a un cono de nieve.

21. **Cortador Transversal:** La persona hábil que muele y pule las primeras dieciséis facetas de un diamante.

22. **Cuchilla:** La persona hábil que parte un diamante en dos partes.

23. **Culet**: Se refiere a una faceta muy pequeña en la parte inferior del pabellón, paralelo a la mesa. También se escribe collet y culette.

24. **Diamante talla brillante:** El diamante talla brillante tiene cincuenta y ocho facetas, que incluyen la mesa, culet, pabellones, y faja.

25. **Diamante de Corte de Proporción Ideal:** El porcentaje de corte de la mesa (superior), facetas de ocho estrellas, ocho facetas de cometa, dieciséis facetas de la faja superior, dieciséis facetas de la faja inferior, ocho pabellones principales facetas y un culet (opcional).

26. **Dop:** se refiere al soporte utilizado para un diamante que se está puliendo. Un diamante se mantiene en un dop con soldadura y en un dop mecánico

por mandíbulas de metal.

27. **Elegante** (Fancy): Un diamante de un color atractivo que no sea blanco que es adecuado para el uso de gemas.

28. **El Índice de Refracción (IR) de un diamante:** La cantidad de luz incidente reflejada de regreso al espectador.

29. **En Bruto:** Todavía está en su forma de diamante sin tallar, sin pulir o en bruto y aún en su forma octaédrica natural.

30. **Faceta Adicional:** Una pequeña faceta adicional, generalmente aplicada para eliminar una pequeña mancha, más comúnmente en o cerca de la faja.

31. **Facetas:** Pequeñas ventanas que permiten que la luz penetre y la divida. Una de las superficies pulidas planas cortadas en una piedra preciosa o que ocurren naturalmente en un cristal.

32. **Facetas de Estrella:** Son las ocho facetas triangulares alrededor de la mesa de un diamante que le dan forma de estrella.

33. **Faja**: Una especie de borde en la parte más ancha de un diamante porque normalmente se establece. Es la circunferencia resultante de la corona contigua y los ángulos del pabellón en la parte más ancha de la piedra

34. **Faja Facetada:** Se refiere a una faja en la que tienen pequeñas facetas pulido para mejorar el brillo del diamante.

35. **Fuego:** Se refiere a los colores parpadeantes del arco iris que se ven cuando se mueve un diamante adecuadamente cortado, como resultado de su dispersión.

36. **Grano:** Nombre utilizado por los cortadores y pulidores para describir la evidencia visible de la estructura cristalina de un diamante y generalmente determinará dónde se cortará un diamante.

37. **Hendidura:** Se refiere a la tendencia de un diamante a partirse el grano paralelo a una de sus caras octaédricas. También es un término aplicado a los diamantes en bruto que en algún momento sido tallado de una piedra más grande.

38. **Hendido o Aserrado:** Hendido es la separación de un trozo de diamante en bruto o natural en piezas separadas para ser terminado como gemas separadas. Aserrar es el uso de una sierra de diamante o láser para cortar el diamante en bruto en piezas separadas.

39. **IGA:** Establecido en 1931, el Instituto Gemológico de América es la principal autoridad mundial en diamantes, coloreados piedras y perlas. IGA existe para proteger a todos los compradores de piedras preciosas proporcionando educación, servicios de laboratorio, investigación e instrumentos necesarios para precisar y objetivamente determinar la calidad de la piedra preciosa.

41. **Inclusiones y Defectos:** Algunas inclusiones son las siguientes: Manchas de carbón negro, hendiduras (fracturas), nubes, cavidades, puntos y fichas. Algunos defectos son abrasiones, muescas, láser perforar agujeros, grietas y líneas. A veces los defectos en un Imperfecto Diamante Claridad son tan abundantes; el diamante se verá turbio o brumoso con poco o nada de brillo. Inclusiones detienen la luz en su camino y hacen que el diamante deje de brillar. Cuantas más imperfecciones tiene una piedra, más débil es el conjunto de la estructura y la integridad se vuelven. Es verdad. Cuantos más defectos tiene un diamante, más débil se vuelve.

42. **Lupa:** Una pequeña lupa que se usa para examinar diamantes. El aumento de 10X es el estándar.

43. **Marcador:** Antes de cortar o serrar, el Marcador examina el diamante y lo marca donde será cortado.

44. **Natural:** Forma parte de la superficie natural de un diamante en bruto dejado en la faja por el cortador luchando por el peso máximo retención

45. **Pabellón:** La parte inferior de un diamante pulido debajo de la faja. Son ocho formas triangulares largas.

46. **Papel Diamante:** Otro nombre para el papel de paquete donde los diamantes se colocan y envuelven durante el transporte.

47. **Peso en quilates:** El peso en quilates del diamante es el tamaño del diamante que es. Los diamantes se pesan por puntos (originalmente pesados por semillas de algarrobo), por lo que un diamante de 1/4 de quilate tendrá 25 puntos. Piense en los puntos como centavos por dólar. Cien centavos = un dólar. Al igual que 100 puntos = un punto de quilate completo y ¡los quilates se descomponen como el dinero! Un diamante de medio quilate (.50) tendría 50 puntos. Un diamante de 3/4 de quilate (.75) tiene 75 puntos.

48. **Poder Dispersivo del Diamante:** La capacidad del material para dividir la luz blanca en sus colores espectrales componentes (arcoíris).

49. **Proporción:** La calidad de corte en relación con el porcentaje de profundidad, porcentaje de mesa, porcentaje de faja, simetría, y corona y ángulo del pabellón. Las proporciones influyen en la luz refracción y reflexión dentro del diamante.

50. **Pulido:** Pulido es el nombre que se le da al proceso mediante el cual se cortan las facetas en el diamante y se realiza el pulido final. El proceso sigue los pasos de bloqueo, facetado, también llamado "brillante", y pulido.

51. **Scaife:** También escrito scaive o scaif y se refiere al plato giratorio horizontal o mesa de pulir en la que se coloca un diamante pulido.

52. **Simetría:** La uniformidad general del corte de una piedra, que puede variar de pobre a Ideal. La alineación simétrica de facetas hace que el diamante sea más impresionante.

53. **Tabla:** Es la faceta grande en la parte superior de la corona del diamante.

54. **Ventana:** Es la faceta pulida sobre un diamante en bruto para ver dentro de ella.

BIBLIOGRAFÍA

1. American Museum of Natural History. "Density."www.amnh.org/exhibitions/diamonds/density. Wed 18 Jan. 2013.
2. www."costellos.com".au/diamonds/industry. Web. 18 Jan. 2013.
3. Author Unknown (pg. 38).
4. Cranfield, C.E.B. The Gospel According to St. Mark. Great Britain: Cambridge University Press, 1989 Pg. 430.
5. Vine, W.E., Vine's Amplified Expository Dictionary of the New Testament Words. IA Falls, IA: World Bible, 1991.
6. Barclay, William. (1956). The Gospel of Matthew. Vol. 1 (pg 62) Philadelphia: The Westminster Press.
7. Barclay, William. ibid. (pg. 63).
8. Author Unknown (pg. 43).
9. From a Sermon by Dr. Edward L. R. Elson of the National Presbyterian Church, Washington, D.C.
10. Getz, Gene A. Measure of a Church Glendale, CA: G/L Regal, 1975. (pg. 28)
11. Barclay, William. The Commentary on the Gospel of Matthew ibid. (pg. 63).
12. Henry, Matthew. Henry's Concise Commentary on the Whole Bible. Nashville: T. Nelson, 1997 (pg. 72).
13. Lockyer, Hebert. All the Books and chapters of the Bible Grand Rapids: Zondervan Pub. House, 1966 (pg. 80).
14. Feinberg, Charles L. A Commentary on Revelation: The Grand Finale. Winona Lake, IN: BMH, 1985 (pg. 94).

15. Unger, Merril F. Unger's Commentary on the Old Testament: Genesis-Song of Solomon Vol. 1. Chicago: Moody, 1981. 215-16.
16. "Poem." Webster's Desk Dictionary. New York, Exec. Ed. Sol Steinmetz, 2001.
17. Ward, Fred, and Carlotte Ward. Diamonds Bethesda, MD: Gem Books, 1998 (pg. 27).
18. "Leshem Diamond Services." Leshem Diamond Services "cutting." Wed 19 Jan. 2013.
19. Burton, Eric. Diamonds. Radnor, PA: Chilton Book, 1978. 202.
20. Erickson, Millard J. Christian Theology "Sanctification" Vol. 1. Grand Rapids, MI: Baker Book House, 1983 (pg. 875).
21. Unger, Merril. ibid, (pg. 214).
22. Holman Bible Dictionary. Gen. Ed. Trent C. Butler. Nashville, TN 1991. 276.
23. Bruton, Eric. ibid.
24. www.diamondexpert.com/articles/color.
25. Cairns, Earle E. Christianity Through The Centuries: A History of the Church. Grand, Rapids, MI: Zondervan Pub. House, 1993. pg. 166.
26. Klien, W.W. Dictionary of Paul and His Letters. "Perfect, Mature" Editors: Hawthorne, Martin, and Reid, IVP Downers Grove, Ill., 1993.
27. Klien, W.W. ibid., pg. 700

28. "Diamond Facts" The Wizard of Jewelry. www.wizard-of-jewelry.com/diamonds facts.
29. "Diamonds." www.pricescope.com/glossary.
30. George, Carl F and Robert E. Logan. Leading and Managing Your Church. Tarrytown: 1987 (pg. 15).
31. "The History of Diamonds." www.a-dimond-from-richmond.com/history-of-diamonds.
32. Bruton, Eric. ibid., (pg. 241).
33. Hawthorne, Gerald F., Ralph P. Martin, and Daniel G. Reid. "Faithfulness." Dictionary of Paul and His Letters. Downers Grove, IL: InterVarsity, 1993.
34. Bernal, Dick. Come Down Dark Prince! Springdale, PA: Whitaker House, 1989 (pg. 28).
35. Unger, Merrill F. "1 Samuel-Subsequent Victory of Israel." Moody Press: Chicago, 1981, pg. 381,).
36. The Holy Bible: Containing the Old and New Testament Translated out of the Original Tongues and with the Former Translations Diligently Compared and Revised by His Majety's Special Command. Cambridge: Cambridge UP, 1995.
37. "Jewelry Blog - Wizard of Jewelry." Jewelry Blog-Wizard of Jewelry. N.P., n.d. Wed. 22 Jan. 2013.
38. The Prodigal Church: A Gentle Manifesto against the Status Quo by Jared C. Wilson Used by permission of Crossway, a publishing ministry of Good News Publishers, Wheaton, IL 60187.
39. Cuellar, Fred. How to Buy a Diamond: Inside Secrets for Getting your Money's Worth. Naperville, IL, Source books, 2000.

40. Kanfer, Stefan. The Last Empire: De Beers, Diamonds, and the
World. New York, Farrar Straus Giroux, 1993.

41. Kendall, Leo. Diamond: Famous and Fatal. Fort Lee, NJ, Barricade Books, 2001.

Nota:
Consulte la figura 18 para ver el Medidor de Vasos. El Medidor de Vasos muestra una explicación de tres columnas de los vasos mencionados en la carta de Timoteo. También revela los cuatro vasos y su significado. Esto fue una revelación que me dio el Espiritu Santo dos años después de escribir esta sección y después de mucha oración.

Bibles:

1. La Biblia de las Américas.
2. Nueva Biblia de las Américas.
3. Nueva Biblia Viva.
4. Nueva Traducción Viviente.
5. Nueva Versión Internacional.
6. Reina Valera Contemporánea.
7. Biblia Reina Valera 1909, 1960, 95 y 2020.
8. Traducción en Lenguaje Actual.
9. Darby's Translation 1890—Traducido.
10. English Standard Version 2016—Traducido.
11. New Century Version—Traducido.

12. New American Standard Version—Traducido.

13. New Century Version—Traducido.

12. International Standard Version—Traducido.

13. English Standard Version—Traducido.

14. BLPH--La Palabra (version hispanoamericana).

15. Nueva Biblia de las Americas.

Made in the USA
Columbia, SC
12 September 2024